本书为燕山大学2013年博士基金项目"建国以来党的宣传机构建设研究"（B799）最终研究成果
本书为河北省社会发展研究课题（20200602032）中期研究成果

中国马克思主义宣传机构建设理论研究

才　华　著

燕山大学出版社

秦皇岛

图书在版编目（CIP）数据

中国马克思主义宣传机构建设理论研究 / 才华著. — 秦皇岛：燕山大学出版社，2020.10（2026.1重印）

ISBN 978-7-81142-503-1

Ⅰ.①中… Ⅱ.①才… Ⅲ.①中国共产党－宣传工作－理论研究 Ⅳ.①D261.5

中国版本图书馆 CIP 数据核字（2017）第 309431 号

中国马克思主义宣传机构建设理论研究
才 华 著

出 版 人：	陈　玉
责任编辑：	杨春茹
封面设计：	吴　波
出版发行：	燕山大学出版社
地　　址：	河北省秦皇岛市河北大街西段 438 号
邮政编码：	066004
电　　话：	0335-8387555
印　　刷：	廊坊市印艺阁数字科技有限公司
经　　销：	全国新华书店

开　　本：700mm×1000mm　1/16		印　张：16.25	字　数：200 千字
版　　次：2020 年 10 月第 1 版		印　次：2026 年 1 月第 2 次印刷	
书　　号：ISBN 978-7-81142-503-1			
定　　价：58.00 元			

版权所有　侵权必究

如发生印刷、装订质量问题，读者可与出版社联系调换

联系电话：0335-8387718

序　言

对于一个现代政党来说，宣传思想工作至关重要，因之，宣传机构的建设与研究便同样至关重要。就无产阶级政党宣传机构建设来讲，在马克思主义经典作家那里有着丰富的理论资源，列宁亲手缔造的布尔什维克党将严密的宣传机构组织变成了现实。但真正实现宣传机构系统化、管理精细化，创造了当今世界"组织学奇迹"的是中国共产党。自1921年至今的百年历史中，中国共产党的宣传机构在革命中扩展、在曲折中淬炼、在发展中完善，形成了从中央到地方再到基层的层级系统建构，以"工程师思维"开展意识形态工作，成为中国共产党从一个胜利走向另一个胜利的独特法宝。

我国自20世纪80年代始，掀起了宣传学研究的热潮，出于中国共产党宣传机构系统的神秘色彩以及资料限制，有关宣传机构的专题学术研究成果一直相对薄弱。随着四卷本《中国共产党宣传工作文献选编》以及大量党的政策文件的公开出版，宣传机构建设理论研究具备了可能性和可行性。才华博士的专著《中国马克思主义宣传机构建设理论研究》即是此方面的一部力作。

才华博士在对马克思主义经典文献以及中国共产党宣传工作政策文件等一手资料的研读、爬梳、提炼、概括上下了大功夫，为中国马克思主义宣传机构建设找到了理论资源。对"宣传机构"的广义和狭义内涵作了自己的界定，并以各级宣传部为核心的狭义宣传机构定义贯通全书。展示了中国共产党由幼年时期的初创，到民主革命时期的系统化，到新中国成立后遭遇重挫，到改革开放新时期健全完善，再到新时代"强起来"的宣传机构建设史。分五个时期集中概括了中国马克思主义宣传机构建设理论的主要内容，并总结出了理论特色、建设规律与发展趋势。在写作上，该著作具有史论结合的风格，以史为基，以论为主。应该说才华博士以自己的努力实现了为中国化马克思主义理论研究"增砖添瓦"的目标。

当然以更高的要求来说，还有几个方面或问题在今后的研究中需注意或加强。第一，从时间的三维视界来看，历史、当下、未来是一条时间河流，五个时期的宣传机构建设继往开来，一脉相承，经验、规律甚至教训的总结应该进一步加强。第二，着眼于互联网时代的当下，宣传机构系统中的网络宣传及舆情监管部门的研究应格外予以关注。第三，要密切追踪国内外宣传学研究动态，如国外宣传"技术派"的观点主张等，使自己的研究立于前沿，呈现新意。

才华曾于2009至2013年在南开大学读博，我是她的博士生导师。今天她将修改后的博士论文出版，向我索序，我颇感欣慰，也乐意为之。宣传机构研究是一个很好的学术生长点，希望才华博士能由此及彼、由表及里，不忘学术初心，继续攀登理论研究高峰。作为老师，我心中充满期待！

武东生

2020年9月10日

目　录

第一章　绪论……………………………………………………1
第一节　选题意义……………………………………………2
一、理论意义……………………………………………2
二、实践意义……………………………………………3
第二节　研究现状……………………………………………4
一、对于"宣传机构"的内涵界定………………………4
二、关于"宣传机构设置"的理论研究…………………6
三、关于"宣传机构管理"的理论研究…………………8
四、关于"宣传机构队伍建设"的理论研究……………11
第三节　研究方法……………………………………………12
第四节　主要创新……………………………………………13

第二章　宣传机构建设概论……………………………………15
第一节　"宣传机构"的概念内涵…………………………15
第二节　宣传机构的职能……………………………………18
一、意识形态的"灌输"与"贯注"……………………18
二、民众的鼓动与激励…………………………………22
三、形势政策与思想道德教育…………………………26
四、文化建设的领导与管理……………………………27
第三节　中国马克思主义宣传机构建设理论主要研究内容……29
一、机构设置……………………………………………30
二、机构管理……………………………………………31

三、工作队伍建设 ……………………………………… 31
四、机构工作原则 ……………………………………… 32

第三章 中国化马克思主义宣传机构建设的理论资源 …………… 33
第一节 经典作家关于组织机构建设的理论思想 ………………… 33
一、保持组织机构高度统一 …………………………… 34
二、坚持民主集中制的组织原则 ……………………… 35
三、重视培养干部队伍 ………………………………… 37
第二节 经典作家关于宣传工作的理论思想 ……………………… 39
一、以科学理论指导宣传工作 ………………………… 39
二、以阶级性和党性定位宣传工作 …………………… 42
三、以人为本思想引领宣传工作 ……………………… 45

第四章 毛泽东时期的宣传机构建设理论 ………………………… 48
第一节 毛泽东时期党的宣传机构建设理论的现实依据 ………… 48
一、党的建设伟大工程的重要内容 …………………… 48
二、宣传工作"完美系统化"的客观需求 …………… 51
三、共产国际的领导指示和苏联模式的示范与借鉴 … 53
第二节 全面建立党的宣传机构系统 ……………………………… 55
一、党的宣传部系统 …………………………………… 56
二、新闻出版机构 ……………………………………… 59
三、部队宣传机构 ……………………………………… 62
四、群众性宣传组织 …………………………………… 63
第三节 高度重视宣传工作队伍建设 ……………………………… 65
一、对宣传家与鼓动家品质和素养的要求 …………… 66
二、宣传员的选拔与配备 ……………………………… 68
三、走全党宣传、群众宣传之路 ……………………… 72
第四节 中央集权的宣传机构系统管理 …………………………… 74
一、确立党管宣传的原则 ……………………………… 75
二、规定请示与报告制度 ……………………………… 76

三、落实干部学习制度 ………………………………………… 77
四、建立对人民群众的宣传网 ………………………………… 80

第五章　邓小平时期的宣传机构建设理论 …………………… 83
第一节　邓小平时期宣传机构建设理论的时代背景 ………… 84
一、历史前提：十年"文革"结束 …………………………… 84
二、现实依托：经济体制与政治体制的全面改革 …………… 86
三、科技动力：中国快速掀起信息化浪潮 …………………… 87
第二节　宣传机构的恢复和整顿 ……………………………… 89
一、宣传机构的恢复重建 ……………………………………… 90
二、宣传机构的整顿 …………………………………………… 91
第三节　宣传干部队伍的"四化"建设思想 ………………… 97
一、重视宣传干部的"革命化" ……………………………… 97
二、实现宣传干部的"年轻化" ……………………………… 99
三、倡导宣传干部的"知识化" ……………………………… 101
四、追求宣传干部的"专业化" ……………………………… 104
第四节　宣传机构改革思想 …………………………………… 105
一、实行党政分开 ……………………………………………… 107
二、精简工作机构 ……………………………………………… 109
三、克服涣散软弱 ……………………………………………… 111
四、追求社会效益 ……………………………………………… 115

第六章　江泽民时期的宣传机构建设理论 …………………… 118
第一节　江泽民时期宣传机构建设的时代背景 ……………… 119
一、世情：西方敌对势力对我国的和平演变从未停止 ……… 119
二、国情：经济体制由计划经济向市场经济的根本转变 …… 121
三、党情：全面推进"党的建设新的伟大工程" …………… 124
第二节　增设宣传机构及其主要职责 ………………………… 127
一、中央精神文明建设指导委员会 …………………………… 128
二、中共中央对外宣传办公室 ………………………………… 129

　　　　三、全国哲学社会科学规划办公室……………………… 131
　　　　四、国务院防范和处理邪教问题办公室……………… 133
　　第三节　明确宣传机构的四项主要任务…………………… 135
　　　　一、以科学的理论武装人………………………………… 136
　　　　二、以正确的舆论引导人………………………………… 138
　　　　三、以高尚的精神塑造人………………………………… 141
　　　　四、以优秀的作品鼓舞人………………………………… 144
　　第四节　建设一支政治强、业务精、作风正的宣传工作队伍…… 147
　　　　一、讲政治，政治强……………………………………… 148
　　　　二、讲学习，业务精……………………………………… 149
　　　　三、讲正气，风气正……………………………………… 151

第七章　胡锦涛时期的宣传机构建设理论…………154

　　第一节　宣传机构建设面临的新形势……………………… 155
　　　　一、文化建设：宣传机构建设的新空间………………… 155
　　　　二、新兴媒体：宣传机构建设的新阵地………………… 158
　　　　三、矛盾凸显：宣传机构建设的新挑战………………… 160
　　第二节　建设宣传机构新格局……………………………… 162
　　　　一、中宣部成立舆情信息局……………………………… 162
　　　　二、扎实推进"马克思主义理论研究和建设工程"…… 164
　　　　三、形成"大宣传"格局………………………………… 166
　　第三节　深化文化体制改革的新思路……………………… 168
　　　　一、强化公益性文化事业的服务功能…………………… 170
　　　　二、提升经营性文化产业的市场竞争力………………… 171
　　　　三、转变文化行政管理部门职能………………………… 171
　　第四节　宣传工作队伍作风建设提出新要求……………… 172
　　　　一、大兴求真务实之风…………………………………… 173
　　　　二、开展"三项学习教育"……………………………… 174
　　　　三、坚持"三贴近"重要原则…………………………… 175
　　　　四、深化"走转改"活动………………………………… 177

第八章　习近平时期的宣传机构建设理论……180
第一节　党的宣传工作进入新时代…… 180
一、中华民族迎来"强起来"的伟大飞跃…… 180
二、习近平新时代中国特色社会主义思想实现了党的指导思想的与时俱进 …… 181
三、全媒体时代挑战和机遇并存 …… 182
第二节　努力把我国由网络大国建设成为网络强国…… 183
一、成立从中央到地方的网络安全和信息化机构系统 …… 184
二、尽快建成一批具有强大影响力和竞争力的新型主流媒体 … 185
三、对新闻舆论媒体的职责使命做出新概括 …… 187
第三节　宣传机构领导干部、班子首先强起来…… 188
一、坚定信仰，把系统掌握马克思主义基本原理作为看家本领 … 188
二、加强实践，真正成为让人信服的行家里手 …… 190
三、守土有责、守土负责、守土尽责 …… 191
第四节　宣传机构工作方针…… 193
一、重申党性与人民性统一的原则 …… 193
二、坚持团结稳定鼓劲、正面宣传为主的重要方针 …… 194
三、全党动手，树立大宣传工作理念 …… 194

第九章　中国马克思主义宣传机构建设的理论特色、建设规律与发展趋势……196
第一节　宣传机构建设理论的理论特色…… 196
一、突出党性 …… 196
二、体现时代性 …… 200
三、富有辩证性 …… 204
四、彰显民族性 …… 212
第二节　宣传机构建设的基本规律…… 216
一、伟大工程：与党的建设历程休戚相关 …… 216
二、中国道路：同主流意识形态与时俱进 …… 218
三、世界视野：和世界科技浪潮同频共振 …… 222

第三节　宣传机构建设的发展趋势 …………………………… 227
　　　一、民主化 ………………………………………………… 227
　　　二、制度化 ………………………………………………… 229
　　　三、现代化 ………………………………………………… 232

文献索引 ………………………………………………………… 236
　　文献类 ……………………………………………………… 236
　　著作类 ……………………………………………………… 240
　　论文类 ……………………………………………………… 243

后记 ……………………………………………………………… 248

第一章 绪 论

习近平强调"意识形态工作是党的一项极端重要的工作"[①],牢牢掌握意识形态工作领导权和主导权,坚持正确导向,提高引导能力,壮大主流思想舆论,这是我党系统回顾百年光辉历程、深刻总结国际共产主义运动历史经验教训所得出的一个重要结论。考察中国共产党的发展历史,主导意识形态的领导与建设、主流思想理论的宣传与灌输,主要是由党的宣传机构来承担和实现的。伴随着党的诞生、发展、壮大,党的宣传机构也经历了一个从无到有、不断系统完善的曲折发展历程,以毛泽东、邓小平、江泽民、胡锦涛、习近平为核心的几代领导集体创造性地将马克思主义经典作家的宣传理论和机构建设理论与中国实际相结合,在不同的历史时期高度一致地重视宣传机构建设,在机构设置与完善、机构管理与改革、确立机构建设目标、建设宣传干部队伍等方面提出了丰富的思想和理论观点。中国共产党宣传机构建设思想是中国化马克思主义理论的重要内容和重要组成部分。对其展开专题系统研究具有重要意义。

---

① 习近平:《习近平谈治国理政》,北京:外文出版社,2014年,第153页。

第一节　选题意义

一、理论意义

1. 进一步丰富中国马克思主义理论研究

中国共产党坚持把马克思主义基本原理同中国具体实际相结合，在推进马克思主义中国化的历史进程中产生了两大理论成果：一大理论成果是毛泽东思想；另一大理论成果是中国特色社会主义理论体系，即包括邓小平理论、"三个代表"重要思想、科学发展观在内的科学理论体系。两大理论成果是马克思列宁主义在中国的坚持与发展，思想深刻，内容丰富，涵盖经济、政治、文化、科技、教育、军事、外交等方面和领域。在党的光辉发展历程中，宣传工作作为核心工作之一始终开展得轰轰烈烈、有声有色，而宣传机构作为宣传工作的实施者、宣传任务的承担者、宣传内容的落实者则发挥了至关重要的作用。党的几代领导集体高度重视宣传机构建设，在不同时期的机构设置、完善、管理实践基础上，把握规律，求实创新，以丰富深刻的思想理论观点构成了中国马克思主义宣传机构建设理论。宣传机构建设理论是中国马克思主义两大理论成果的有机组成部分和新的研究领域，对其展开专题研究有助于进一步丰富和推动中国马克思主义理论研究。

2. 进一步推动党的宣传学理论研究

从广义上来讲，"宣传"是人类一种基本的信息符号传播实践活动，在悠久的人类历史发展过程中，人类丰富多彩的宣传活动成为"宣传学"研究的实践基础和理论源泉。就阶级和政党来讲，其宣传具有鲜明的政治性。"马克思主义政治宣传学"是揭示和阐明无产阶级及其政党的政治宣传活动及其规律的科学理论体系。① 无产阶级及其政党的政治宣传从无产阶级及其政党诞生之日起就开始了。

---

① 刘李胜、时永松：《政治宣传学》，武汉：湖北人民出版社，1993年，第1页。

从中国共产党历史看，自中共诞生之日起就十分重视宣传工作的开展，在发掘宣传资源、拓展宣传渠道、增强宣传效果等方面积累了丰富的经验和理论。从20世纪80年代开始，中国共产党的宣传工作开始被当作一门新的科学进行理论研究。党的宣传学有自己独立的研究对象，这就是党的政治宣传工作，它包括宣传主体、宣传客体、宣传链、宣传效应等；其次，它有自己完整的理论体系，这就是党的宣传工作的理论基础、基本规律、范畴概念、研究方法等。

宣传机构的设置、管理关系到党的宣传工作的开展及效果，是宣传学研究的重要对象，宣传机构建设理论是宣传学理论的重要内容。前期党的宣传学理论研究对机构建设的内容多是有所涉及，但没有集中系统地进行梳理、总结和研究。本书对我党几代领导集体关于宣传机构建设的理论进行专题系统研究，这将在一定程度上丰富党的宣传工作理论研究。

二、实践意义

1. 有利于提高新时期宣传思想文化工作水平

中国共产党已经有90余年宣传思想工作的历史，在宣传机构建设方面积累了丰富的工作经验，机构设置渐趋系统完善，重视和加强宣传思想文化阵地的建设和管理，形成了一支政治强、业务精、纪律严、作风正的宣传思想干部队伍。目前宣传机构正担负着加快文化体制改革创新、加快构建文化服务体系、加快发展文化产业、加强对文化产品创作生产引导、推动社会主义文化大发展大繁荣的重点任务。本书对中国化马克思主义宣传机构建设理论进行专题研究，系统总结了几代领导人关于宣传机构建设的思想理论、基本经验，探索宣传机构民主化、制度化、科学化、现代化的发展趋势，能够对当前我国的宣传思想文化事业发展提供经验、规律、方向上的借鉴，有助于促进我国社会主义先进文化又好又快发展。

2. 整体推进中国特色社会主义伟大事业的客观需要

考察中国共产党历史，无论在无产阶级革命时期还是在社会主义建设时期，从毛泽东到邓小平，从江泽民到胡锦涛再到习近平等党和国家领导人都高度一致地重视宣传思想工作。当前，全党全国各族人民正万众一心、齐心协力，为整体推进中国特色社会主义伟大事业，实现中华民族的伟大复兴而努力奋斗。胡锦涛同志指出，宣传思想工作是党和国家工作的重要组成部分，在中国特色社会主义事业全局中具有重要地位，发挥着不可替代的作用。宣传机构是开展宣传工作的组织载体，开展宣传机构建设理论研究，系统总结党在宣传机构建设工作方面的规律和经验，以科学的理论指导新时期的建设实践，能够为党的宣传思想文化工作提供坚强的组织保障。在新形势下，努力探索宣传机构建设科学化、现代化之路，有效开展宣传思想文化工作，能够进一步巩固马克思主义意识形态的主导地位，有力提升党的威信和执政合法性，为全面建设小康社会伟大进程注入强大的精神动力，整体推进中国特色社会主义的伟大事业。

第二节　研究现状

一、对于"宣传机构"的内涵界定

研究"中国马克思主义宣传机构建设理论"，首先要对"宣传机构"进行内涵界定。关于负责宣传工作的组织机构，理论界使用了"宣传思想工作机构""宣传工作管理机构""政治宣传管理机构""意识形态机构"等不同概念，目前学者们虽没有给出"宣传机构"的确切定义，但明确指出了其所含的领域或部门,这正是"宣传机构"内涵的核心。[①]

周振林研究指出，宣传组织是中共的意识形态工作和思想政治工作机构，是各级中共组织主管意识形态工作和思想政治工作的职能业务部门，是从事宣传工作的机关、团体或其他宣传单位，是各类机关或各个部门为推行宣传业务，按照规定的程序组建的组织体系，它是党

[①] 才华：《我国意识形态机构建设研究的回顾与反思》，载《河北大学学报（哲学社会科学版）》，2012年第1期。

政机关和企事业单位组织的重要组成部分。①孔玉芳认为宣传思想工作机构包括理论武装机构、新闻宣传机构、文艺出版机构、思想政治机构、群众性精神文明管理机构以及对外宣传机构。②陈丽凤论述"宣传思想战线"主要涉及宣传、教育、理论、新闻出版、文化艺术和基层思想政治工作等领域。③

刘李胜等把政治宣传管理机构划分为"纵向""横向"两个系统。纵向系统主要有三个层次:(1)中央高层机构;(2)地方中层机构;(3)基层宣传机构。横向系统中的部门主要有四部分:(1)党政组织和党委宣传部;(2)各类宣传职能部门;(3)进行政治宣传活动的业务单位、社会团体和群众性组织;(4)社会组织、经济实体中主管宣传的部门。④根据机构的性质、作用不同,沈一之将宣传工作管理机构分为领导机构、职能机构、事业机构、研究信息机构、群团机构等类型。其中领导机构指各级党委,这是宣传工作的指挥和决策中心;职能机构是指宣传工作的主管部门和政府主管思想文化工作的职能机构,包括各级宣传部和广播电视、新闻出版、文化等有关厅、局;事业机构是精神文化产品的制作和管理单位,如报刊、广播、电视、出版、文化、艺术以及教育等思想文化单位;研究信息机构主要有各级社会科学院(所)、政策研究室、思想政治工作研究会以及情报所、信息中心等;群团机构包括各级工会、共青团、妇联等群众组织,以及文联、作协、社联等群众文化、学术团体。⑤

---

① 周振林:《实用宣传学》,哈尔滨:黑龙江人民出版社,1988年,第241页。
② 孔玉芳:《宣传思想工作概论》,郑州:河南人民出版社,2005年,第22~29页。
③ 陈丽凤:《中国共产党领导体制的历史考察》,上海:上海人民出版社,2007年,第350页。
④ 刘李胜,时永松:《政治宣传学》,武汉:湖北人民出版社,1992年,第352~354页。
⑤ 沈一之:《中国共产党宣传学概论》(上册),石家庄:河北人民出版社,1989年,第265页。

二、关于"宣传机构设置"的理论研究

刘李胜、时永松重点论述了政治宣传机构的设置原则。他们指出无产阶级要对政治宣传实行科学管理，必须建立健全与一定的政治宣传管理体制相适应的各级宣传管理机构。事实证明，政治宣传管理的组织机构是否合理，直接关系到宣传效率的高低，弄清政治宣传管理机构的设置原则、设置内容及其相应的职责权限，对于提高政治宣传效率非常重要。政治宣传机构设置的原则，是在无产阶级政治宣传的长期实践中逐步形成的，这些原则主要是：（1）统一领导、相互协调、分级负责的原则；（2）精干高效的原则；（3）机能一致、责权明确的原则；（4）联系群众的原则。①

党的宣传思想工作机构设置经历了一个曲折的历史进程，陈丽凤在论述中将其大致分为前期的初建和发展、"文化大革命"前后的集权与破坏、后期的重建与完善三个阶段。②

刘江船对我国建国前新闻管理机构的建立进行了概括：一是加强新闻宣传管理机构的建设。先后建立了中共中央宣传部、中央教育宣传委员会、中央机关报编辑委员会、中央报纸编辑委员会等新闻宣传管理机构。后期又建立了具体的管理部门，各级宣传部门也逐渐健全。二是创办各类新闻媒体，发展与新闻宣传工作相关的业务机构。随着党的新闻事业的发展，报纸、杂志、通讯社、出版社等机构都有了很大的发展。③

在军队中设立宣传队组织是毛泽东时期宣传机构设置的一大特点。④1927年，在红四军中建立了"宣传兵制度"，军队每一个机关（连部、营部或政治部、卫生队等）均须派五个宣传兵担任宣传工作。1929年

---

① 刘李胜，时永松：《政治宣传学》，武汉：湖北人民出版社，1993年，第351～352页。

② 陈丽凤：《中国共产党领导体制的历史考察》，上海：上海人民出版社，2007年，第202页、第250页、第347页。

③ 刘江船：《建国前中国共产党新闻管理思想研究》，长春：吉林人民出版社，2007年，第67～107页。

④ 王炎：《新中国宣传网制度述论》，北京：首都师范大学，2003年。

《古田会议决议》又对红军宣传队的建设作了具体规定，把宣传队列入全军的建制，并在红军中建立了专门指导群众工作的机构。军政治部设秘书、宣传、组织、保卫四科，宣传科的主要任务是指导宣传队向群众宣传。1931年，中央军委总政治部正式成立。根据中国工农红军政治工作条例的规定，各级政治部下属宣传鼓动部设教育训练科，除负责红军的思想政治工作外，还担负群众的宣传教育工作。

建国后，中共中央于1950年开始建立并推广宣传网制度。1951年发出《关于健全各级宣传机构和加强党的宣传教育工作的指示》，具体规定了各级宣传部的部门设置、人员职数、职责范围，要求各级党委必须定出计划，在一二年内逐步充实宣传部的机构和人力。1951年3月，刘少奇在中国共产党第一次全国组织工作会议上又特别要求："从最基层的组织起，一直到党中央的各级组织部门和宣传部门，均必须尽可能地在干部方面和机构方面都加强起来。"到1952年年底，一个由各级党委主管领导，宣传部门负责实施，以党的各级组织为依托，以报告员和宣传员为核心骨干，包括党的宣传职能部门以及非党群众宣传组织在内的，覆盖机关、厂矿、农村、街道、学校等一切社会组织细胞的庞大群众宣传教育网络体系开始形成。[①]

陈志强论述了江泽民时期的机构设置的两方面思想：（1）在坚持责任权利一致和精简高效原则的基础上，进行机构的合理设置与调整。要下大力气理顺部门关系，主要包括同级党委组织、宣传、纪检等各职能部门的关系；各级党委宣传部门与同级政府宣传新闻文化主管部门的关系；宣传、新闻、文化和广电等部门的内设机构的关系；宣传主管部门与各级文联、作协、社科联等社会群众团体的关系等。（2）科学划分系统各方面的领导和管理权限。在横向方面，要在坚持和改善党的领导的前提下，充分发挥党委宣传部门和政府行政主管部门的作用。在纵向方面，要按照简政放权、统分结合、减少中间环节、提高工作

[①] 陈丽凤：《中国共产党领导体制的历史考察》，上海：上海人民出版社，2007年，第162页、第202页。

效率的原则,逐步划清中央、省、地方和基层的职责范围,建立科学的纵向宣传领导管理体系。①

孔玉芳强调了新时期的宣传思想文化阵地建设。宣传思想文化阵地是开展宣传思想工作的重要依托,在新时期我们要格外注重阵地建设:(1)新闻舆论阵地。各级党报、党刊、电台、电视台,在新闻媒体中处于重要地位,是宣传思想工作的主阵地,在正确引导舆论中起着排头兵的作用。(2)社会文化阵地。要加强爱国主义教育基地、思想道德教育基地和科普教育基地的建设,加强风景旅游区、公园、体育场、游乐场等休闲娱乐场所建设,改善设施条件,充实教育内容,使它们成为传播先进思想文化的重要阵地。(3)互联网宣传阵地。这是新兴的传播媒体,也是重要的宣传思想文化阵地,占领网络舆论宣传阵地,已成为各国争夺舆论制高点的重要手段。②

三、关于"宣传机构管理"的理论研究

1. 毛泽东时期宣传机构的制度管理

在新民主主义革命时期,党根据革命斗争形势的发展,先后发布了指导宣传思想工作的一系列决议、决定、指示、条例、通知。例如,1923年10月党中央颁布了《教育宣传委员会组织法》,对教育宣传委员会及下设各部的职任做了规定。1948年6月5日,中央出台了《关于宣传工作中请示与报告制度的决定》,规定:"各中央局、分局宣传部,每两个月向中宣部作一次政策性的报告,每半年作一次系统的情况报告。"毛泽东同志也连续写了《纠正土地改革宣传中的"左"倾错误》《党报必须无条件地宣传中央的路线和政策》《宣传约法八章,不要另提口号》等文章特别强调宣传纪律。③ 这些政策文件经过长期革命政治斗争的运用和检验、修正,逐渐演化成为党的宣传机构管理制度。这一时

---

① 陈志强《宣传思想工作宏观管理导论》,北京:光明日报出版社,1995年,第224～225页。

② 孔玉芳:《宣传思想工作概论》,郑州:河南人民出版社,2005年,第285～287页。

③ 林之达:《中国共产党宣传史》,成都:四川人民出版社,1990年,第4页。

期新闻宣传管理制度主要有新闻发布和通气制度、新闻审查制度、请示与报告制度、统一对外宣传制度以及保守秘密制度等。①

王炎在硕士学位论文《新中国宣传网制度述论》中,对新中国成立初期的宣传网管理制度进行了集中论述。在宣传网建立和发展过程中,各地根据《中共中央关于在全党建立对人民群众的宣传网的决定》的要求,结合各地群众宣传工作的具体情况,逐步创建了宣传网工作的一系列基本管理制度:(1)宣传员选拔与评比制度;(2)宣传员学习与会议制度;(3)宣传员检查与汇报记录制度;(4)报告员工作制度。②

2. 改革开放至今的宣传机构管理

邓小平时期的新闻宣传工作机构管理思想:一是行为规范化。新闻机构的运作,必须严格遵守党的组织原则和宣传纪律。"报纸、电台、电视台等各类新闻机构都必须在组织上绝对服从同级党委的领导,重大问题的处理必须向党委请示与汇报,凡是涉及党的路线、方针、政策以及重大政治性的问题,对外必须统一于党中央的决定和口径,与党的步调一致,决不允许各行其是,必须遵守各项宣传纪律。"③二是管理制度化。新闻机构按照《中国新闻工作者职业道德准则》和《关于禁止有偿新闻的若干规定》,加强领导,履行职守,层层负责,对所属以权谋取私利的新闻人员,视其性质、情节和危害程度,该处必处,该律必律,该究必究,也应引咎自责。④三是深化新闻改革。新闻机构积极发挥自身优势,提高宣传艺术和报道质量,增强宣传效果,扩大

---

① 刘江船:《建国前中国共产党新闻管理思想研究》,长春:吉林人民出版社,2007年,第127页。

② 王炎:《新中国宣传网制度述论》,北京:首都师范大学,2003年。

③ 雷跃捷,哈艳秋:《邓小平新闻宣传理论研究》,北京:北京广播学院出版社,2002年,第273页。

④ 雷跃捷,哈艳秋:《邓小平新闻宣传理论研究》,北京:北京广播学院出版社,2002年,第17页。

信息量；注意改革新闻媒介经营结构，形成有力的竞争机制。①

江泽民时期宣传机构的改革：一是把转变观念、加强研究作为改革的基础工程。二是把转变职能、理顺关系作为改革的关键环节。三是把健全法规、依法管理作为改革的制度保证。②

新时期的宣传机构管理思想：第一，坚持党管宣传、党管意识形态的管理体制。第二，建立健全宣传思想工作责任制，明确党委书记为第一责任人。第三，完善工作协调机制，加强对理论、新闻、文艺、出版、思想道德建设、精神文明创建、文化体制改革、对外宣传等方面工作的协调指导，形成相互配合、相互支持的工作格局。第四，加大宣传文化事业的投入，完善文化经济政策。第五，重视宣传思想文化阵地建设和管理。③

3. 宣传机构管理体制的演变

我国的宣传思想工作领导体制的演进，大致经历了三个时期。一是初创和基本成形期（1921年中国共产党成立—1949年中华人民共和国成立前夕）。这一时期宣传思想工作管理体制明确了党管宣传，党委宣传部门对党内外宣传教育新闻文化工作负总责；高度集权于党组织和根据地政府，主要靠各级党组织的推动；带有较浓厚的军事民主色彩。二是由战时集权向计划体制的转型期（1949年10月中华人民共和国成立—1977年10月中宣部恢复前夕）。这一时期的宣传思想工作管理体制，经历了由适应革命战争到适应经济建设的转换，由党的"一元化"高度集权到党政初步分设、权限初步划分的转化。三是拨乱反正、逐步恢复和不断探索时期（1977年10月中宣部正式恢复至今）。这一时期的管理体制变动比较频繁，经验教训较多，计划经济体制下的高度

---

① 雷跃捷，哈艳秋：《邓小平新闻宣传理论研究》，北京：北京广播学院出版社，2002年，第175页。

② 陈志强：《宣传思想工作宏观管理导论》，北京：光明日报出版社，1995年，第225～226页。

③ 孔玉芳：《宣传思想工作概论》，郑州：河南人民出版社，2005年，第277～285页。

集中和市场经济体制的本质要求,都在领导体制中得到反映。①

四、关于"宣传机构队伍建设"的理论研究

中华人民共和国成立前,中国共产党的新闻队伍管理主要包括通讯员的组建与管理、宣传干部的培养与训练、记者编辑的组织与管理三个方面。②以毛泽东为核心的第一代领导集体强调要加强新闻工作者的思想建设;新闻工作者要忠诚于党的事业;要遵守新闻宣传纪律;要加强与群众的密切联系。③

邓小平时期的政治宣传队伍建设思想:一是建设一支专职、兼职相结合的,高效的,宏大的宣传队伍;二是抓好专职宣传队伍的人才选拔和培训工作;三是加强政治宣传者的素质培养,具体包括政治素质、思想道德素质、科学文化素质和能力素质。④宣传思想工作者的素质要求体现在有坚实的马克思主义理论基础;有求真务实的思想作风;有渊博丰富的知识;有开拓进取的敬业精神等方面。⑤

江泽民时期的宣传思想工作队伍建设思想:一是充实和加强各级领导班子。二是明确"政治强、业务精、作风正"的培养目标,这是对新形势下宣传思想工作者必备素质的高度概括。三是明确提高宣传思想工作队伍素质的途径,1993年制定并出台了《全国县级以上地方党委宣传部干部培训工作三年规划》。⑥江泽民指出,各级党委要从政治上、

---

① 陈志强:《宣传思想工作宏观管理导论》,北京:光明日报出版社,1995年,第212~214页。
② 刘江船:《建国前中国共产党新闻管理思想研究》,长春:吉林人民出版社,2007年,第153~159页。
③ 刘江船:《建国前中国共产党新闻管理思想研究》,长春:吉林人民出版社,2007年,第199页。
④ 刘李胜,时永松:《政治宣传学》,武汉:湖北人民出版社,1992年,第145页。
⑤ 雷跃捷,哈艳秋:《邓小平新闻宣传理论研究》,北京:北京广播学院出版社,2002年,第31页、第274~275页。
⑥ 陈志强:《宣传思想工作宏观管理导论》,北京:光明日报出版社,1995年,第83页。

思想上、生活上关心和培养这支队伍，对做出突出成绩的要给予表彰和鼓励。①

胡锦涛时期的宣传思想工作队伍建设思想：一是要按照"引得来、留得住、用得好"的原则，建立健全工作队伍管理机制，推行公开竞争、能上能下、充满活力的用人机制。②二是对宣传思想干部的素质提出了新的要求，包括坚定的政治立场；宽广的战略眼光；广博的文化知识；崇高的职业精神；过硬的工作本领。三是加强领导班子建设。四是做好宣传文化系统专门人才培养，重点是组织实施"四个一批"人才培养工程，这是新时期宣传文化系统人才工作的龙头工程。③

第三节　研究方法

第一，文献梳理法。中国马克思主义关于宣传机构建设的思想理论散见于中国共产党几代领导人的著作中，相关文献如《毛泽东选集》《刘少奇文选》《陆定一文集》《邓小平文选》《江泽民文选》、《习近平谈治国理政》等；散见于不同历史时期的中国共产党宣传工作历史资料中，相关文献如《中国共产党宣传工作文献选编》《中国共产党新闻工作文件汇编》等。本书是对中国马克思主义宣传机构建设理论进行的专题研究，需要对领袖原著、历史文献、文件资料进行细致地梳理，挖掘提炼思想理论，概括总结经验规律。

第二，过程研究法。马克思主义中国化产生了两大理论成果——毛泽东思想和中国特色社会主义理论体系，是中国共产党几代领导人集体智慧的结晶。宣传机构建设的理论是中国马克思主义理论的重要组

---

① 吴琼：《江泽民思想政治工作理论是一个完整的科学体系》，载《求实》，2000 年第 7 期。

② 黄传新，等：《构建和谐社会与意识形态建设》，合肥：安徽人民出版社，2007 年，第 247 页。

③ 孔玉芳：《宣传思想工作概论》，郑州：河南人民出版社，2005 年，第 291～300 页。

成部分。从毛泽东时期到邓小平时期、江泽民时期，再到胡锦涛时期，宣传机构建设理论既一脉相承，又与时俱进。本书分四个不同的历史时期，从机构设置、机构管理、队伍建设、机构工作原则等方面，对中国马克思主义宣传机构建设理论的思想发展过程进行动态研究，既考察不同时期的理论内容及特色，又分析整个理论发展过程的规律及趋势。

第三，史论结合法。本书力求"史"与"论"的有机结合，但在不同内容或具体章节又有所侧重。如关于机构设置及其职能、管理制度等内容，以"史"为主，做足史料考证的工作，客观展现不同时代的历史情形和建设实践；关于理论特色、工作理念、规律趋势等内容，以"论"为主，结合四个不同时期的历史背景进行评析，为当前的宣传机构建设实际提供经验教训的借鉴。

第四节　主要创新

本书的主要创新之处在于：

1. "宣传机构建设理论"的专题系统研究

考察我国宣传思想工作的研究现状，机构建设研究是薄弱环节。目前的宣传思想工作理论研究成果对机构建设只是有所涉及，还远未形成系统。本书针对中国马克思主义"宣传机构建设理论"进行专题研究，系统总结宣传机构建设的经验规律、思想理论。

2. 从"机构建设"的角度研究宣传思想工作

20世纪80年代我国"宣传学"研究开始起步，到目前为止，已经取得了丰富的研究成果。综观宣传学的研究成果，从"机构建设"的角度开展的宣传思想工作专题研究非常少。本书即是尝试从"机构建设"的角度研究宣传工作，客观上能够进一步丰富我国宣传学的研究内容。

3. "中国马克思主义宣传机构建设理论"的思想史研究

中国共产党几代领导人创造性地将马克思主义与中国实际相结合，

在伟大的革命、建设、改革、发展的历史进程中，积累了丰富的宣传机构建设理论。现有的研究成果中，有的关注到了某一历史时期或某位领导人的机构建设思想，但研究不全面、不系统、不深入。本书是从思想史的研究视角出发，系统梳理、总结和研究党的几代领导集体有关宣传机构建设的理论，力图展现这一既一脉相承又与时俱进的理论发展整体脉络。

第二章 宣传机构建设概论

第一节 "宣传机构"的概念内涵[①]

宣传工作历来是中国共产党全部工作中一个极其重要的组成部分。[②]与个人单独而零散的宣传活动不同,党的宣传工作离不开机构组织。系统完善、结构合理的宣传机构是党科学管理和有效开展宣传工作的组织保证。宣传机构是党做好宣传工作的必要条件,是宣传工作得以实施的承担者和组织载体。

"机构"泛指机关、团体或工作单位及其内部组织。"宣传机构"即是领导管理或具体承担实施宣传活动的单位、部门、社会团体等组织。"中国马克思主义"或者"中国化马克思主义"是指中国共产党人坚持马克思主义基本原理与中国革命、建设、改革实际相结合,不断推动马克思主义在中国的理论飞跃而形成的两大理论体系:一是毛泽东思想;二是包括邓小平理论、"三个代表"重要思想和科学发展观在内的中国特色社会主义理论体系。"中国马克思主义宣传机构建设理论"是指在中国马克思主义两大理论体系中关于宣传机构及其建设的观点、思想、理论,是以毛泽东、

[①] 才华:《中共宣传思想工作机构建设的历史考察》,载《河北师范大学学报》(哲学社会科学版)》,2012年第1期。

[②] 周宇在《凤凰周刊》撰文《永远不放松的工作:组织和宣传——中共的独特法宝》(2011年第18期第34页)指出,从中共诞生之日起,宣传和组织工作就是中共最核心的工作重点,迄今未变。宣传机构是党"永远的重要常设机构",它深植于中共独特的组织方式之中。

邓小平、江泽民、胡锦涛等为代表的几代中国共产党人在不同历史时期的宣传机构建设实践活动中取得的经验概括和理论总结。

宣传机构是一个复杂的系统。刘李胜等[①]指出:"所谓政治宣传管理机构,是指主管政治宣传活动的组织系统及内部各职能业务部门。它是一个多层次的由各个要素和环节构成的有机整体。"无产阶级及其政党的宣传机构在纵向和横向两个维度上构成了一个纵横交错的网络系统。纵向系统从中央到地方主要有三个层次:一是中央高层机构,如我国的中共中央委员会、中共中央宣传部等;二是地方中层机构,如我国各省、市、县的党委、党委宣传部等;三是基层宣传机构,如我国农村乡镇、城市街道等基层政权单位的党委、党委宣传部门等。横向系统中的部门主要有四个类型:一是政党组织和党委宣传部门。政党组织如我国的中共中央委员会、地方各级党委。党委宣传部门如我国的中共中央宣传部、地方各级党委宣传部;二是主管宣传、教育理论研究等工作的各类宣传职能部门,如我国各级党委宣传部里的宣传处(科)、理论处(科)、新闻出版处(科)等,我国各级人民政府的广播电视厅(局)、文化厅(局)、新闻出版局等部门;三是开展政治宣传活动的业务单位、社会团体和群众组织,如报社、出版社、电视台、各类学会、联合会及群众文化团体等,它们根据自身特点,围绕党的总目标和中心任务开展各自的宣传活动;四是社会组织、经济实体中主管宣传的部门,如大专院校、科研单位、军队、共青团、妇联、企事业单位中的宣传部门等。

根据工作的性质、内容和作用不同,沈之一[②]将我国的宣传工作管理机构分为领导机构、职能机构、事业机构、研究信息机构、群团机构等类型。领导机构主要指各级党委和政府,这是宣传工作的指挥和决策中心;职能机构是指主管宣传工作的各级党委宣传部和政府主管

---

① 刘李胜,时永松:《政治宣传学》,武汉:湖北人民出版社,1993年,第351~354页。

② 沈之一:《中国共产党宣传学概论》(下册),石家庄:河北人民出版社,1989年,第262~265页。

思想文化工作的职能机构，如广播电视、新闻出版、文化等厅、局；事业机构指精神文化产品的制作和管理单位，如报刊、电视、出版、文化、艺术以及教育等思想文化单位；研究信息机构主要包括社会科学院（所）、政策研究室等；群团机构主要指各级工会、共青团、妇联等群众组织，以及文联、作协、社联等群众文化、学术团体。还有研究者根据功能不同，将宣传机构分为指挥系统、情报信息系统、咨询参谋系统、执行系统和监督反馈系统。[1]指挥系统包括领导成员以及由他们构成的指挥中心，负责制定并监督执行宣传的主要任务、方法、步骤、要求等；情报信息系统负责有关信息，包括舆情的搜集、整理、筛选、传输等工作，通常由综合性办公室、资料室、基层指导部门负责；咨询参谋系统的任务是做好领导者或决策者的"外脑""耳目""望远镜"，以实现科学宣传和有效宣传；执行系统是指执行指挥中心的决策和计划、完成落实宣传任务的执行部门；监督反馈系统负责及时将宣传计划的执行情况和违纪信息反馈到指挥中心，保证宣传工作的正常进行。

综合来讲，宣传机构概念内涵可以从狭义和广义两个层面把握。狭义的宣传机构指的是各级党委宣传部，这是党的宣传工作的领导、决策、指挥中心；广义的宣传机构指的是包括宣传教育、新闻出版、广播电视、文化艺术、社会科学研究等部门在内的宣传战线各部门。为使论述相对集中准确，本书所论的宣传机构是指狭义的宣传机构，即考察以毛泽东、邓小平、江泽民、胡锦涛、习近平等为代表的几代共产党人在各级党委宣传部系统建设工作中取得的经验总结和思想理论。但如上所论，宣传机构是一个严密的组织系统，不仅纵向上下贯通，而且横向联系密切，因此在行文中难免会打破概念的边界，将论述的触角延伸到新闻出版、广播电视、文化艺术、社会科学研究等部门。

---

[1] 周振林，等：《领导与宣传：架起领导意图与下属实践的桥梁》，北京：中国经济出版社，2000年，第294～296页。

第二节 宣传机构的职能

《中国共产党组织工作辞典》指出中共中央宣传部的主要职能是:"负责指导全国理论研究、学习与宣传工作;负责引导社会舆论,指导、协调中央各新闻单位的工作;负责从宏观上指导精神产品的生产;负责规划、部署全局性的思想政治工作任务,配合中央组织部做好党员教育工作,负责编写党员教育教材,会同有关部门研究和改进群众思想教育工作;受党中央委托,协同中央组织部管理文化部、新闻出版广电总局、中国社会科学院的领导干部,会同中央组织部管理人民日报社、新华社等新闻单位和代管单位的领导干部,对省、自治区、直辖市党委宣传部部长的任免提出意见;负责提出宣传思想文化事业发展的指导方针,指导宣传文化系统制定政策、法规,按照党中央的统一工作部署,协调宣传文化系统各部门之间的关系;完成党中央交办的其他任务。"[1] 宣传机构的职能是由党的性质、党的宗旨和党的工作总目标、总任务决定的。具体来讲,宣传机构主要有以下四个方面的职能。

一、意识形态的"灌输"与"贯注"

一直以来,党都将宣传工作和组织工作定位为我党工作中的两个有机部门,对于党的整体工作正如鸟之双翼、车之两轮。宣传工作的发展,有赖于宣传机构的健全。在各级党组织内建立强有力的宣传部门,集中宣传人才,统一宣传工作的领导和管理,是非常必要的。宣传职能是宣传机构的核心职能。宣传机构的本职工作即是宣传者[2]根据党的政治思想工作要求,采取一定的方式方法,通过反复多次、大量系统的宣传工作使宣传对象或受传者接受宣传内容,并产生符合宣传者意愿的改变。

---

[1] 中共中央组织部:《中国共产党组织工作辞典》,北京:党建读物出版社,2009年,第63~64页。

[2] "宣传者"作为政治宣传系统中的一个要素,其本身也具有复杂的结构,主要由宣传机构和宣传人员两部分组成。参见刘李胜,时永松:《政治宣传学》,武汉:湖北人民出版社,1993年,第134页。

宣传机构的宣传职能在列宁那里叫作"灌输"①；在毛泽东那里叫作"贯注"②。众所周知，党的宣传机构是意识形态工作机构③，担负着党的意识

---

① 列宁在1902年的《怎么办？》一文中系统阐述了"灌输理论"，指出："工人本来也不可能有社会民主主义的意识。这种意识只能从外面灌输进去，各国的历史都证明：工人阶级单靠自己本身的力量，只能形成工联主义的意识……而社会主义学说则是从有产阶级的有教养的人即知识分子创造的哲学理论、历史理论和经济理论中发展起来的。""阶级政治意识只能从外面灌输给工人，即只能从经济斗争外面，从工人同厂主的关系范围外面灌输给工人……为了向工人灌输政治知识，社会民主党人应当到居民的一切阶级中去，应当派出自己的队伍分赴各个方面。""我们应当既以理论家的身份，又以宣传员的身份，既以鼓动员的身份，又以组织者的身份'到居民的一切阶级中去'。"参见列宁：《列宁选集》（第1卷），北京：人民出版社，1995年，第317～318页、第363页、第366页。

② 如毛泽东讲："军队的基础在士兵，没有进步的政治精神贯注于军队之中，没有进步的政治工作去执行这种贯注，就不能达到真正的官长和士兵的一致，就不能激发官兵最大限度的抗战热忱。"参见：毛泽东：《毛泽东选集》（第2卷），北京：人民出版社，1991年，第511页。

③ 西方马克思主义理论家葛兰西是第一个强调意识形态的物质载体的马克思主义思想家，他用"市民社会"（教会、学校、家庭等）作为制定和传播统治阶级意识形态的机构的总称。阿尔都塞在葛兰西的基础上，提出了"意识形态国家机器"的概念。他认为"意识形态国家机器"是和镇压性国家机器（主要包括政府、行政机关、军队、警察、法庭、监狱等）并立的现实，并列出了宗教的、教育的、家庭的、法律的、政治的、工会的、传播的和文化的8种意识形态国家机器，指出二者最根本的区别在于镇压性国家机器是"大量并首要地"运用暴力镇压来发挥功能，而意识形态国家机器"大量并首要地"运用意识形态来发挥功能。（[法]路易•阿尔都塞：《意识形态和意识形态国家机器》（研究笔记），见陈越编：《哲学与政治：阿尔都塞读本》，长春：吉林人民出版社，2003年版，第334～336页。）我国学者白文刚沿用了"意识形态国家机器"这一概念，指出："意识形态国家机器是指国家政权及社会中负责传播、灌输和维护国家意识形态的机构。"（白文刚：《应变与困境——清末新政时期的意识形态控制》，北京：中国传媒大学出版社，2008年，第57页。）李全使用的是"意识形态机构"这一概念，认为意识形态机构指的是各种与意识形态工作紧密相连的具体机构与部门。(李全：《勃列日涅夫时期苏联的意识形态机构及管理模式》，载《当代世界与社会主义》，2008年第1期，第139～143页。)

形态控制和传播的重任。早在战时宣传阶段,中央即明确"宣传部门是党在政治上、理论上和思想上领导战斗的机关"①,毛泽东曾告诫:"宣传队若弄不好,红军的宣传任务就荒废了一个大部分。"②最新《中国共产党章程》指出:"党的领导主要是政治、思想和组织的领导。"党的政治思想领导则主要依靠宣传机构深入开展宣传工作来实现,如果没有宣传机构的宣传工作,党就无法实现自己的政治思想领导。

宣传机构的政治思想宣传内容主要有两个方面:一是马克思主义理论的宣传。中国共产党自诞生之日即将马克思主义作为指导思想写在了自己的旗帜之上,成为中共宣传工作与其他党派宣传工作的原则性区别。刘少奇曾讲:"数十万党员被人割去头颅的白色恐怖,亦不能威胁我们的党员放弃自己马列主义的旗帜。"③马克思主义理论是马克思、恩格斯在总结工人阶级斗争实践经验的基础上,批判吸收人类文化精华而创立的科学学说体系。它包括辩证唯物主义和历史唯物主义、政治经济学、科学社会主义等理论内容,阐明了自然界、人类社会和思维发展的普遍规律,揭示了资本主义生产方式的固有矛盾和资本主义社会的特殊运动规律,证明了资本主义必然灭亡的历史趋势。二是中国化马克思主义理论的宣传。马克思主义理论不是僵化封闭的系统,开放创新的理论活性赋予其旺盛的生命力。④中国共产党人深刻把握马克思主义理论与时俱进的理论品质,创造性地将马克思主义基本理论与中国革命建设实际相结合,不断实现马克思主义在中国的理论飞跃,

---

① 中共中央宣传部办公厅,中央档案馆编研部:《中国共产党宣传工作文献选编(1937—1949)》,北京:学习出版社,1996年,第166页。

② 刘平斋,陈德言:《马克思恩格斯列宁毛泽东论宣传》,成都:四川省社会科学院出版社,1988年,第224页。

③ 中共中央宣传部办公厅,中央档案馆编研部:《中国共产党宣传工作文献选编(1937—1949)》,北京:学习出版社,1996年,第271页。

④ 恩格斯明确指出:"我们的理论是发展的理论,而不是必须背得烂熟并机械地加以重复的教条。"见马克思恩格斯《马克思恩格斯选集》(第4卷),北京:人民出版社,1995年,第681页。

形成了"毛泽东思想"和"中国特色社会主义理论"两大理论体系。两大理论体系产生和形成于不同历史时期，创造性地解答了不同的时代课题。"毛泽东思想"主要回答了半殖民地半封建社会的中国如何才能取得新民主主义革命和社会主义革命胜利的问题；"中国特色社会主义理论"在改革开放新时期系统回答了"什么是社会主义、怎样建设社会主义""建设什么样的党、怎样建设党""实现什么样的发展、怎样发展"等一系列重大理论问题。

宣传机构的宣传职能"同时包含有对共同理想进行联合，对敌对思想进行斗争的两个方面"①。宣传职能的实施要达到两个目标：一是"立"，二是"破"，当然这两个目标是密切联系的，"破字当头，立在其中"。所谓"立"，是通过党的政治思想、意识形态的宣传灌输，使党的意识形态由"理论的思想意识"转变为"实践的思想意识"，使"理论意识形态"转化为"实践意识形态"。②马克思主义思想意识不可能在人民大众，包括无产阶级头脑中自发产生，因此需要宣传机构通过全国范围的宣传普及和对各个行业领域的渗透运用，不断地使马克思主义意识形态深入人心，并成为指导自身革命建设实践活动的指导思想。所谓"破"，是指与非马克思主义、反马克思主义思想意识进行意识形态斗争。意识形态是具有阶级性的。中国共产党在进行马克思主义意识形态灌输、不断扩大马克思主义理论影响的同时，要与代表不同阶级阶层利益的非马克思主义、反马克思主义思想意识进行辩论和斗争，另一方面还要与党内或左或右的错误路线作斗争。中国共产党的成长发展历史一直伴随着马克思主义指导思想与其他思想、思潮的

---

① 中共中央宣传部办公厅，中央档案馆编研部：《中国共产党宣传工作文献选编（1937—1949）》，北京：学习出版社，1996年，第250页。

② Franz. Schurmann 在 Ideology and Orgnization in Communist China（University of California Press，1968）中把意识形态分为"理论的思想意识"和"实践的思想意识"两个层次。据此，彭继红提出了"理论意识形态"和"实践意识形态"的区分。参见彭继红：《中国共产党意识形态工作研究（1949—2009）》，武汉：湖南大学出版社，2011年，第3页。

辩论和斗争。例如建党初期与无政府主义、国家主义、戴季陶主义进行宣传斗争,"向反革命派宣传反攻,以打破反革命的宣传"①;民主革命时期与国民党"假三民主义"的宣传斗争;社会主义建设时期与资产阶级自由化思潮的斗争等。特别是进入21世纪以来,伴随着全球化时代、数字化时代的发展,我国思想领域更是呈现复杂多元的发展趋势:国内除了马克思主义这一主流理论思想外,其他诸如自由主义、民族主义、"新左派"等各种社会思潮②风起云涌、相互激荡;国外面临的是打着民主、平等、人权等标语旗号却行和平演变之实的资本主义思想文化的冲击。在当前形势下,宣传机构更应充分发挥宣传职能,加强宣传工作的主动性,实现马克思主义理论对其他社会思潮的有效引领和整合。

二、民众的鼓动与激励

国内外学者关于"宣传"的定义中往往包括了常常被称为"说服"(persuasion)的全部内容。如美国传播学家哈罗德·拉斯韦尔提出的定义:"就广义而言,宣传是通过操纵表述以期影响人类行为的技巧。"③邵培仁认为:"所谓宣传,是指宣传者(团体代言人)通过传播媒介传播信息,以左右和影响公众思想行为以及社会舆论的一种对策。"④因此

---

① 毛泽东:《〈政治周报〉发刊理由》(1925年12月5日)。参见中共中央宣传部办公厅,中央档案馆编研部:《中国共产党宣传工作文献选编(1915—1937)》,北京:学习出版社,1996年,第668页。

② 社会思潮一般是指在一定时期内反映某一阶级或阶层的利益和价值追求、以某种理论学说为主导或依据,得到广泛传播并对社会生活产生一定影响的思想潮流。参见才华:《论社会主义核心价值体系对社会思潮的整合——以构建文化生态系统为视角》,载《燕山大学学报(哲学社会科学版)》,2011年第3期。

③ Lasswell H.D.(1937).Propaganda.In E.R.A. Seligman and Johnson (eds.), Encyclopedia of the Social Sciences, Vol.12, pp.521-522.New York:Macmillan.

④ 邵培仁:《20世纪中国新闻学与传播学·宣传学与舆论学卷》,上海:复旦大学出版社,2002年,第109页。

宣传机构实施宣传活动的目的就在于左右人、影响人即劝服人,任何宣传都是通过一定的手段说服一定的人们。这种"说服性"具有很强的说理性,它不是靠强制命令,而必须以事实说明道理、以真理征服人心,否则就会失去人们的认同,就不可能产生好的宣传效果。

马克思主义唯物史观指出,历史是人民群众创造的,人民群众是历史的主人。无论是无产阶级革命还是建设社会主义伟大事业,没有广大人民群众的广泛参与和支持都不可能取得胜利和成功。宣传机构的鼓动职能是通过宣传工作启发、鼓舞、激励全国各族人民统一认识、步调一致,紧密团结在党的周围,齐心协力地投身于党的光辉事业中去。除了作为意识形态的政治思想的宣传灌输之外,党在各个历史时期的路线方针政策也是宣传机构重要的宣传内容。党在各个历史时期的路线方针政策,是根据马克思主义基本理论结合我国具体的革命和建设实践制定出来的,是完成党的总任务和各历史时期具体任务的保证。为使广大人民群众接受党的路线方针政策,并以自己自觉的行动为实现党的任务而奋斗,这就要求宣传机构发挥其鼓动、激励职能,使蕴藏在人民群众身上的革命和建设积极性充分发挥出来。

鼓动和激励人民群众接受党的路线方针政策,并广泛参与党的事业,需要有一个前提,即保证党的路线方针政策的科学性。邓小平指出,判断和衡量我们各项工作的科学标准是"三个有利于":"判断的标准,应该主要看是否有利于发展社会主义社会的生产力,是否有利于增强社会主义国家的综合国力,是否有利于提高人民的生活水平。"[1]党在各个历史时期制定的路线方针政策要符合历史的发展方向,促进生产力的发展,给人民带来福祉,得到人民的接受和拥护,就要坚持实事求是,从特定的历史条件和实际情况出发,遵循社会主义事业发展规律,坚持长期目标和具体目标相结合的原则。任何超越历史发展阶段的路线方针政策非但不会推动历史的进步,反而会阻碍历史的发展,损害人民的利益。民主革命时期陈独秀、王明等为代表的错误路线给党的民

---

[1] 邓小平:《邓小平文选》(第3卷),北京:人民出版社,1993年,第372页。

族民主革命事业造成了巨大损失,中华人民共和国成立后1966—1976年"以阶级斗争为纲"的文化大革命造成的十年浩劫都是极为沉痛的历史教训。

在管理心理学中,鼓动被称为"激励",是指激发人的"内驱力"的理论。当个体的行为或预测其行为能导致积极的结果时,个体将倾向于重复和强化这种行为;相反,当个体的行为或预测其行为导致负面的结果或惩罚时,个体将倾向于避免重复行为。可见,目标设置和目标承诺是激励研究领域的"核心构思"。① 洛克在其目标理论的文章中进一步强调,如果没有承诺,那么目标就没有激励效果。② 借鉴管理心理学的激励理论,宣传机构在实施鼓动职能时也应注重目标设置与目标承诺在党的路线方针政策中的体现和应用,在加强党的路线方针政策的宣传过程中,让人民群众看到自身根本利益实现的承诺,从而认同、接受党的路线方针政策并主动支持和参与党的事业。党的性质决定了党的根本宗旨——全心全意为人民服务,要把实现好、维护好、发展好人民的利益放在高于一切的位置上。民主革命时期,毛泽东领导劳苦大众推翻了封建主义、帝国主义、官僚资本主义三座大山,实现了民族独立和人民解放,人民当家作主"站了起来"。中国特色社会主义建设时期,邓小平提出:"社会主义的本质,是解放生产力,发展生产力,消灭剥削,消除两极分化,最终达到共同富裕。"③ 先后提出了"发展才是硬道理""三个有利于"等重要理论观点,将人民拥不拥护、赞不赞成、高不高兴、答不答应作为制定各项方针政策的出发点和归宿。江泽民提出了"三个代表"的重要思想,指出"三个代表"重要思想是党的立党之本、执政之基、力量之源,其理论本质是立党为公、执政为民。胡锦涛创造性地提出科学发展观理论,明确指出:"科学发展观,

---

① [美]莱曼 W. 波特,格雷戈里 A. 比格利,理查德 M. 斯蒂尔斯:《激励与工作行为》,陈学军译,北京:机械工业出版社,2006年,第146页。

② Locke, E.A.Toward.A Theory of task Motivation and Incentives, Organizational Behavior and Human Performance, 1968(3).

③ 邓小平:《邓小平文选》(第3卷),北京:人民出版社,1993年,第373页。

第一要义是发展，核心是以人为本。"在21世纪上半叶，我们党要团结带领人民完成两个宏伟目标："到中国共产党成立100年时建成惠及十几亿人口的更高水平的小康社会，到新中国成立100年时建成富强民主文明和谐的社会主义现代化国家。"①

为使宣传机构的鼓动工作收到实效，最大限度地调动民众参与革命建设事业的积极性、主动性、创造性，鼓动工作应坚持以下原则：

1."三化""三贴近"。"三化"是要求鼓动工作做到"通俗化、大众化、民族化地方化"，这是党在民主革命时期提出的工作原则。②"三贴近"是要求鼓动工作做到"贴近实际、贴近生活、贴近群众"，这是十六大以来，以胡锦涛同志为总书记的党中央提出的一项改进和加强宣传思想战线工作的重要指导原则。"三化""三贴近"总的要求是鼓动工作要适应群众特点，易被大众接受。

2."相契性"。相契性是指宣传活动的投合性、相符性和合作性，是宣传者与宣传对象之间在宣传的符号体系、思想内容等方面的相契与投合。"相契性"要求针对鼓动对象要有的放矢。不同群体如工人、农民、士兵、青年学生等具有各自不同的特点，具体领域部门如学校、共青团、工会、部队等具有不同的环境、情况，因此鼓动工作要善于根据环境变化、情况不同做出改变，有的放矢，深入细致地开展工作。邓小平多次强调一定要把思想工作"做得有针对性，细致深入和为群众所乐于接受"③，"这是一点一滴的工作，这样的工作积累起来，才有我们伟大的成绩"④。

---

① 胡锦涛：《在庆祝中国共产党成立90周年大会上的讲话》，载《人民日报》，2011-07-02第2版。

② 中共中央宣传部办公厅，中央档案馆编研部：《中国共产党宣传工作文献选编（1937—1949）》，北京：学习出版社，1996年，第41页、第47~48页。

③ 中央宣传部：《毛泽东邓小平江泽民论思想政治工作》，北京：学习出版社，2000年，第5页。

④ 中央宣传部：《毛泽东邓小平江泽民论思想政治工作》，北京：学习出版社，2000年，第58页。

3."新""旧"结合。鼓动工作的方式方法是多种多样的,有传统的也有现代的,有"旧"的也有"新"的,应综合利用而不应厚此薄彼。"在形式的发展上应有两方面,一方面是向比较复杂的高级的形式发展,另一方面则应向比较简单的普及的形式发展。采用旧形式反映新内容的方法也是必要的,因旧形式在民间具有根深蒂固的潜势力,深为群众所喜爱,且其本身亦有可利用的价值。"[①] 当今时代数字网络发展日新月异,鼓动工作应与时俱进,学习并熟悉运用微博等新媒体传播手段,但在特定时期如民主革命时期,党的鼓动工作却更加强调"旧形式"的运用,因为像墙报、传单、报刊等"旧形式"在民间影响根深蒂固,用这些旧的形式手段实现"新内容"的传播鼓动更容易为人民大众所接受。

三、形势政策与思想道德教育

在我国,宣传机构还担负着提高人民群众的政策水平和思想觉悟的教育职能,宣传机构的教育工作主要包括形势与政策教育和思想道德素质教育两方面内容。

形势与政策教育是党成立以来宣传机构工作的一项重要内容,无论是学校教育、党员干部教育还是针对人民大众的国民教育,形势与政策教育都被反复强调和高度重视。最为典型的是在民族民主革命时期,党会根据国际、国内形势的变化,及时发布"中共中央关于时局的主张""目前形势与我们的中心任务""中共中央通告""中央宣传部宣传要点"等,对党内党外进行形势与政策教育。形势教育主要是时事政治教育和对时局发展变化的分析宣传。形势教育能帮助党员干部和人民群众开阔视野,及时把握国内、国际时局。形势教育与政策教育是密切联系的,客观形势的变化决定党的具体政策和策略必须做出相应的调整,因此党在进行形势宣传教育的同时,也要加强具体政策的宣传教育,让党员干部群众不仅懂得形势的发展,而且懂得党的政策策略。形势教育、时局宣传往

---

① 中共中央宣传部办公厅、中央档案馆编研部:《中国共产党宣传工作文献选编(1937—1949)》,北京:学习出版社,1996年,第244页。

往也是思想准备的一种,因为只有群众对客观形势积极的和消极的、光明的和黑暗的各种情形有了清晰地认识,人们才更能接受党的政策和策略。在民主革命时期,毛泽东就强调,形势的变化和我们的政策,不光要使领导者知道、干部知道,还要使广大的群众知道。"群众知道了真理,有了共同的目的,就会齐心来做。""善于把党的政策变为群众的行动,善于使我们的每一个运动、每一个斗争,不但领导干部懂得,而且广大的群众都能懂得,都能掌握,这是一项马克思列宁主义的领导艺术。"[1]

在宣传机构的教育职能中,加强道德素质教育,提升国民素质和思想觉悟是另一重点。首先要继承和弘扬优秀的传统精神道德。历史悠久的华夏文明构筑了中华民族的精神家园,中华美德世代相传,源远流长。要广泛开展爱国主义教育,以崇高的民族精神凝聚力量、振奋人心,团结全体中华儿女共同奋斗;传承弘扬中华民族艰苦奋斗、勤俭节约、重义重礼、以和为贵的传统美德,凸显我国国民性的民族风尚和气派。其次广泛开展以改革创新为核心的时代精神教育。改革开放以来的40年最突出的时代特征就是改革创新精神,创新是一个国家和民族进步的灵魂,正是因为改革创新的时代精神,党和国家各项事业的发展才能不断解放思想、与时俱进,保持了旺盛的生命力和勃勃生机。再次,深入开展社会主义荣辱观宣传教育。以"八荣八耻"为核心内容的社会主义荣辱观体现了社会主义道德的根本要求,是社会主义核心价值体系的思想道德基础,为全体社会成员提供了基本的价值准则和行为规范。社会主义荣辱观教育将有效改善当前一些领域道德失范的现状,提升国民整体的道德水平。

四、文化建设的领导与管理

文化是民族的血脉,是人民的精神家园。中国共产党始终把文化建设放在党和国家宣传工作的重要战略地位。文化建设事业涉及印刷、出版、传媒、文艺等广阔的领域,宣传机构作为党和国家的意识形态

---

[1] 中共中央宣传部办公厅,中央档案馆编研部:《中国共产党宣传工作文献选编(1937—1949)》,北京:学习出版社,1996年,第688~689页。

工作部门，对文化建设负有领导和管理职责。1941年《中共宣传部关于党的宣传鼓动工作的提纲》中指出："凡关于国民教育、党内教育、文化工作、群众鼓动、对敌伪宣传、出版发行、通讯广播等工作均应受宣传部的直接领导。"① 具体来讲，宣传机构对文化建设的领导和管理职能包括：一是设立管理部门。早在中共建党之初，1923年建立的教育宣传委员会中就设立了编辑部、印行部等部门，负责编辑出版8种出版品。党在武装斗争时期掌握的文化资源非常有限，在此情况下，党的宣传机构十分重视报纸、书籍、刊物的编辑出版发行工作，"要把运输文化食粮看得比运输弹药还重要"，因为党通过这项工作能够深入群众、获得群众、宣传主义、鼓动革命。鉴于文化工作在政治斗争、宣传斗争中的重要地位和作用，1948年中央宣传部专门分设出版组、文艺组等部门领导全国的文化建设工作。② 二是确定文化建设的方向、方针。近代中国半殖民地半封建社会的社会性质，以及中国共产党领导的新民主主义革命的革命性质，决定了我党文化建设的目标是建设民族的、科学的、大众的新民主主义文化，这一目标也决定了文化建设的方向和方针——"两为""双百"，即为人民服务、为社会主义服务的方向，百花齐放、百家争鸣的方针。新中国成立后，全国各族人民在党的领导下，忠实传承弘扬中华优秀传统文化，积极倡导和发展先进文化，继续坚持"两为""双百"，走出了一条中国特色社会主义文化发展道路。三是规划文化建设发展战略。2011年中共十七届六中全会通过的《中共中央关于深化文化体制改革推动社会主义文化大发展大繁荣若干重大问题的决定》，按照实现全面建设小康社会奋斗目标要求，明确规划了到2020年我国文化改革发展的奋斗目标，指出各级党委和政府、宣传思想文化战线要切实负起加快文化改革发展，建设

---

① 中共中央宣传部办公厅，中央档案馆编研部：《中国共产党宣传工作文献选编（1937—1949）》，北京：学习出版社，1996年，第260页。

② 中共中央宣传部办公厅，中央档案馆编研部：《中国共产党宣传工作文献选编（1937—1949）》，北京：学习出版社，1996年，第764~765页。

社会主义文化强国的政治责任和领导责任。此外，宣传机构的文化建设领导管理职能还包括培养文化工作人才、建设文化工作队伍等方面的工作。

第三节　中国马克思主义宣传机构建设理论主要研究内容

宣传机构开展的宣传工作是一种机构宣传，明确机构宣传的特点有助于我们厘清宣传机构建设理论的主要研究内容。机构宣传"在组织定位、对象确定、组织强制和指令灌输等方面都区别于大众传播"[①]。与一般的人际传播和大众传播相比，机构宣传具有以下四个特点：

第一，机构宣传是以机构、组织或团体的名义进行宣传活动的。尽管机构的宣传活动是由机构工作人员开展，但工作人员的宣传活动并非是表达个人意志和主张，而是贯彻宣传机构的原则精神，执行宣传机构的工作任务，以宣传机构的名义进行宣传。

第二，机构宣传具有一定规模。党和政府的宣传机构是一个由不同层次、不同部门构成的纵横交错的复杂系统，有了这样一个组织系统的保证，宣传活动才能从上到下，由中央到地方得到统一、高效的贯彻实施。没有机构宣传规模性特征，就不可能完成繁重而艰巨的宣传任务。

第三，具体的宣传活动是在有组织有领导的情况下进行的。宣传机构虽纵横交错，看似复杂，但实际上有着严格规范的内在管理机制。纵向不同层次的宣传机构设置上下基本一致，存在领导与被领导的关系；横向不同部门有明确分工，职责清晰。成功高效的机构宣传必须做到"上下沟通、左右联系"，在有组织有领导的情况下进行。

第四，宣传信息大多是指令性、教导性、劝导性的。在宣传机构系统内，尤其是纵向不同层次之间的信息传播，主要通过召开会议、下

[①] 彭继红：《中国共产党意识形态工作研究（1949—2009）》，长沙：湖南大学出版社，2011年，第97页。

发公文、传达文件通知等形式，宣传内容信息往往具有指令性色彩。

科学的理论来源于实践。中国马克思主义宣传机构建设理论是以毛泽东、邓小平、江泽民、胡锦涛、习近平为代表的几代共产党人关于宣传机构建设及其规律的思想理论，其深刻的思想观点和理论内容是在丰富的宣传机构建设实践基础上总结、提炼、升华而来的。中国马克思主义宣传机构建设理论的研究内容主要围绕中国共产党宣传机构建设的四方面重要工作进行展开。

一、机构设置

由上所论，机构宣传的主体是机构、部门、组织。中国共产党90余年来历经革命、建设、改革等不同历史时期，党的宣传机构也经历了一个从无到有，不断完善、不断系统化的艰辛过程，已经由1921年建党时仅有李达一人的中央局宣传部发展到今天从中央到地方再到基层，各级宣传部上下贯通，每一级宣传部横向部门彼此协调配合的完善系统。在此过程中，各级党委宣传部的建立，各个宣传工作部门组织的设置、撤销、合并、分离等无不有其特定的历史或现实依据。研究中国马克思主义关于宣传机构设置的思想理论，是在考察党的宣传机构设置的历史的同时，重点研究几代中国共产党人不断推动宣传机构设置系统化完善化的思想出发点及理论主张。当然我们在研究中也不回避党在宣传机构设置过程中存在的问题，例如有论者指出中共碰到特殊任务或最急迫、最优先完成的重大任务时，会设立临时性机构"特事特办"①，这些临时性机构的设立一方面避免了体系运作的低效，推动了优先任务的高效完成，另一方面类似临时性机构的积累则会造成机构臃肿、部门职能重叠等问题，为后期机构改革造成了压力和困难。

---

① "延安整风运动时期，是临时性领导机构出现的一个巅峰期。1941年7月，成立中共中央调查研究局，存在了一年半。此后，陆续成立了清算过去历史委员会、干部审查委员会，以及为加强整风领导而设立的中共中央总学习委员会，为'肃反'而设立的中共中央反内奸斗争委员会。"详见周宇：《六十年来党与国——从中共办事机构的兴替看执政理念变迁》，载《凤凰周刊》，2011年第18期。

二、机构管理

关于中国马克思主义宣传机构管理的思想理论，本书重点关注管理体制和制度管理两个方面的问题。由机构宣传的工作特点，我们知道宣传机构的宣传活动都是在有组织、有领导的情况下进行的，一定是执行党和政府既定的方针政策和任务的，因此其宣传的信息多为"指令性、教导性、劝导性"的。[①] 其实这种党管宣传机构的管理体制在党的宣传机构初创时就得以确立。随着历史的发展，党管宣传机构的管理体制也经历了由"一元化"高度集权到党政分设、权限划分的转化，尤其是改革开放以来，党从政治经济文化发展的现实需要出发，不断推动管理体制改革，提出了丰富的新思想和理论观点。因此在管理体制上，我们重点研究几代共产党人确立党管宣传机构的管理体制，以及不断对该体制进行调整和改革的思想理论。

制度管理主要是着眼于宣传机构系统的内部管理。健全完善的制度化管理能有效提升组织系统的程序化和工作效率。宣传机构的制度化管理研究，首先是考察在党的宣传机构不断完善系统化的过程中，机构系统内部各部门的职责划分和确定，保证各部门工作的正常有序开展；其次是关注和研究党制定的宣传机构管理制度，如各级党委宣传部系统上下级之间的请示报告制度、审查评估制度，建国初的"宣传网"管理制度，以及我国针对新闻、出版等宣传工作部门，为规范管理其宣传行为而出台的相关法律法规等。

三、工作队伍建设

尽管机构宣传的主体是机构部门组织，但机构部门仍是由人组成的，机构宣传的具体工作最终是由机构部门中的人来实施和完成的，但宣传工作人员显然不是代表个人在宣传，而是代表机构，以机构的名义在宣传。在这个意义上对于宣传机构建设来讲，队伍是基础，人

---

① 清华大学的何兆武教授曾区别宣传机构与研究机构，指出宣传机构与研究机构有本质的不同："研究机构结论是研究的结果。如果是宣传机构，你的结论是研究的前提。"宣传系统往往是接受命令进行宣传研究。http://news.qq.com/a/20110130/000826.htm.

才是关键，宣传队伍建设和宣传系统的专门人才的培养是宣传机构建设的重要内容。从整体上来讲，党在各个历史时期都对宣传队伍建设提出了总目标或总要求；从个体角度来看，党非常重视宣传工作人员的选拔配备、培训学习、考核评价等工作，并且在政治素质、道德素质、业务素质等多方面提出了高层次要求。因此宣传机构的队伍建设研究主要从宣传队伍整体和宣传工作人员个体两个层面展开。

四、机构工作原则

机构工作原则是宣传机构在履行职责开展业务的过程中需要遵守和贯彻的一般性要求和指导方针。机构工作原则的得出一是在宣传机构日常工作实践的基础上，通过总结经验教训而得出；二是党和政府从当前中心工作出发，针对宣传工作系统提出的方向性的工作要求。研究中国马克思主义关于宣传机构的工作原则，能够很好地总结党宣传机构工作开展中的得与失，同时为今天的机构工作提供有益借鉴。

第三章　中国化马克思主义宣传机构建设的理论资源

"我党宣传鼓动与其他党派的宣传鼓动有基本原则的区别,就在于我党的宣传鼓动工作是以马列主义为指导原则。[①]"中国共产党自成立之始,即将马克思列宁主义定为指导思想,强调党员干部要不断加强对马列主义的学习、研究、宣传,用马克思列宁主义指导党的各项工作。马克思、恩格斯、列宁等经典作家关于政党组织建设和宣传工作开展的思想理论观点为中国马克思主义宣传机构建设思想的形成和发展提供了理论基础和原则方针的指导。

第一节　经典作家关于组织机构建设的理论思想

马克思、恩格斯一生指导创建了共产主义者同盟、国际工人协会（第一国际）等多个政党和工人组织,列宁创建和领导俄国社会民主工党,带领人民通过武装斗争建立了世界上第一个社会主义国家。马克思主义经典作家们在创建无产阶级政党和领导政党进行政治斗争的实践活动中,从组织机构、组织原则、党员队伍建设等方面提出了丰富的政党组织建设思想。

[①] 中共中央宣传部办公厅,中央档案馆编研部:《中国共产党宣传工作文献选编（1937—1949）》,北京:学习出版社,1996年,第250页。

一、保持组织机构高度统一

无产阶级政党组织机构的高度统一是党的事业能够取得胜利的基本保证。列宁指出："无产阶级之所以能够成为而且必然成为不可战胜的力量，就是因为它根据马克思主义原则形成的思想统一是用组织的物质统一来巩固的。"① 无产阶级政党组织机构的统一包括组织统一和思想行动的统一两个方面。

首先，组织的统一是思想和行动统一的前提和保证，有了组织统一，政党的思想和行动统一会得到不断巩固和加强。马克思和恩格斯在创建无产阶级政党之初，就十分强调政党组织的团结统一。共产主义者同盟成立时，他们在《共产党宣言》中指出："共产党人不是同其他工人政党相对立的特殊政党，他们没有任何同整个无产阶级的利益不同的利益""在各国无产者的斗争中，共产党人强调和坚持整个无产阶级的不分民族的共同利益""共产党人的最近目的是和其他一切无产阶级政党的最近目的一样的"，因此"共产党人到处都努力争取全世界的民主政党之间的团结和协议"。② 第一国际建立时，马克思在他起草的《临时章程》中强调："每个国家的工人运动的成功只能靠团结和联合的力量来保证。"面对第一国际内部越来越严重的意见分歧和派别活动，马克思在 1872 年《关于海牙代表大会》一文中指出："公民们，让我们回忆一下，国际的一个基本原则——团结。如果我们能够在一切国家的一切工人中间牢牢地巩固这个富有生气的原则，我们就一定会达到我们所向往的伟大目标。"③ 列宁在创建和领导无产阶级政党活动过程中，一贯重视和维护党的团结，主张党要在组织上高度统一，"特别需要保持党的队伍的统一和团结，保证党员相互之间的完全信任，保证

---

① 列宁：《列宁全集》（第 8 卷），北京：人民出版社，1986 年，第 415 页。

② 中国共产党新闻：http://cpc.people.com.cn/GB/64184/64190/66153/4468799.html.

③ 马克思，恩格斯：《马克思恩格斯全集》（第 18 卷），北京：人民出版社，1985 年，第 179 页。

在工作中真正齐心协力,真正体现无产阶级先锋队的意志的统一。"① 其次,思想和行动的统一是组织统一的目的和追求,组织统一固然重要,但它最终要服务于思想和行动的统一。"所谓思想和行动上的统一,是指全党在科学理论和正确纲领上的一致性,而不是不分是非地要求思想和行动一律。"② 恩格斯曾精辟地指出:"在可能团结一致的时候,团结一致是很好的,但有高于团结一致的东西。"③ 这里恩格斯所强调的高于组织统一的即是思想和行动的统一。马克思、恩格斯坚决反对单纯追求组织统一,而对无产阶级政党的思想纲领造成危害的做法,甚至主张为了党的思想和行动的统一,可以而且应该与党内反对派别实现组织上的决裂。1882年在法国工人党大会上,革命派经过斗争与主张取消党纲规定的最终目标——社会主义和共产主义,改走改良主义路线的"取消派"决裂,恩格斯对此表示了赞同。当反对派别的主张同党的正确思想和纲领已经走到不可调和的地步,党就应与反对派别断然决裂,或从旧组织体系中退出,另建新的党组织,而不应勉强维持组织上的表面统一,以免给党的事业带来更大危害。俄国十月革命后,列宁在工人阶级执政党建设的过程中,主张解散一切党内派别来维护党的纲领和思想的统一。他在党的十大报告中讲:"任何派别活动都是有害的,都是不容许的,因为即令个别集团的代表人物满心想要保持党的统一,派别活动事实上也必然会削弱齐心协力的工作。"④

二、坚持民主集中制的组织原则

民主集中制是由马克思和恩格斯倡导,列宁归纳的新型政党组织原则。"和单一组织制度的倡导者不同,马克思和列宁所倡导的是复合式

---

① 列宁:《列宁全集》(第41卷),北京:人民出版社,1986年,第78页。
② 李爱华:《马克思恩格斯关于保持无产阶级政党先进性的组织建设经验》,载《政法论丛》,2005年第2期。
③ 马克思,恩格斯:《马克思恩格斯选集》(第4卷),北京:人民出版社,1995年,第653页。
④ 列宁:《列宁全集》(第41卷),北京:人民出版社,1986年,第78页。

的组织原则,主张民主和集中两个基本点相结合。"① 只是在民主与集中这两个基本点关系的处理上,马克思更强调民主,列宁更侧重强调集中。

马克思、恩格斯同列宁关于民主集中制组织原则强调的侧重点不同,是与他们所处的社会背景、所领导政党组织存在的问题以及工人运动当时的发展水平等诸多因素密不可分的。马克思、恩格斯在创建共产主义者同盟、第一国际、第二国际等无产阶级政党组织时都突出强调了民主原则。这是因为马克思、恩格斯所处的19世纪中叶的西欧,近代民主思想观念已为西欧多数人所接受,人们的民主观念日益增强,民主素质逐步提高,马克思、恩格斯的建党活动必然受此社会背景的影响,反映社会历史的发展趋势和人民的民主要求,突出强调民主原则。另一方面,从党组织存在的问题来看,马克思、恩格斯在改组正义者同盟时,广大党员普遍反对早期工人组织与社会发展趋势相背离的过分的集中制和官僚主义,组织分裂屡有发生的客观现实要求马克思、恩格斯在党的建设过程中一直注意强调民主,批评过分集中的倾向。再从工人运动的发展水平看,马克思、恩格斯时期还没有发展到直接夺取政权的决战阶段,而处在创立理论、探索道路阶段,此时创立科学社会主义理论,并用科学理论武装、组织工人群众靠强制和命令是不行的,只有采取民主、说服的方式。

与马克思、恩格斯不同,列宁所在的20世纪初的俄国是一个沙皇专制的封建帝国,国民缺乏民主意识,成立的无产阶级政党不具有合法或半合法的资格,在沙皇政权的残酷镇压下,俄国工人政党只能采取秘密隐藏的策略,权力集中在少数固定的人手中。从党组织自身存在的问题看,俄国社会民主工党早期自由散漫,党内派别活动严重,各行其是,无政府主义倾向在党内泛滥。列宁为解决这些问题,壮大党组织,在革命斗争中一直强调集中,侧重于集中。从无产阶级运动发展状况看,列宁时代已发展到直接夺取政权的决战阶段,党的工作

---

① 刘彦昌:《试论马克思、恩格斯同列宁在组织制度理论上的差异》,载《河南社会科学》,1992年第2期。

重心是武装夺取政权和粉碎国际国内反对势力的武装干涉和叛乱。在这种激烈的战时斗争形势下，列宁更强调政党组织的集中统一，在党内实行"管理军事化"和"战斗命令制"，使上下级党组织之间呈现出类似于军队中垂直的领导和被领导、指挥和被指挥的关系。

马克思、恩格斯侧重强调民主，列宁侧重于强调集中，并非是将民主与集中分割对立起来。民主集中制是民主基础上的集中，又是集中指导下的民主，无产阶级政党组织建设应根据具体形势发展，实事求是地确定不同时期和不同地方、部门、单位组织制度的侧重点。实际上在实行民主集中制的过程中，民主和集中这个基本点是处于动态变化之中的。马克思、恩格斯在政党建设过程中强调坚持民主制，但当民主单向发展、集中受到削弱时，他们又写了《论权威》等文章来提起人们对权威、集中的重视。列宁强调的是集中制，但随着革命形势的发展以及社会主义建设时期的到来，列宁关于政党组织原则又先后提出和实行了"民主制""民主集中制""极端集中制""工人民主制"等。[1]

三、重视培养干部队伍

政党组织是由党员和党员队伍组成的。马克思、恩格斯和列宁等马克思主义经典作家都十分重视无产阶级政党干部队伍建设。首先是强调党员队伍的纯洁性。马克思、恩格斯创立共产主义者同盟时，同盟章程对保持党员队伍的纯洁性作出严格规定，要求每一个支部对它所接收的党员的品质纯洁负责。列宁在创建俄国社会民主工党的过程中也特别重视党的纯洁性，强调："我们的任务是要维护我们党的坚定性、彻底性和纯洁性。我们应当努力把党员的称号和作用提高，提高，再提高。"[2] 党员队伍的纯洁性体现在思想、政治、组织、作风等各个方面：在思想上，要求广大党员和领导干部必须坚持马克思主义指导思想，坚持社会主义、共产主义的理想信念，与各种违背马克思主义的错误

---

[1] 张万杰，王向华：《列宁关于党的组织原则的五个提法论析》，载《聊城大学学报（社会科学版）》，2007年第2期。

[2] 列宁：《列宁全集》（第6卷），北京：人民出版社，1986年，第458页。

思想作斗争；在政治上，要求广大党员和领导干部必须坚决执行党的纲领、章程和路线方针政策，抵制和反对一切违背党的基本路线的错误政治倾向；在组织上，要求广大党员和领导干部必须坚持贯彻民主集中制原则，严格遵守党的组织纪律，自觉维护党的团结统一，坚决反对一切危害和分裂党的行为；在作风上，要求广大党员和领导干部必须以人为本，实事求是，反对主观主义、官僚主义甚至是个人崇拜之风。①

其次是提出党员干部选拔的标准和条件。马克思和恩格斯强调党员干部应同时具备高水平的理论素养和革命实践能力。19世纪90年代，针对德国党内出现的由青年作家和大学生组成的无政府主义派别——青年派，恩格斯批评他们是完全不顾革命现实条件，只知玩弄革命词句、充满轻率幻想的"空谈理想家"，指出党选拔干部担任领导职务，不仅要有写作才能和理论知识，还要英勇地参加党的革命斗争，具备坚强的品格和对党忠诚。②列宁在晚年结合对斯大林、托洛茨基、布哈林等几位党内领导人的评论，系统地提出了党的领导人应具备的条件：一是要求党的领导人要谦虚谨慎、戒骄戒躁，充分发挥民主作风；二是要求党的领导人要精通马克思主义理论，并要用马克思主义理论指导革命工作，保持清醒的政治头脑。③

再次是爱护和管理党员干部。列宁在1901年的《怎么办？》一文中用两句话表述了革命对政党干部领袖的迫切需求："没有人，而人又很多。""人很多，因为工人阶级和愈来愈多的各种社会阶层都一年比一年产生出更多的心怀不满，要起来反抗，决心尽力帮助反专制制度的斗争的人。""同时又没有人，因为没有领导者，没有政治领袖，没有擅长于组织的人才来进行广泛而且统一的、严整的工作，使每一份

---

① 习近平：《领导干部要带头保持党的纪律性》，载《求是》，2012年第5期。
② 蒯正鹏：《马克思恩格斯关于政党组织资源建设的思想》，载《广州社会主义学院学报》，2010年第1期。
③ 赵树海：《试论列宁"遗嘱"中关于无产阶级执政党组织建设的思想》，载《青海社会科学》，1985年第3期。

力量，即使是最微小的力量都得到运用。"①因此列宁主张："应当找到人才，因为人才还是有的——但是必须像爱护眼球一样地爱护人才，不仅在直接的意义上要保护他们免受警察的迫害，而且为了这个刻不容缓的事业必须爱护他们。"②在爱护党员干部的同时，马克思主义经典作家也时刻教育和提醒广大党员及领导干部的自我管理和约束。恩格斯指出："工人领袖的一部分必然堕落，似乎成为无产阶级运动的一种定律。"③为防止部分党员干部领袖蜕化变质，由"社会公仆"变为"社会主人"，滋生官僚主义，"不要再总是过分客气地对待党内的官吏——自己的仆人，不要再总是把他们当做完美无缺的官僚百依百顺地服从他们，而不进行批评。"④列宁在领导无产阶级政党革命和社会主义初期建设事业的过程中，不断探索，采取在工人群众中选拔党员干部补充新鲜血液，建立健全监察机构，加强党的集体领导等措施，加强党组织的自身管理，保持党员干部队伍的先进性。

第二节 经典作家关于宣传工作的理论思想

一、以科学理论指导宣传工作

1883年，马克思去世后，恩格斯在马克思墓前的讲话中总结了马克思的"两个发现"，即"伟大的经济理论和历史理论"。一是"发现了人类历史的发展规律，即历来为繁茂芜杂的意识形态所掩盖的一个简单事实：人们首先必须吃、喝、住、穿，然后才能从事政治、科学、艺术、宗教等；所以，直接的物质的生活资料的生产，从而一个民族或一个时代的一定的经济发展阶段，便构成为基础，人们的国家制度、

---

① 列宁：《列宁全集》（第6卷），北京：人民出版社，1986年，第122页。
② 列宁：《列宁全集》（第44卷），北京：人民出版社，1990年，第248页。
③ 李季泽：《马克思恩格斯通信集》（第4卷），北京：人民出版社，1958年，第250～251页。
④ 马克思，恩格斯：《马克思恩格斯全集》（第38卷），北京：人民出版社，1972年，第33页。

法的观点、艺术以至宗教观念，就是从这个基础上发展起来的，因而，也必须由这个基础来解释，而不是像过去那样做得相反"。二是"发现了现代资本主义生产方式和它所产生的资产阶级社会的特殊的运动规律。由于剩余价值的发现，这里就豁然开朗了，而先前无论资产阶级经济学家或者社会主义批评家所做的一切研究都只是在黑暗中摸索"。[①] 唯物史观和剩余价值论这"两个发现"对于理论、对于实践都是革命的结论。唯物史观关于社会存在决定社会意识、经济基础决定上层建筑等"简单事实"的揭示，"不仅对于经济学，而且对于一切历史科学都是一个具有革命意义的发现"。

恩格斯强调："马克思的历史理论是任何坚定不移和始终一贯的革命策略的基本条件"[②]"只要进一步发挥我们的唯物主义论点，并且把它应用于现时代，一个伟大的、一切时代中最伟大的革命远景社会立即展现在我们面前。"[③]1885年恩格斯在《致维·伊·查苏利奇》中，为俄国青年派真诚地、无保留地接受马克思伟大的经济理论和历史理论感到自豪，指出："这是一个对俄国革命运动发展具有重大意义的进步。"[④]但同时马克思、恩格斯又强调科学的理论宣传灌输应与各国的"经济条件和政治条件"相结合，"我们的理论是发展的理论，而不是必须背的烂熟并机械地加以重复的政策。"[⑤]1886年美国第一次产生了真正的群众运动，恩格斯颇感亢奋，他明确支持美国无产阶级作为阶级来行动，从行动的实际出发，逐步地把它提到理论高度。他对

---

① 刘平斋，陈德言：《马克思恩格斯列宁毛泽东论宣传》，成都：四川省社会科学院出版社，1988年，第62~63页。
② 刘平斋，陈德言：《马克思恩格斯列宁毛泽东论宣传》，成都：四川省社会科学院出版社，1988年，第63页。
③ 刘平斋，陈德言：《马克思恩格斯列宁毛泽东论宣传》，成都：四川省社会科学院出版社，1988年，第53页。
④ 刘平斋，陈德言：《马克思恩格斯列宁毛泽东论宣传》，成都：四川省社会科学院出版社，1988年，第63页。
⑤ 刘平斋，陈德言编：《马克思恩格斯列宁毛泽东论宣传》，成都：四川省社会科学院出版社，1988年，第69页。

在美国的德国人提出了批评:"德国人一点不懂得把他们的理论变成能推动美国群众的杠杆,他们大部分连自己也不懂得这种理论,而用学理主义和教条主义的态度去对待它,认为只要把它背得烂熟,就足以应付一切。对他们来说,这是教条,而不是行动的指南。"①

列宁非常重视革命理论——马克思主义的宣传和灌输:"没有革命理论,就不会有坚强的社会主义政党。""没有革命的理论,就不会有革命的运动。""没有革命的理论,就不可能有被压迫阶级,即历史上最革命的阶级的世界上最伟大的解放运动。"但在包括俄国在内的欧洲各国,社会主义理论与工人运动最初都是不相关的。工人同资本家进行斗争,组织罢工、建立工会,而社会主义者则站在工人运动之外著书立说,批判现代资本主义的、资产阶级的社会制度。工人运动与社会主义互不相关,使得两者都软弱无力,难以发展。社会主义学说不与工人运动相结合,就只是一种空想、一种善良的愿望,对实际生活不会发生影响;而没有革命理论指导,工人运动则只会流于零散状况,不会有政治意义。"马克思和恩格斯的主要功绩,就是引导社会主义同工人运动结合起来,他们创立的革命理论,阐明了这种结合的必要性,指出了社会主义者的任务就是组织无产阶级的阶级斗争。"②

针对俄国社会民主工党内严重的意见分歧和思想混乱,列宁强调必须坚持马克思主义方针,用党的纲领来巩固思想一致:"我们不打算把我们的机关报变成形形色色的观点的简单推动。相反地,我们将本着严正的明确方针办报。一言蔽之,这个方针就是马克思主义。"③列宁主张彻底发展马克思和恩格斯的思想,但坚决反对伯恩施坦等人轻率提出的、甚为流行的那些似是而非、暧昧不明的机会主义的修正。"我

---

① 刘平斋,陈德言:《马克思恩格斯列宁毛泽东论宣传》,成都:四川省社会科学院出版社,1988年,第66页。

② 刘平斋,陈德言:《马克思恩格斯列宁毛泽东论宣传》,成都:四川省社会科学院出版社,1988年,第90~91页。

③ 刘平斋,陈德言:《马克思恩格斯列宁毛泽东论宣传》,成都:四川省社会科学院出版社,1988年,第102页。

们绝不把马克思的理论看做某种一成不变的和神圣不可侵犯的东西；恰恰相反，我们深信，它只是给一种科学奠定了基础，社会主义者如果不愿落后于实际生活，就应当在各方面把这门科学向前推进。"①

二、以阶级性和党性定位宣传工作②

马克思主义唯物史观指出，阶级斗争是历史发展的直接动力，资产阶级与无产阶级之间的阶级斗争是现代社会变革的巨大杠杆。因此马克思、恩格斯特别重视阶级斗争，强调社会主义政党的宣传工作的无产阶级属性，并为无产阶级推翻资产阶级的阶级斗争服务。资产阶级为麻痹无产阶级，甚至党内部分软弱的小资产阶级代表也想把阶级斗争从运动中勾销，鼓吹绝对放弃政治。马克思、恩格斯指出如果党报采取适合于这些先生们的立场，那它将是资产阶级的报纸，而不是无产阶级的报纸，"那么很遗憾，我们只好公开对此表示反对"③。

绝对放弃政治是不可能的；主张放弃政治的一切报纸也在从事政治。问题只在于怎样从事政治和从事什么样的政治。并且对于我们来说，放弃政治是不可能的。工人的党作为政党已经在大多数国家存在着。鼓吹放弃政治去破坏它的不应该是我们。现代生活的实践，现存政府——为了政治的和社会的目的——对工人施加的政治压迫，都迫使工人不得不从事政治。向工人鼓吹放弃政治，就等于把他们推入资产阶级政治的怀抱。特别是在巴黎公社已经把无产阶级的政治行动提到日程上来以后，放弃政治是根本不可能的。

我们要消灭阶级，用什么手段才能达到这个目的呢？——无产阶级

---

① 刘平斋，陈德言：《马克思恩格斯列宁毛泽东论宣传》，成都：四川省社会科学院出版社，1988年，第80页。

② 党性、党派性，在英文中是同一个词：Partisan，两者大同小异。在宣传工作领域，前者一般用于马克思主义的、社会主义国家的新闻媒体；后者用于西方国家资产阶级的新闻媒体。参见朱国圣，林枫主编：《马克思主义新闻观研究》，北京：新华出版社，2010年，第28页。

③ 刘平斋，陈德言：《马克思恩格斯列宁毛泽东论宣传》，成都：四川省社会科学院出版社，1988年，第47页。

的政治统治。而当这一点已经最明显不过的时候,竟有人要我们不干预政治!①

"宣传的党性原则是阶级性在宣传领域的集中表现。坚持宣传的党性原则是马克思、恩格斯宣传思想的核心和精髓。"②马克思、恩格斯指出:"当我们答应撰稿时,指的是真正的党的机关报,因此,我们的诺言仅仅适用于这样的机关报。我们绝不为冒充党的机关报的私人报纸撰稿。"③马克思、恩格斯强调党刊的任务首先是组织讨论、论证、阐发和捍卫党的要求。驳斥和推翻敌对党的妄想和推断。④"在每一个党、特别是工人党的生活中,第一张日报的出版总是意味着大大地向前迈进了一步!这是它至少在报刊方面能够以同等的武器同自己的敌人作斗争的第一个阵地。"⑤1890年恩格斯在《给"社会民主党人报"读者的告别信》中指出,工人阶级自己的《社会民主党人报》反映了德国工人政党生命中最有决定意义的12年,这样的报纸是不能够也不应当改变自己的面貌的,否则就应停刊。⑥为保证党的机关报的党性,马克思、恩格斯要求党的机关报必须由站在党的中心和斗争的中心的人来编辑,与资产阶级的反动宣传及党内错误思潮进行"坚决的宣传斗争"。"在这种时候从事办日报的工作是一种乐趣。你会亲眼看到每一个字的作用,看到文章怎样真正像榴弹一样地打击敌人,看到打出去的炮弹

---

① 刘平斋,陈德言:《马克思恩格斯列宁毛泽东论宣传》,成都:四川省社会科学院出版社,1988年,第55页。

② 朱庆跃:《马克思、恩格斯与列宁的宣传思想比较》,载《理论探索》,2010年第3期。

③ 刘平斋,陈德言:《马克思恩格斯列宁毛泽东论宣传》,成都:四川省社会科学院出版社,1988年,第60页。

④ 刘平斋,陈德言:《马克思恩格斯列宁毛泽东论宣传》,成都:四川省社会科学院出版社,1988年,第49页。

⑤ 刘平斋,陈德言:《马克思恩格斯列宁毛泽东论宣传》,成都:四川省社会科学院出版社,1988年,第74页。

⑥ 刘平斋,陈德言:《马克思恩格斯列宁毛泽东论宣传》,成都:四川省社会科学院出版社,1988年,第70页。

怎么爆炸。"①

同马克思、恩格斯一样，列宁也认为一切阶级斗争都是政治斗争。列宁认为报纸、杂志、出版社等宣传部门除宣传和鼓动的职能外，还有一个集体组织的作用，就是通过对经济和政治的揭露把全国工人阶级组织起来反对资本家阶级和维护这个阶级的国家政府，改变工人斗争自发的、涣散的"手工业"状态，把他们的斗争变成整个阶级的斗争，变成一个政党争取实现一定的政治理想和社会主义理想的斗争。他严肃地指出，如果党的宣传鼓动工作没有最广泛地号召工人群众从事政治活动和政治斗争，那就是没有履行自己的职责，像《工人思想报》那样一贯对俄国工人阶级的政治斗争和政治任务讳莫如深，这只能被看做是一种可耻的犯罪行为，因为只有资产阶级的热烈拥护者，才会随时随地鼓吹成立不进行政治斗争的经济组织和社会组织。列宁在强调报纸、杂志、出版社等宣传部门对工人阶级的政治教育时，提出了著名的"灌输理论。"一般来说，在资产阶级的剥削压迫下，工人阶级的斗争具有自发性，这种分散的、非阶级的工人自发性运动容易受资产阶级思想体系的支配，受资产阶级的思想奴役。"因此，我们社会民主工党的任务就是要反对自发性，就是要使工人运动脱离这种投到资产阶级羽翼下去的工联主义的发展趋势，而把它吸引到革命的社会民主党的羽翼下来。"②但是，"工人本来也不可能有社会民主主义的意识。这种意识只能从外面灌输进去。"③"政治觉悟只能从外面灌输给别人，那只能从经济斗争范围外面，从工人同厂主的关系范围外面灌输给工人。只有从一切阶级和阶层同国家和政府的关系方面，只有从一切阶

---

① 刘平斋，陈德言：《马克思恩格斯列宁毛泽东论宣传》，成都：四川省社会科学院出版社，1988年，第71页。

② 刘平斋，陈德言：《马克思恩格斯列宁毛泽东论宣传》，成都：四川省社会科学院出版社，1988年，第112页。

③ 刘平斋，陈德言：《马克思恩格斯列宁毛泽东论宣传》，成都：四川省社会科学院出版社，1988年，第111页。

级的相互关系方面,才能汲取到这种知识。"①

列宁同样强调宣传鼓动工作应坚持"公开的、诚实的、直率的、彻底的党性"②。他指出出版物应当成为党的出版物,与资产阶级的习气相反,彻底结束在写作事业中的"伊索寓言式的笔调,写作上的屈从,奴隶的语言,思想上的农奴制"等丑恶现象,使写作事业成为无产阶级总的事业的一部分,成为社会民主党有组织的、有计划的、统一的党的工作的一个组成部分。同时列宁强调:"写作者一定要参加到各个党组织中去,都应受党的监督,向党报告工作。有组织的社会主义无产阶级,应当注视这一切工作,监督这一切工作,把生气勃勃的无产阶级事业的生气勃勃的精神,带到这一切工作中去。"③ 这里说的是党的出版物应受党的监督,在保证每个人的言论、出版自由的同时,限制或赶走那些利用党的招牌来鼓吹反党观点的人,防止党内思想的混乱和党组织的分散瓦解。

三、以人为本思想引领宣传工作

马克思、恩格斯和列宁都主张办报刊、开展宣传鼓动工作应坚持以人为本的原则,服务于人民群众的经济、政治斗争和根本利益的实现,争取广大人民群众的自我解放,最终实现自由而全面的发展。在宣传鼓动工作中贯彻以人为本的思想主要体现在为了人民、依靠人民、深入人民等方面。

"为了人民"是强调宣传工作应坚持为人民服务的宗旨和原则。马克思、恩格斯把报刊比作"喉舌",指出报刊应该是而且只是人民日常思想和感情的表达者,"它生活在人民当中,它真诚地和人民共患难、

---

① 刘平斋,陈德言:《马克思恩格斯列宁毛泽东论宣传》,成都:四川省社会科学院出版社,1988年,第118页。

② 刘平斋,陈德言:《马克思恩格斯列宁毛泽东论宣传》,成都:四川省社会科学院出版社,1988年,第131页。

③ 刘平斋,陈德言:《马克思恩格斯列宁毛泽东论宣传》,成都:四川省社会科学院出版社,1988年,第133页。

同甘苦、齐爱憎。①"他们提出了"人民报刊"的概念,指出真正"好的"人民报刊和谐地融合了人民精神的一切真正要素,每家报纸都完全体现出真正的伦理精神。②列宁在论述出版自由时明确阐述了为人民服务的原则:"因为把一批又一批新生力量吸引到写作队伍中来的,不是私利贪欲,也不是名誉地位,而是社会主义思想对劳动人民的同情。这将是自由的写作,因为它不是为饱食终日的贵人服务,不是为百无聊赖、胖得发愁的'几千万上等人'服务,而是为千千万万劳动人民,为这些国家的精华、国家的力量、国家的未来服务。"③

"依靠人民"是指党的宣传工作只有争取到人民群众的参与和支持才能取得出色的成果。"宣传上的正确策略并不在于经常从对方把个别人物和成批的成员争取过来,而在于影响还没有卷入运动的广大群众。"④1890年,恩格斯总结为《社会民主党人报》撰稿的革命时期时,指出在12年的过程中《社会民主党人报》像期票一样准时按期到达订户手里,该报当时在德国有一万多订户,工人们都非常认真地出钱维持自己的报纸。"当我看到编辑部、发行处和订户之间的这种安排得如此出色的无声的协作,这种组织得businesslike,也就是组织得井井有条的革命工作在周复一周、年复一年地一刻不停地进行,我这个年老的革命者的心里常常是多么高兴啊!"⑤

"深入人民",列宁这样要求,"我们应当既以理论家的身份,又以

---

① 刘平斋,陈德言:《马克思恩格斯列宁毛泽东论宣传》,成都:四川省社会科学院出版社,1988年,第1页。
② 刘平斋,陈德言:《马克思恩格斯列宁毛泽东论宣传》,成都:四川省社会科学院出版社,1988年,第3~4页。
③ 刘平斋,陈德言:《马克思恩格斯列宁毛泽东论宣传》,成都:四川省社会科学院出版社,1988年,第135页。
④ 刘平斋,陈德言:《马克思恩格斯列宁毛泽东论宣传》,成都:四川省社会科学院出版社,1988年,第57页。
⑤ 刘平斋,陈德言:《马克思恩格斯列宁毛泽东论宣传》,成都:四川省社会科学院出版社,1988年,第71页。

宣传员的身份，又以鼓动员的身份，又以组织者的身份到居民的一切阶级中去"，从一切人民阶层的实际情况出发进行宣传鼓动工作。① 列宁曾将工人群众分为三个层次：人数不多的工人知识分子、广大的中等知识水平的工人和知识水平较低的广大群众，报纸宣传应从三个层次工人群众的各自实际出发。他指出，报纸要想成为俄国社会民主党人的机关报，应具有先进工人的水平，要不断提高自己的水平，适应工人知识分子的需求。广大中等知识水平和知识水平较低的工人群众也如饥似渴地追求社会主义，但报纸不应降低自己的水平，而是采取与之相适应的宣传鼓动手段，不断提高工人水平。如针对几乎完全看不懂社会主义报纸的知识水平较低的广大群众，可以利用"通俗小册子、口头鼓动、报道当地事件的小报"等来影响、启发工人的觉悟，对工人群众开展政治教育。②

---

① 刘平斋，陈德言：《马克思恩格斯列宁毛泽东论宣传》，成都：四川省社会科学院出版社，1988年，第118页。

② 刘平斋，陈德言：《马克思恩格斯列宁毛泽东论宣传》，成都：四川省社会科学院出版社，1988年，第91~94页。

第四章 毛泽东时期的宣传机构建设理论

毛泽东时期从1921年中共诞生到1977年新中国社会主义制度建立。以毛泽东为代表的第一代党的领导人集中全党智慧,形成了马克思主义中国化的第一大理论体系——毛泽东思想。宣传机构建设理论是毛泽东思想的重要组成部分。伴随着中共的建立和发展壮大,在共产国际的领导指示下,党的宣传机构全面建立,在抗日战争时期宣传机构系统初步成型。战时的宣传机构建设呈现鲜明的时代性,高度集权于党组织和各区政府,在管理思想上强调党的一元化领导和中央集权。中华人民共和国成立后,党在健全宣传机构系统、初步分工分权等方面进行了探索。毛泽东时期的宣传机构建设理论为中国化马克思主义宣传机构建设理论搭建了主体框架、充实了基本内容。

第一节 毛泽东时期党的宣传机构建设理论的现实依据

一、党的建设伟大工程的重要内容

1939年10月毛泽东在《〈共产党人〉发刊词》中将党的建设称为"伟大的工程",目标是"建设一个全国范围的、广大群众性的、思想上政治上组织上完全巩固的布尔什维克化的中国共产党"[①]。组织建设是党的建设这一伟大工程的重要组成部分,组织建设的不断推进主要体现在党员队伍不断壮大和组织机构系统化、完善化等方面。自1921年建

---

① 毛泽东:《毛泽东选集》(一卷本),北京:人民出版社,1970年,第565页。

党以来,中国共产党一直将党员队伍的发展和巩固作为一项迫切工作,注重从数量和质量上推进党的建设。到新民主主义革命后期,中国共产党已经发展成为一个全国范围的、广大群众性的政党(具体见表1)。例如1938年3月15日,中共中央作出《关于大量发展党员的决议》指出:为了担负起扩大与巩固抗日民族统一战线以彻底战胜日本帝国主义的神圣任务,大量地十百倍地发展党员成为党目前迫切与严重的任务。决议要求各地党组织大胆地在工人、雇农、青年学生、知识分子、官兵等群众中大量吸收新党员。决议下达后各地党组织都把发展党员作为一项重要工作,使党员队伍获得了前所未有地大发展,到1938年年底,共产党人数已从全国抗战开始的4万多发展到50余万,党的组织已从狭小的圈子里走了出来,成为具有广泛群众基础的大党。①

表1 新民主主义革命时期中共党员数量的变化②

时间	党的全国代表大会	参会代表(人)	全国党员数量(人)
1921年7月	中共一大	13	50余
1922年7月	中共二大	12	195
1923年6月	中共三大	30余	420
1925年1月	中共四大	20	994
1927年4月	中共五大	82	57967
1928年6月	中共六大	142	40000
1945年4月	中共七大	547	121万

随着党员数量的增加,党员队伍的不断壮大,党的组织机构也在不断发展,逐渐充实健全系统化。党的一大召开时,考虑到党员数量少,地方组织不健全,党只设立中央局作为中央的临时领导机构,党的二大才选举产生了中央执行委员会。1924年党要求数量上及质量上有相当的组织,使我们的党在宣传和鼓动方面、党务组织方面能有更明显的组织形式,于是中央及党的各级委员会开始分设宣传、组织、工农

---

① 中共中央党史研究室:《中国共产党历史》(第一卷下册),北京:中共党史出版社,2011年,第506~508页。

② 中共中央党史研究室:《中国共产党历史》(第一卷),北京:中共党史出版社,2011年。

等部。1925年中共四大对党的组织建设更加重视，会议通过《对于组织问题之决议案》明确指出："组织问题为吾党生存和发展之一个最重要的问题。"四大之后，党加强了中央组织部和中央宣传部的工作，规定宣传部的中央工作是：规定党员的教育计划，规定对外宣传大纲和有关的计划，提交中央局通告各地方执行；督促各地方设立党校或党的星期学校，培养一般能担负实际的和指导工作的人才；对于党的一切出版物的内容，要随时给予监督和指导，使之日趋完善；编辑出版宣传马克思主义理论与策略的书籍，并督促和指导各地广泛设立马克思主义研究会等。① 1926年7月中央扩大会议对党的组织机构建设的重要作用与意义有了进一步地认识。会议指出：党的籍贯乃是列宁所说的"职业革命者"之组织，其任务是推进党的组织和担负党的政治与技术工作；处在发展状况中的我们党"不能没有很好的机关"，并认为党的机关的健全，必须具备两个条件，一是"组织的完善与合乎需要"，二是"工作人力之充分与负责"。② 党的五大以后，党在健全和充实中央工作机构方面取得重大进展，如党中央充实调整了中央机关各部门：（1）秘书厅；（2）组织部；（3）宣传部；（4）工人部；（5）农民部；（6）军事部；（7）妇女部；（8）党报委员会；（9）党校委员会。这些工作部门，成为而后党的六大、七大中央机关建设沿用和发展的基础。③

从以上所述，我们可以看到，中共宣传机构的建设与发展和党员队伍壮大、党组织机构的健全系统化是同一过程，宣传机构建设也是党的建设这一伟大工程的重要内容和组成部分。在党的建设这件伟大的工程进行过程中，党重视宣传干部的培养，逐渐建立起从中央到地方

---

① 中共中央党史研究室：《中国共产党历史》（第一卷上册），北京：中共党史出版社，2011年，第186页。

② 陈丽凤：《中国共产党领导体制的历史考察》，上海：上海人民出版社，2008年，第9页。

③ 陈丽凤：《中国共产党领导体制的历史考察》，上海：上海人民出版社，2008年，第10～11页。

再到基层的宣传工作系统，不断充实、调整、完善各级宣传部门设置，到抗战时期党的宣传机构系统基本成型。从另一角度讲，党对宣传机构的建设又能对党的组织建设起到积极的推动作用。宣传机构能广泛传播党的政策主张，吸引进步的产业工人、农民、知识分子等积极加入党组织，还能通过办党校、培训班为党组织输送干部人才，帮助进行党的建设这项伟大的工程。

二、宣传工作"完美系统化"的客观需求

党的宣传机构建设发展是与一定社会历史条件下党的宣传工作目标任务相适应的，是宣传工作的突出重要性以及弥补宣传工作中存在的问题、不足等客观情况的必然要求。1941年6月20日《中央宣传部关于党的宣传鼓动工作提纲》明确规定了我党宣传鼓动工作的任务，即宣传马克思主义理论和党的纲领政策，鼓动全国人民为革命彻底胜利而奋斗。

宣传工作的目标任务以及突出重要性客观要求党不断加强组织载体建设，宣传工作机构建设是党有效领导、组织、进行宣传工作，实现宣传工作目标任务的重要组织保证。例如1921年至1927年是党的"幼年时期"[1]，党在统一战线、武装斗争和党的建设等基本问题上都没有经验，宣传工作也处于起步萌芽阶段。但这一时期党的宣传工作肩负着突出重要的宣传任务：首先要进行建党宣传，解决在中国创建共产党的必要性问题，逐渐树立起自己在民众中的形象，改变党初创时期默默无闻的局面；其次要进行马克思主义理论的宣传灌输，扩大马克思主义理论在中国的影响和传播；再次，进行国民革命联合战线的宣传，与国民党实现第一次合作，推进国民革命和民众运动；此外，党还要在宣传工作中与无政府主义、醒狮派国家主义、戴季陶主义等反

---

[1] 毛泽东在1939年10月4日《〈共产党人〉发刊词》中，将党的发展、巩固和布尔什维克化过程分为三个阶段：第一阶段是党的幼年时期；第二阶段是土地革命战争时期；第三阶段是抗日民族统一战线时期。见毛泽东：《毛泽东选集》（一卷本），北京：人民出版社，1970年，第573～576页。

马克思主义错误思潮展开论战和宣传斗争。①面对繁重的宣传工作任务，1925年2月中共四大《对于宣传工作之决议案》规定："为使宣传工作做得完美而有系统起见，中央应有一巩固的宣传部负责进行各事，并指导各地方宣传部与之发生密切且有系统的关系。"②这一决议规定开启了党宣传工作机构系统化建设的新局面。

再如抗日战争时期，为结成最广泛的抗日民族统一战线，1937年8月中共召开洛川会议通过《关于目前形势与党的任务的决定》指出，"党在抗日阶段的中心任务是动员一切力量争取抗战的最后胜利"，为此应该"不放松一刻功夫、一个机会去宣传群众，组织群众，武装群众"。洛川会议不仅指出了党在抗日战争时期的宣传工作的基本任务是为动员一切力量争取抗战的最后胜利去宣传群众，而且把党的宣传工作放在党一切工作的首位。"把宣传工作摆在首位，充分利用和发挥宣传的威力——这是我党在抗日战争时期开展宣传工作所取得的一条成功经验。"③在此背景下，为使宣传工作不落后于革命形势的发展，担负起"动员一切力量争取抗战的最后胜利"的中心任务，1940年10月14日中央宣传部做出《关于充实和健全各级宣传部门的组织及工作的决定》。《决定》认为："各级宣传部门本身组织的不充实及其工作的不健全，是党的宣传工作比较落后的重要原因之一"，因此为各地各级党组织如何系统建立宣传机构确定了详尽的原则和标准。④

考察党的宣传史，我们能够发现，党的宣传工作任务往往与党的中心任务是一致的，宣传机构系统的不断完善保障了各时期宣传任务的实施与完成。中共幼年时期宣传工作开展得"步子稳、声势大、效果

---

① 才华：《中国共产党幼年时期的宣传工作及其特点》，载《河北学刊》，2011年第4期。

② 中共中央宣传部办公厅，中央档案馆编辑部：《中国共产党宣传工作文献选编（1915—1937）》，北京：学习出版社，1996年，第620页。

③ 林之达：《中国共产党宣传史》，成都：四川人民出版社，1990年，第216页。

④ 中共中央宣传部办公厅，中央档案馆编辑部：《中国共产党宣传工作文献选编（1937—1949）》，北京：学习出版社，1996年，第166～170页。

好"①，对于扩大马克思主义在中国的传播、促进中共的成长与壮大，以及推动全国的革命运动具有重要历史意义。在抗日战争时期，围绕"驱逐日寇出中国"这一总的政治目的，中共的宣传机构与日寇的灭华反动宣传进行了针锋相对的宣传斗争，在这"没有硝烟的战场"上与日寇展开了殊死较量，为抗日战争的胜利做出了巨大贡献。新中国成立后党成为执政党，进一步健全各级宣传机构，并将"用马列主义的思想原则在全国范围内和全体规模上教育人民"作为党宣传工作最基本的政治任务，利用空前有利的条件进行马列主义的宣传和教育。

三、共产国际的领导指示和苏联模式的示范与借鉴

共产国际是列宁领导创建的世界无产阶级革命的指导机构，中国共产党1922年正式加入共产国际，成为该组织的一个支部。在中国民族民主革命的早期，共产国际在中国共产党的党建工作、方针制定、活动经费、干部培养等方面给予了许多帮助，开始是采取直接派代表到中国指导革命的方法，中共六大期间改为在莫斯科设中共驻共产国际代表团的方式协助共产国际指导中国革命，瞿秋白、王稼祥、任弼时等都曾任中共驻共产国际代表。关于宣传工作，包括宣传机构建设，共产国际也会向其各支部发布指示，中国共产党则会要求全党研究和执行共产国际的指示。1924年共产国际第五次大会通过了《关于共产国际及其各支部的宣传活动提纲》。《提纲》指出，面对马克思列宁主义理论宣传这一"最不容缓和最迫切"的任务，无论共产国际还是个别的共产党支部都还没有建立特别的机关进行宣传工作，或者仅仅有一些不充分的机关。"因为缺乏宣传机关，便谈不到收集和考察各国党的经验，谈不到编置概要和交换这种经验，谈不到宣传工作的有系统的建立。因此，创造那些应去组织马克思主义、列宁主义的宣传机关和组织——创造鼓动宣传部，仍旧是第五次大会以后共产国际的基本任务之一。""同时必须提醒共产国际各支部去创造那些理论上和宣传

---

① 林之达：《中国共产党宣传史》，成都：四川人民出版社，1990年，第59页。

上的出版机关,这些机关要满足党内教育工作的需要。"①1925年中共四大决议案指出:"第四次大会认为共产国际关于宣传工作决议案,本党有尽可能地使之实施的必要。"并且根据共产国际的指示内容,中央强调应建设"强固的宣传部",在中央宣传部下应有一真能负责做事的编译委员会。②直到1933年,中央仍高度重视共产国际第五次大会通过的这一提纲:"虽然近年来共产国际及各支部在宣传工作上比这个提纲中所说的有更大的进步和发展,然而这个提纲的一般指示至今仍然保持其正确性与适时性,因此我们把这个提纲译出来作为我们在宣传工作中的指示。我们希望全党同志研究和执行本提纲中的一切指示,并把它和后来国际和我们党关于宣传的决定联系起来。"③

"十月革命一声炮响,给我们送来了马克思列宁主义。"伴随着马克思主义在中国的广泛传播、中国共产党的诞生,中国的民族民主革命掀开了崭新篇章,进入新民主主义革命时代。俄国成功的革命方式以及后来苏联的社会主义建设模式成为中国共产党效仿和学习的"榜样",列宁主义也成为中共革命的指导思想。就宣传工作来讲,列宁、斯大林的许多宣传工作思想理论都对中共领导人产生了深刻的影响,如"宣传"与"鼓动"的区别、宣传工作与组织工作的关系处理、强调宣传的党性原则等。在宣传机构建设方面,苏联共产党在中央设"中央宣传鼓动局",同时在每个共和国、边疆区和州的党组织中成立相应的"宣传鼓动部",构建了从中央到地方的宣传工作机构系统,重视宣传员、鼓动员、宣传干部的选拔和培养,这些都对中国共产党有很好的借鉴意义。此外,在宣传机构建设的制度做法上,中国共产党也存在照搬苏联模式的现象,最为典型的是新中国建国之后,中国共产党的"宣

---

① 中共中央宣传部办公厅,中央档案馆编辑部:《中国共产党宣传工作文献选编(1915—1937)》,北京:学习出版社,1996年,第1122~1123页。

② 中共中央宣传部办公厅,中央档案馆编辑部:《中国共产党宣传工作文献选编(1915—1937)》,北京:学习出版社,1996年,第618~621页。

③ 中共中央宣传部办公厅,中央档案馆编辑部:《中国共产党宣传工作文献选编(1915—1937)》,北京:学习出版社,1996年,第1126页。

传网制度"建设。参照苏联在群众中设立宣传员、鼓动员制度的经验，1950年中宣部先在部分地区试行建立宣传网的工作，1951年1月开始在全国范围系统地建立对人民群众经常性的宣传网。到1952年底，全国共有宣传员379万人，报告员7.5万人，但也暴露出形式主义严重、宣传员队伍成员复杂、宣传组织神秘化等严重弊端。1955年年底之后，我党对宣传工作中模仿照搬苏联经验的做法及存在的各种问题进行了深刻反思。④

第二节 全面建立党的宣传机构系统

"任何一个政党，其基本的活动内容是宣传和组织。宣传和组织对整个党的工作，正如鸟之两翼，车之两轮，缺一不可。宣传是组织的开路先锋，组织是巩固宣传的成果。"⑤ 中国共产党在自身的创建和发展过程中，始终将宣传鼓动工作视为党工作的有机部门，强调确立和不断完善党的宣传机构系统，以出色开展和完成宣传鼓动任务。1941年6月20日《中央宣传部关于党的宣传鼓动工作提纲》的发布，标志着党的宣传工作思想逐渐成熟，《提纲》中强调："宣传鼓动工作的发展，有赖于宣传鼓动组织机构的健全。在各级党的组织内建立强有力的宣传鼓动部门，集中宣传鼓动的人才，统一宣传鼓动工作的领导，这是非常必要的。"⑥ 毛泽东、刘少奇等党的领导人也多次明确强调宣传机构系统的建立。第一次国共合作期间，毛泽东回顾宣传工作，指出了"党报不健全""指挥系统完全缺乏"等缺点。1929年在红军第四军第九次党的代表大会上，毛泽东又针对红军宣传工作，强调了"宣传队"的机构建设："红军的宣传队，是红军宣传工作的重要工具，宣传队若不

---

④ 王炎：《新中国历史上的宣传网制度》，载《中共党史资料》，2007年第3期。
⑤ 王中：《论宣传》，载《新闻大学》，1982年第3期。
⑥ 中共中央宣传部办公厅、中央档案馆编辑部：《中国共产党宣传工作文献选编（1937—1949）》，北京：学习出版社，1996年，第259页。

弄好，红军的宣传任务就荒废了一大部分。"① 抗日战争时期，宣传工作被定位为党的首要任务，刘少奇指出在宣传部系统建设的同时，为加强党的理论研究与思想宣传，应该利用各种公开的可能，组织研究会、出版机关等来系统地进行宣传。新中国成立后，面对用马列主义的思想原则在全国范围内和全体规模上教育人民的政治任务，刘少奇指出："宣传、理论工作是我党很弱的一环，必须加强。""所以宣传机构要加强，人力、物力都要加强。""我们现在需要建立能够经常做宣传工作的机构，以便使宣传工作不断地、随时随刻地进行。"② 在毛泽东等党的领袖系统建立宣传机构组织体系的思想指导下，党的宣传部系统、新闻出版机构、部队宣传机构、群众性宣传组织普遍得以创立并逐渐完善系统化。

一、党的宣传部系统

早期共产党人在"猛看猛译"马克思主义学说资料，学习俄共布准备建立党组织之时，就认识到建立党的宣传组织机构和开展宣传工作的重要性。在1920年蔡和森致毛泽东的信中提及俄国共产党的最高机关为中央委员会，党中央设宣传活动部、组织教育部、调查统计部、义务劳动部，他提议建立强有力的党组织，"研究宣传部、调查研究部与出版物三者现在可打成一片而潜在从事"③。

1921年中国共产党诞生时，即在党的领导机构中设中央局宣传部，1924年正式称中央宣传部。面对党训练和集合无产阶级，推进国民革命运动的总职任，初创时期的宣传机构无论是在人员数量上还是在工作质量上都严重不足。中共一大闭幕时，"中央局宣传部就李达一人"。1923年陈独秀在党的三大报告中说"中央委员会里并没有组织"，不仅

---

① 刘平斋，陈德言：《马克思恩格斯列宁斯大林毛泽东论宣传》，成都：四川省社会科学院出版社，1988年，第224页。

② 中共中央宣传部：《毛泽东周恩来刘少奇朱德论党的宣传工作》，北京：中共中央党校出版社，1989年，第29～40页。

③ 中共中央宣传部办公厅，中央档案馆编辑部：《中国共产党宣传工作文献选编（1915—1937）》，北京：学习出版社，1996年，第175～176页。

指没有党务领导机构,应该也指没有部门工作机构。①因此,1924年在上海召开的中央扩大会议明确指出党在宣传和鼓动方面应有"更明显的组织形式",1925年中共四大决定建设"一个强固的宣传部",使宣传工作做得"完美而又系统"。②

中共六大之后,党反思自身的宣传鼓动工作,"自有党以来,没有建立起经常的系统的宣传鼓动工作",决定:"从上至下(从中央以至支部)建立经常的宣传鼓动工作,建立并强健各级党部的宣传机构(上级党部设宣传部,下级党部设宣传科或宣传干事)。"③中央关于加强宣传部"系统化"建设的强调,一方面在建立与健全中央宣传部的同时,对各省委及省委以下党部的宣传机构建设提出要求,另一方面指出各级宣传部自身要建立各科各委的工作。1929年党的六届二中全会专门对宣传工作作出决议,中央宣传部下设审查科、翻译科、材料科、统计科、出版科、编辑委员会、文化工作委员会7个科委,省委宣传部尽可能地依照中央宣传部的组织内容建立各科工作,地方党部及区委也应尽可能地建设宣传部,"使党中央的宣传任务,能够从中央宣传部一直落实到基层,变为全党的群众性宣传"④。

从中央到地方宣传部的系统化经历了一个较长的时期,1933年杨尚昆在《转变我们的宣传鼓动工作》一文中指出我党宣传鼓动工作的组织系统还未确立:"事实告诉我们:从省委起一直到区委止,大多数是没有宣传工作的系统,所谓宣传部,顶多不过一二人,甚至有的地

---

① 陈丽凤:《中国共产党领导体制的历史考察》,上海:上海人民出版社,2008年,第5~6页。

② 中共中央宣传部办公厅,中央档案馆编辑部:《中国共产党宣传工作文献选编(1915—1937)》,北京:学习出版社,1996年,第620页。

③ 中共中央宣传部办公厅,中央档案馆编辑部:《中国共产党宣传工作文献选编(1915—1937)》,北京:学习出版社,1996年,第839~840页。

④ 林之达:《中国共产党宣传史》,成都:四川人民出版社,1990年,第111页。

方根本一个人也没有,自然也就不会有经常的宣传鼓动工作。"①根据对全党宣传工作的检查,中央认为各级宣传部门本身组织的不完美及其工作的不健全,是全党宣传工作比较落后的重要原因,因此1940年10月14日中央宣传部作出了《关于充实和健全各级宣传部门的组织及工作的决定》,对各地各级党组织建立宣传部组织机构提出了明确的原则和标准:省委以上宣传部须设宣传科、教育科、国民教育科、出版发行科以及编审委员会和文化委员会;地委和县委宣传部主要设宣传科与教育科。②

中国共产党根据自己20年来的历史经验,如此明确地划定各级宣传部的组织内容、职责范围,表明了党在宣传机构建设上的成熟。"如果把上述规定的宣传机构同今天我党的宣传机构相比较,就会看出,今天的宣传组织机构基本上成型于抗日时期。"③宣传部系统的基本成型不代表党的宣传工作机构设置一成不变,相反随着党组织系统的不断壮大、革命形势任务的不断变化,尤其是中华人民共和国成立后,中国共产党由革命党转为执政党后,党的宣传部机构系统在不断地进行调整。党的宣传部系统在革命战争年代直接担负的文化教育工作转至各级人民政府具体管理,从而使党的各级宣传部能够摆脱大量的行政事务性工作,集中管理整个思想战线。1949年11月调整后的中宣部下设政治教育处、时事宣传处、研究处、干部处、解放社、秘书处等机构,各地方宣传部的机构设置及业务管理内容也进行了相应调整。④

---

① 中共中央宣传部办公厅,中央档案馆编辑部:《中国共产党宣传工作文献选编(1915—1937)》,北京:学习出版社,1996年,第1097页。

② 中共中央宣传部办公厅,中央档案馆编辑部:《中国共产党宣传工作文献选编(1937—1949)》,北京:学习出版社,1996年,第167~168页。

③ 林之达:《中国共产党宣传史》,成都:四川人民出版社,1990年,第214页。

④ 中共中央宣传部办公厅,中央档案馆编辑部:《中国共产党宣传工作文献选编(1949—1956)》,北京:学习出版社,1996年,第11~12页。

二、新闻出版机构

马克思、恩格斯、列宁等马克思主义经典作家曾用"喉舌"[①]"鼓风机"[②]"脚手架"[③]等做比喻来强调党报、党刊出版的宣传与组织功能。恩格斯指出:"工人阶级有觉悟的组织迅速发展的最好证明,就是它的定期报刊的数量不断增加。"[④]"在每一个党、特别是工人党的生活中,第一张日报的出版总是意味着大大地向前迈进了一大步!"[⑤]列宁甚至强调:"我们党能够有而且应当有两个领导中心:一个是中央机关报,一个是中央委员会。前者进行思想上的领导工作,后者进行直接的实际领导工作。"[⑥]在中国民族民主革命时期,毛泽东、刘少奇等中国共产党人同样强调"通讯社及报纸是革命政策与革命工作的宣传组织者这

---

① 报纸最大的好处,就是它每日都能干预运动,能够成为运动的喉舌,能够反映出当前的整个局势,能够使人民和人民的日刊发生不断地、生动活泼的联系。参见刘平斋,陈德言:《马克思恩格斯列宁斯大林毛泽东论宣传》,成都:四川省社会科学院出版社,1988年,第32页。

② 列宁在《怎么办?》中讲:"这个报纸就会成为巨大的鼓风机的一部分,这个鼓风机能鼓动阶级斗争和人民的义愤的星星之火,燃成熊熊之焰。"

③ "报纸不仅是集体的宣传员和集体的鼓动员,而且是集体的组织者。就后一点来说,可以把报纸比作脚手架,它搭在正在修建的建筑物周围,显示出建筑物的轮廓,便利各个建筑工人之间的来往,帮助他们分配工作和观察有组织的劳动所获得的总成绩。"参见刘平斋,陈德言:《马克思恩格斯列宁斯大林毛泽东论宣传》,成都:四川省社会科学院出版社,1988年,第105~106页。

④ 恩格斯:《一九七七年的欧洲工人(1878年)》,参见《马克思恩格斯全集》(第19卷),北京:人民出版社,1963年,第139页。

⑤ 恩格斯:《就〈工人报〉改为日报事给奥地利工人的贺信(1894年12月)》,参见《马克思恩格斯全集》(第22卷),北京:人民出版社,1985年,第590页。

⑥ 列宁:《给一个同志的信,谈谈我们的组织任务(1902年9月)》,参见《列宁全集》(第6卷),北京:人民出版社,1986年,第207页。

种伟大的作用①",指出:"党怎样领导人民呢?除了依靠军政机关、群众团体领导人民之外,更多更频繁地是依靠报纸和通讯社。"②在毛泽东时期,党报党刊的编辑部、通讯社、出版发行等组织机构建设是党的宣传工作机构建设的重点内容。

"五四"运动以后,我国宣传马克思主义和十月革命的进步报刊迅速增多,"这一时期的进步刊物达400种之多"。中国共产党的建党领袖们积极主编、出版进步报刊,翻译出版马克思主义著作,宣传革命真理,传播马克思主义学说。如李大钊等人筹备出版了《少年中国》《少年世界》,并亲自担任主编;毛泽东主编《湘江评论》,"不受一切传说和迷信的束缚,要寻着什么是真理"③。面对国内掀起的宣传出版高潮,中共一大形成的"中国共产党第一个决议"专门强调了党的出版工作及出版物的管理,并正式成立了人民出版社,做出计划出版纯粹的共产主义书籍20种以上。④

1923年10月中共中央决定组织教育宣传委员会,教育宣传委员会由共产党(C.P.)及共青团(S.Y.)两中央协定委派委员组成,在政治上由中共中央直接领导。"教育宣传委员会之职任,在于研究并实行团体以内之政治上的主义上的教育工作以及团体以外之宣传鼓动。"⑤教育宣传部下设编辑部、函授部、通讯社、印行部、图书馆等各部。其中编辑部设一两名主任,分别管理C.P.和S.Y.刊物的编辑工作。编辑部具体编辑出版8种刊物材料:《新青年》季刊、《前锋》月刊、《向导》

---

① 中共中央宣传部:《毛泽东周恩来刘少奇朱德论党的宣传工作》,北京:中共中央党校出版社,1989年,第243页。

② 中共中央宣传部:《毛泽东周恩来刘少奇朱德论党的宣传工作》,北京:中共中央党校出版社,1989年,第257页。

③ 林之达:《中国共产党宣传史》,成都:四川人民出版社,1990年,第27页。

④ 中共中央宣传部办公厅、中央档案馆编辑部:《中国共产党宣传工作文献选编(1915—1937)》,北京:学习出版社,1996年,第353页。

⑤ 中共中央宣传部办公厅、中央档案馆编辑部:《中国共产党宣传工作文献选编(1915—1937)》,北京:学习出版社,1996年,第555页。

周刊、《党报》不定期刊、《青年工人》月刊、《中国青年》周刊、《团镌》不定期刊以及小册子。① 鉴于报纸杂志在党的宣传组织工作中的重要功能，随着中共党组织建设的不断推进，中央认为必须特别设立一个"编辑委员会"，主持和指导中央一切机关报的编辑出版工作。1926 年 7 月中共中央扩大执行委员会议决案指出："为使中央对于各地方的各种出版物能有周到的指导起见，必须设立一编辑委员会，由《向导》《新青年》《劳农》《党报》《中国青年》(C.Y.)、《中国工人》(全国总工会机关报)、《中国妇女》(妇女联合会机关报)等之主任编辑组织之；这委员会至少每月开会一次，报告中央及各地党的、工会的……机关报之状况，加以审查。"② 在党的革命斗争时期，中共中央始终强调各地中央局、中央分局通过宣传部和党报委员会抓紧对通讯社、编辑部及报纸的领导，使其宣传完全符合于党的政策，克服在宣传人员中闹独立的错误倾向。

报刊杂志的发行部门是新闻出版机构的重要业务部门。1931 年 11 月，中共在江西瑞金成立中华苏维埃共和国临时中央政府，并设立中央出版局，负责苏区根据地新闻出版图书报刊的审定管理和发行。③1939 年 3 月，为了适当地散发、分配和推销各种出版物，统一对各种发行机关的领导，中央特决定："从中央起至县委上一律设立发行部。"发行部下有必要时可成立发行委员会，各发行部应依照各种不同的环境，建立公开的、半公开的或秘密的发行网。④ 陆定一曾指出：报纸的出版与发行决不是报社自己的工作，而是每一个关心救亡事业的人应当负责的事，"因此，展开一个广大的报纸读者联合会的运动，

---

① 中共中央宣传部办公厅，中央档案馆编辑部：《中国共产党宣传工作文献选编（1915—1937）》，北京：学习出版社，1996 年，第 555～556 页。

② 中共中央宣传部办公厅，中央档案馆编辑部：《中国共产党宣传工作文献选编（1915—1937）》，北京：学习出版社，1996 年，第 733 页。

③ 陈有和：《与党同行的人民出版社》，载《北京党史》，2011 年第 3 期。

④ 中共中央宣传部办公厅，中央档案馆编辑部：《中国共产党宣传工作文献选编（1937—1949）》，北京：学习出版社，1996 年，第 38 页。

来具体解决帮助报纸平时、战时发行与推销工作的任务,是必要的"①。随着革命形势的发展,尤其是新中国成立后,战争环境下被分割的、有严重无政府状态的新闻出版工作逐渐走向统一,在发行工作方面初步划分了各级书店的权限,新华书店被确定为国营的书刊发行机构,全国分支店统一经营;像"三联书店""商务印书馆"等规模较大的公私合营与私营的书店在党的领导下成为新华书店的"亲密助手与同行",共同致力于推动党和政府的出版发行工作。

三、部队宣传机构

与其他时期相比较,毛泽东时期党的宣传工作一个重要的特征,即战时宣传。在军队中建设宣传组织、开展宣传工作,实现党对军队的领导,拉近部队与群众的关系,为中国民族民主革命的最终胜利发挥了关键作用。"红军宣传工作的任务,就是扩大政治影响,争取广大群众。由这个宣传任务之实现,才可以实现组织群众、武装群众、建立政权、消灭反动势力、促进革命高潮等红军的总任务。所以红军的宣传工作是红军第一个重大的工作。若忽视了这个工作,就是放弃了红军的主要任务,实际上就等于帮助统治阶级削弱了红军的势力。"②1929年毛泽东在红军第四军第九次党的代表大会决议中指出了当时红军宣传队建设存在的缺点:(1)宣传员由每大队5人缩小到3人,有些更少甚至一个都没有了;(2)宣传员成分太差;(3)宣传队遭官兵一致排斥,宣传队员被称为"闲杂人""卖假膏药的";(4)宣传队没有足够的经费;(5)对宣传员的训练没有计划。毛泽东强调:"红军的宣传队,是红军宣传工作的重要工具,宣传队若不弄好,红军的宣传任务就荒废了一个大的部分。"

---

① 中共中央宣传部办公厅,中央档案馆编辑部:《中国共产党宣传工作文献选编(1937—1949)》,北京:学习出版社,1996年,第40页。

② 刘平斋,陈德言:《马克思恩格斯列宁斯大林毛泽东论宣传》,成都:四川省社会科学院出版社,1988年,第15页。

在党的领导下,红军制定了宣传队伍建设具体方案①,宣传工作开展得卓有成效。以长征时期为例,此时期党对红军指战员的宣传工作主要由红军的各级政治部负责实施。红军总政治部和方面军政治部内设宣传部,军或军团和师政治部内设宣传科,团政治部设宣传队,军团以上宣传部设报社。另外为做好对敌军的宣传工作,红军团以上各级政治部内分别设有"白兵工作部""白兵工作委员会""白兵工作小组"等机构,负责对敌军士兵的宣传、争取工作。②红军老战士、原红六军团某部宣传队长左齐将军回忆了1936年2月红军占领毕节之后开展的宣传工作:"宣传队出发了!工作组出发了!毕节城内顿时热闹起来。红军的工作干部和宣传队,一天到晚在街头广场演戏、唱歌、跳舞、写标语、讲演,用各种形式向群众宣传红军的各项政策。"③所以毛泽东在《论反对日本帝国主义的策略》中肯定:"长征是宣传书,长征是宣传队,长征是播种机。"

四、群众性宣传组织

毛泽东时期,党还非常重视组织和领导工会、农会以及一些研究会、学会等群众性组织机构,针对广大人民群众和各阶级开展宣传工作。

1. 工会、工人俱乐部。工人阶级的利益对中国共产党来说占第一位。中国共产党刚成立时,将成立产业工会定为党的基本任务,并强调党对工会工作的领导。"党在工会里要灌输阶级斗争的精神。党应该警惕,勿使工会成为其他党派手中的玩物。为此党应该特别机警地注意,勿使工会中执行其他的政治路线。对于手工业工会,应迅速派出党员,

---

① 中共中央文献研究室,新华通讯社:《毛泽东新闻工作文选》,北京:新华出版社,1983年,第19~20页。

② 林之达:《中国共产党宣传史》,成都:四川人民出版社,1990年,第130页、第142页。

③ 严帆:《万里播火者——红军长征岁月的新闻宣传》,南昌:江西高校出版社,2005年,第339页。

以便尽快进行改组工作。"①1922年6月中央执行委员会书记陈独秀在给共产国际的报告中，计划组织全国铁路、海员、电气、机器、纺织五大产业的工会以及上海、广东、武汉三个地方总工会，维护工人利益，鼓吹工人革命思想，要"改良待遇""增加工资""组织团体——俱乐部"②。工人俱乐部是群众宣传鼓动的重要组织形式，我们党产生以前，工人俱乐部早已有很大作用。党成立后注意发展这种工作，利用工人俱乐部好的习惯，加以相当的变更，适应党的职任。在工人俱乐部中提出口号，发布宣言，办种种壁报图画等，可以使工作有很好的成绩，有时可以成为我们宣传很有利的工具。"俱乐部不但是一个宣传的地方，并且应当是工人团体生活的革命中心。"③

2. 农民协会。农民阶级是工人阶级的天然同盟军。中共三大时即已明确："至于农民当中国人口70%以上，占非常重要地位，国民革命不得农民参与，也很难成功。"④毛泽东更为深刻地指出，中国民族民主革命的实质是工人阶级领导下的农民革命，农民阶级是民主革命的主力军。因此，党在革命时期非常注重组织农民协会，开展对农民阶级的宣传与发动。农民协会以村为单位，是被压迫的中农、小农、佃农、雇农的组织，会员能开大会或分组开会。党注重在农村发展革命力量和革命组织，并使之成为农民协会的骨干力量，尽力使协会多开会，每次开会预备适当的宣传材料，材料当取之于农民生活，向农民指明农民与政治的关系，指导农民运动的发展。毛泽东在1927年《湖南农民运动考察报告》中指出："政治宣传的普及乡村，全是共产党和农民

---

① 中共中央宣传部办公厅、中央档案馆编辑部：《中国共产党宣传工作文献选编（1915—1937）》，北京：学习出版社，1996年，第325页。

② 中共中央宣传部办公厅、中央档案馆编辑部：《中国共产党宣传工作文献选编（1915—1937）》，北京：学习出版社，1996年，第422页。

③ 中共中央宣传部办公厅、中央档案馆编辑部：《中国共产党宣传工作文献选编（1915—1937）》，北京：学习出版社，1996年，第657页。

④ 中共中央宣传部办公厅、中央档案馆编辑部：《中国共产党宣传工作文献选编（1915—1937）》，北京：学习出版社，1996年，第510页。

协会的功绩。很简单的一些标语、图画和讲演，使得农民如同每个都进过一下子政治学校一样，收效非常之广而速。"①

3. 学会、研究会。为在一般群众尤其是知识分子中扩大马克思、列宁主义的宣传影响，中共中央督促各地方广设马克思主义研究会、列宁主义研究会等，要求在这些研究会中须有对理论较有研究的同志负指导责任，并使先进的工人分子尽可能地参加。早在1923年10月中央颁布的《教育宣传委员会组织法》中，中央即要求各地教育宣传委员会组织"马克思主义读书会"，吸收党外同志参加，还特别要求各地教育宣传委员会要汇报"此类读书会之成绩"②。

第三节 高度重视宣传工作队伍建设

推动党的宣传鼓动工作，队伍是基础，人才是关键。在这一历史时期，党的领导人在讲话或著作中对宣传干部人才提出了许多具体要求，许多内容到今天仍有重要借鉴意义。毛泽东在对《晋绥日报》编辑人员的谈话（1948年4月2日）中强调，报纸工作者"必须坚持真理，而真理必须旗帜鲜明"，其工作就是教育群众，善于把党的政策变为群众的行为，并且为了教育群众，首先要向群众学习。③刘少奇在对华北记者团的谈话（1948年10月2日）中提出要求，新闻工作者要把工作做好，需具备四个条件：（1）要有正确的态度；（2）必须独立地做相当艰苦的工作；（3）要有马列主义理论修养；（4）要熟悉党的路线和政策。重点来讲，在毛泽东时期，党以马列主义为指导，根据"宣传"和"鼓动"在任务、内容、方式上的区别，对党的宣传员和鼓动员的品质与素养分别明确提出要求；对于宣传员的配备强调"选优配强"，

---

① 毛泽东：《毛泽东选集》（一卷本），北京：人民出版社，1970年，第35页。

② 中共中央宣传部办公厅，中央档案馆编辑部：《中国共产党宣传工作文献选编（1915—1937）》，北京：学习出版社，1996年，第558页。

③ 中共中央宣传部办公厅，中央档案馆编辑部：《中国共产党宣传工作文献选编（1937—1949）》，北京：学习出版社，1996年，第688—691页。

不断加强宣传队伍的培养与培训;提出全党宣传、群众宣传的政策主张,批评了仅靠宣传部开展宣传工作的错误观点和做法。

一、对宣传家与鼓动家品质和素养的要求

1941年,中央宣传部制定的《党的宣传鼓动工作提纲》标志着中国共产党在宣传上的逐渐成熟。《提纲》对一个宣传家、一个鼓动家应具备的品质和素养提出了明确的要求。①

具体来讲,这一时期对党的宣传工作者提出的品质素养的要求突出体现在三个方面。

第一,理论程度和政治文化水平要高。宣传员最重要的责任是政治教育和主义宣传的工作,他应使同志、群众对于现在中国全国和地方实际政治问题有个明确的观点,对于主义有系统的知识。② 能够胜任如此重大的责任,前提是宣传员对马克思列宁主义理论及党的政策策略等进行深入学习和深刻把握,使自身具备较高的理论程度和政治水平。毛泽东讲,中华民族仁人志士一百年来前仆后继,才找到马克思列宁主义这个最好的真理作为我们民族的最好武器。马列主义普遍真理一经和中国革命的具体实践相结合,就使中国革命面目为之一新。③ 作为党的宣传员肩负主义宣传的重大责任,更应努力学习马列主义基本原理,并用科学理论指导自己的宣传工作实践;与此同时,宣传员还要及时学习贯彻党的政策策略,"必须掌握党的路线与党的政策,这是决定宣传鼓动工作成败的中心关键"④。凡中央领导人所发表的言论及党中央和中央人民政府重要文告,都必须细心阅读、充分了解,其中最重要者必须熟记。

---

① 中共中央宣传部办公厅,中央档案馆编辑部:《中国共产党宣传工作文献选编(1937—1949)》,北京:学习出版社,1996年,第259页。

② 中共中央宣传部办公厅,中央档案馆编辑部:《中国共产党宣传工作文献选编(1915—1937)》,北京:学习出版社,1996年,第730页。

③ 中共中央宣传部办公厅,中央档案馆编辑部:《中国共产党宣传工作文献选编(1937—1949)》,北京:学习出版社,1996年,第229页。

④ 中共中央宣传部办公厅,中央档案馆编辑部:《中国共产党宣传工作文献选编(1937—1949)》,北京:学习出版社,1996年,第252页。

在此基础上结合具体的革命实践开展宣传工作,才能向同志们灌输宣传科学的理论、明确的观念、正确的做法,增加同志们的政治兴趣和革命热情。

第二,业务能力要强。党支部是宣传鼓动工作的基本组织,党要求支部中的宣传干事要成为宣传工作的"专门家"。在知识方面,除了学习马列主义理论之外,还必须有丰富的、具体的社会知识与科学知识做基础。"没有这样的基础,要成为一个优秀的马列主义者是不可能的。"[1] 在工作方式方法方面,宣传员要掌握多种宣传方法,口头宣传与书面宣传综合使用。"据粗略统计,从1921年7月到1949年10月,我们党使用过的宣传方式方法多达60种以上。"[2] "必须善于使用一切宣传鼓动的方式,从通俗的形式到高级的形式,以及由这种形式过渡、转变到另种形式……必须善于使用一切宣传鼓动工具,熟知它们一切的性能。在近代科学和技术发达的条件下,许多科学上的成就,都应运用到宣传鼓动上来。"[3] 在宣传业务的具体开展方面,针对宣传工作人员的要求则更为细致严格。以宣传工作中的语言文字表达为例,毛泽东多次强调宣传语言要具有"准确性、鲜明性、生动性"[4],抛弃空洞乏味的"党八股",提倡新鲜活泼的新文风。在进行宣传工作时,应特别注意:"(1)宣传的内容必须是充实的,而不是空洞的;(2)宣传的语句应当简单明了、清楚、透彻;(3)宣传的事实应当是真实的、生动的、恳切而带有说服性的。"[5]

---

[1] 中共中央宣传部办公厅,中央档案馆编辑部:《中国共产党宣传工作文献选编(1937—1949)》,北京:学习出版社,1996年,第214页。

[2] 林之达:《中国共产党宣传史》,成都:四川人民出版社,1990年,第3页。

[3] 中共中央宣传部办公厅,中央档案馆编辑部:《中国共产党宣传工作文献选编(1937—1949)》,北京:学习出版社,1996年,第253页。

[4] 中共中央宣传部:《毛泽东周恩来刘少奇朱德论党的宣传工作》,北京:中共中央党校出版社,1989年,第335页。

[5] 中共中央宣传部办公厅,中央档案馆编辑部:《中国共产党宣传工作文献选编(1937—1949)》,北京:学习出版社,1996年,第254页。

第三，工作作风和工作态度要好。宣传战线是党整体革命事业的重要组成部分，宣传鼓动工作的有效开展是党取得民主革命成功的一大重要武器。宣传工作者要客观地评价自己的工作及效用，坚持正确的工作作风和工作态度。首先不能轻视自己、自我否定，像官兵中一般轻视宣传工作及宣传队的错误观念，认为宣传员是"说白话""做文章"的"闲杂人""卖假膏药的"等；其次不能以"文化人"自居，自我感觉特殊而对同志群众持高傲态度。对社会一般人态度不好、太严峻，换句话说就是太不客气了，会使党组织、党的事业蒙受损失。"我们太严峻了，便不能和他们接近；我们太武断了，便不能使他们了解；我们太特别了，便使他们歧视；我们太操切了，更使他们骇怕。"[①] 在党的革命事业中，只有分工不同，没有贵贱之分，宣传员不低人一等，宣传工作、文化工作也不比其他工作高出一畴。陈云指出："我们认为凡是对群众对革命有必要的工作，都同样有价值，做了同样有功劳；一定要问什么工作最必要，那么只有说劳动最必要。"[②]

二、宣传员的选拔与配备

1. 首先要纠正部分同志忽视宣传工作的错误观念。如上所述，有些同志重组织工作轻宣传工作，认为宣传教育只是"说白话""做文章"，是"文把子""老先生"的事情。所以在分配工作时，他们安排那些只能写几句文章、完全不能做实际工作的人来做宣传工作。这种忽视宣传工作的错误观念及对宣传工作人员的偏见使党的宣传组织长时期未能健全，已有的宣传员也是成分复杂，宣传工作容易荒废。1929年中国共产党红军第四军第九次代表大会决议指出："宣传员成分太差，俘虏兵也有，伙夫马夫也有，吃鸦片的也有，有逃跑嫌疑便把他解除武装塞进宣传队的也有，当司书当不成器便送入宣传队的也有，因残废

---

① 中共中央宣传部办公厅，中央档案馆编辑部：《中国共产党宣传工作文献选编（1915—1937）》，北京：学习出版社，1996年，第722页。

② 中共中央宣传部办公厅，中央档案馆编辑部：《中国共产党宣传工作文献选编（1937—1949）》，北京：学习出版社，1996年，第482页。

了别的工作机关不要塞进宣传队的也有,现在的宣传队简直成了收容所,完全不能执行它的任务了。"①

纠正这种错误观念,一方面要使全党上下、部队官兵都能认识到宣传工作的重要地位和作用。党的正确宣传工作,便是最实际的工作,而且有推动党的其他一切实际工作的伟大作用。文字的宣传固然是宣传工作的一个重要部分,但离开了实际斗争生活决不会有正确的宣传文字。忽视宣传工作,是党在全部工作上的一个大的损失。另一方面,宣传工作人员要通过自身加紧努力的宣传工作,不搞形式主义,不走过场,出色完成所负宣传任务,以显著的工作实效取得同志们对宣传工作的认可与重视,使"闲杂人""卖假膏药的"等奇怪的称呼从此取消掉。

2. 选优配强。"党的宣传鼓动工作的发展,首先决定于宣传鼓动干部的培养。培养掌握马列主义而又富于实际工作经验的宣传干部,这是党的一个严重的和长期的任务。党应当经常的注意到从知识分子党员和知识分子工人中培养出党的宣传家。"②鉴于党对政治宣传和党内教育的高度重视,早在1924年中央宣传部初设之时,就要求"中央的各部得从任何机关里征调最有力的同志"③。1940年中央宣传部《关于充实和健全各级宣传部门的组织及工作的决定》中,针对宣传部门工作干部政治水平较低或工作能力太弱的现象,为了纠正将政治上不可靠的干部或工作中表现不好的干部送到宣传部去考验的现象,规定:"党的宣传部门的干部,须经过党的干部部门的负责审查。关于宣传鼓动工作干部的分配、调动,党的干部部门同宣传部门须有必要的协商,同时党的干部

---

① 中共中央宣传部办公厅、中央档案馆编辑部:《中国共产党宣传工作文献选编(1915—1937)》,北京:学习出版社,1996年,第948页。

② 中共中央宣传部办公厅、中央档案馆编辑部:《中国共产党宣传工作文献选编(1937—1949)》,北京:学习出版社,1996年,第258~259页。

③ 中共中央宣传部办公厅、中央档案馆编辑部:《中国共产党宣传工作文献选编(1915—1937)》,北京:学习出版社,1996年,第575页。

部门须注意登记与熟悉关于宣传鼓动工作的各方面的干部。"①

在革命时期,除了作为中坚分子的党内宣传员外,还须调动群众宣传力量,在进步工人与最忠实的知识分子中间选择、造就宣传员与煽动者。1929年古田会议指出:"改造宣传员成分的办法,除请地方政府选派进步分子参加红军宣传队之外;从各部队士兵中挑选优秀分子(尽可能不挑班长)为宣传员。"②新中国成立后,伴随着全国"宣传网"的建设,宣传员的成分更为丰富。1951年华北局宣传部《关于华北区宣传网发展情况的报告》中有以下统计:

宣传员中,以党员数量最多(约占半数以上),群众积极分子次之,团员再次之。城市以河北唐山市为例,党员占56%,团员占18%,群众积极分子占26%。农村中以河北定县专区为例,党员占74%,团员、群众各占13%,各地发展宣传员也均注意了吸收妇女,河北省无论城镇农村,妇女宣传员均约占15%。③

3. 宣传干部应"相对固定化"④。宣传工作有其特定的任务使命、业务内容和方式方法。经过一定时期的革命斗争锻炼,积累了较丰富的业务能力和工作经验的宣传工作干部、宣传员、鼓动员应相对固定化,不应随意抽调到另外的工作部门去。1941年3月中央宣传部《关于反敌伪宣传工作的指示》中指出:"须决心抽出得力的干部来担任这个工作,并大胆地提拔知识分子干部。原有的适合于这个工作的干部不应

---

① 中共中央宣传部办公厅,中央档案馆编辑部:《中国共产党宣传工作文献选编(1937—1949)》,北京:学习出版社,1996年,第168~169页。

② 中共中央宣传部办公厅,中央档案馆编辑部:《中国共产党宣传工作文献选编(1915—1937)》,北京:学习出版社,1996年,第951页。

③ 中共中央宣传部办公厅,中央档案馆编辑部:《中国共产党宣传工作文献选编(1949—1956)》,北京:学习出版社,1996年,第282页。

④ 中共中央宣传部办公厅,中央档案馆编辑部:《中国共产党宣传工作文献选编(1937—1949)》,北京:学习出版社,1996年,第168~169页、第204页。

轻易调动。"①邓小平曾于1941年对部队宣传队干部的调整做出重要指示,强调要从大局着眼,在调动或提升宣传队的干部时,领导机关要照顾到宣传队的工作,切忌调之一空。①

4.宣传员的培养与培训。为不断健全党的宣传机构,培养宣传和鼓动人员,首先最灵活的培养方式就是办"短期培训班",迅速培养此项人才。以支部为例,在支部还缺乏宣传干事时,上级党支部应立即办一短期培训班,使每个支部必须有专门负责的宣传干事。其次,开办各级党校是培养宣传员、鼓动员的重要工作。各级党的领导机关可依自己的环境和能力办各种党校,党的各级党校应有计划地训练各方面的宣传鼓动工作干部,特别是中级以上的宣传工作干部。在可能时,对宣传工作干部和鼓动工作干部应加以不同的训练。"在高级党校内设立专门培养宣传鼓动工作者、报纸编辑及新闻记者的科系是非常必要的。"①中华人民共和国成立后,党和国家注重利用高等教育资源来培养、训练宣传干部,如准备在马列学院设立一个新闻班来训练省市一级报纸的编辑人员,增加北京大学、复旦大学等学校新闻系的招生名额等。②再次,抽派宣传干部下乡、下厂学习积累经验。这一措施主要是中华人民共和国成立后,伴随着社会主义改造与建设高潮的兴起,为加强和改进社会主义宣传教育工作,宣传队抽派部分干部深入厂矿、农村,参与建设的同时更好地积累和创造经验,向人民群众学习知识,在社会主义建设实践中积累经验。此外,在这一历史时期,我国还选派部分宣传干部到苏联进修,向苏联学习其宣传理论和工作经验。中国共产党人关于宣传与鼓动的关系、宣传与组织的关系等理论观点,以及建国后"宣传网"制度的建设做法等,很多都受到苏联宣传理论及工作模式的影响。

---

① 中共中央宣传部办公厅,中央档案馆编辑部:《中国共产党宣传工作文献选编(1937—1949)》,北京:学习出版社,1996年,第212页、第246页、第259页。

② 中共中央宣传部办公厅,中央档案馆编辑部:《中国共产党宣传工作文献选编(1949—1956)》,北京:学习出版社,1996年,第795~796页。

三、走全党宣传、群众宣传之路

"全党宣传"是指发动、依靠党组织和广大党员开展宣传工作。党要依靠全体党员坚决的斗争以求得革命的胜利,同时也要动员自己的全体党员以正确的策略领导群众,以宣传工作说服群众,把广大群众争取到自己的政治影响之下,使自己的口号成为群众斗争的目标。宣传鼓动工作是党的基本工作之一。党的各级宣传部是宣传鼓动工作的组织和领导机构,须拟定宣传大纲,规定各地具体的系统的宣传计划,督促并随时改进宣传鼓动工作。党支部应成为党内以及对于群众宣传鼓动工作的基础。支部的每个同志都应善于提出发动和领导斗争的口号,善于在群众中开展宣传鼓动工作。每个支部必须有专门负责的宣传干事,宣传干事应当切实执行支部会议关于宣传干部之决议,注意每个同志宣传工作的成绩,研究宣传工作所得的经验,并提出改善宣传工作的意见,总之,"宣传干事要成为党的专门家。"① 共产党员是工人阶级不可分的一部分,而且是最有阶级觉悟的一部分;不但在口头上,而且在事实上,都站在斗争的先锋地位。每一个党员不但自己应当能为党的政策而奋斗,而且应当会引导别人去奋斗,将党的势力发展到群众中去。"共产党员人人都应是一个宣传者,平常口语之中须时时留意宣传"①,"每一个党员不论他在什么地方,都应当宣传我们党的主义及口号"①。

"群众宣传"强调宣传工作不仅依靠党员和党组织,同时还要依靠广大人民群众,它是马克思主义唯物史观的群众观点和中国共产党群众路线在宣传工作中的具体运用。刘少奇1951年5月23日在中共第一次全国工作会议上明确指出:如果仅仅依靠宣传部的一些职业宣传员来做,宣传工作是做不好的,必须发动与指导中共全党一切干部党员、

---

① 中共中央宣传部办公厅,中央档案馆编辑部:《中国共产党宣传工作文献选编(1915—1937)》,北京:学习出版社,1996年,第890页、第562页、第656页。

党外积极分子去进行他所能够做、又需要做的宣传教育工作。① 以报刊宣传为例，1924年11月29日列宁在《给同志们的信》中，重点强调要组织工农群众参加机关报《前进报》工作："要把机关报办得生动活泼，生气勃勃，不仅需要各个从事领导和经常写作的著作家，而且需要500个、5000个非著作家的工作人员。"② 毛泽东在领导报刊工作中也明确阐释了"群众宣传"的原则方针。1940年他在《中国工人》发刊词中指出："一个报纸既已办起来，就要当作一件事办，一定要把它办好。这不但是办的人的责任，也是看的人的责任。看的人提出意见，写短信短文寄去，表示欢喜什么，不欢喜什么，这是很重要的，这样才能使这个报办得好。"② 1939年陆定一提出：我们应"动员一切生动力量"，更好地运用我们的宣传机构，不断改进其质量，以报纸为例，"一切报纸的出版与发行，决不是一个报社自己的工作，与他人无关的事，而是每一个关心救亡事业的人，人人应当负责的事，是每个救亡团体和军队及政府机构所应当关心的事"③。1948年，毛泽东在《对晋绥日报编辑人员的谈话》中强调："我们的报纸也要靠大家来办，靠全体人民群众来办，靠全党来办，而不能只靠少数人关起门来办。我们的报上天天讲群众路线，可是报社自己的工作却往往没有实行群众路线。"④ 此外，从共产党员与党外人员的团结统一出发，毛泽东多次强调《新华日报》《解放日报》等报纸刊物应吸收党外人士发表言论，对于任何愿与我党合作的党外人员，对我党和我党党员、干部都有批评的权利。"党报工作者必须学会善于吸引党外人员在党报上写文章、写通讯的方式和方法。某些党报工作者的主观主义与宗派主义的态度，须受到批评。""这样

---

① 邵培仁：《20世纪中国新闻学与传播学》，上海：复旦大学出版社，2002年，第16页。
② 刘平斋，陈德言：《马克思恩格斯列宁斯大林毛泽东论宣传》，成都：四川省社会科学院出版社，1988年，第122页、第250页。
③ 中共中央宣传部办公厅，中央档案馆编辑部：《中国共产党宣传工作文献选编（1937—1949）》，北京：学习出版社，1996年，第40页。
④ 毛泽东：《毛泽东选集》（一卷本），北京：人民出版社，1946年，第1214页。

来办报纸……党员非党员都可以参加，这叫做党与非党联盟。"①

第四节　中央集权的宣传机构系统管理

中国共产党是完全按照列宁建党原则组建的。在列宁那里，面临严酷恶劣的政治环境和与沙皇专制制度斗争的党的特定任务，他要求革命政党必须按"秘密工作"的要求发展成为一个"职业革命家"的组织，强调高度的集中和统一。中国共产党"无产阶级先锋队组织"的意识形态规定性和面对的严峻革命环境的强制性也决定了其高度集权和垂直动员的组织结构特征。大革命时期，党的领导体制刚刚建立，为加强中央对地方的领导以及密切上下级之间的联系，党就十分重视党内报告制度。"这一时期的报告制度虽然还处在初级阶段，但它力求在党内建立一种双向互动、涵盖各个方面的信息交流体系。"②大革命失败后，为克服组织上"不集体化的毛病"，中央发出精简机构的要求，"集权于常委"。抗日战争时期，严酷的斗争形势对党的集中统一领导提出更为强烈的要求，1942年中央政治局做出了实行党的一元化领导的重大决策，1945年党的七大召开，全党在政治上、思想上、组织上实现空前统一，中央权威显著提高。在国共决战的前夜，毛泽东在一份党内指示中提出"将全国一切可能和必须统一的权力统一于中央"③。到新中国成立时，一个高度集权的一元化领导体制基本定型。

党的宣传机构是党组织体系的重要组成部分，党对宣传机构的领导与管理是在中央集权化方向指导下进行的。党管宣传原则的确立、请示与报告制度的执行、新中国宣传网的系统建设都是为了维护中央权威，服务于构建党的一元化领导格局的。

---

① 中共中央文献研究室，新华通讯社：《毛泽东新闻工作文选》，北京：新华出版社，1983年，第114～115页。

② 陈丽凤：《中国共产党领导体制的历史考察》，上海：上海人民出版社，2008年，第18页。

③ 胡乔木：《胡乔木回忆毛泽东》，北京：人民出版社，2003年，第524页。

一、确立党管宣传的原则

宣传工作机构是中国共产党对共同思想进行联合,对敌对思想进行斗争,不断实现自身在政治思想领域领导地位的重要组织部门。早在 1921 年中共一大《中国共产党第一决议》中就已明确了党对宣传工作机构及宣传工作的领导和管理。① 中共二大进一步强调:"党掌握的各种机关报刊,都必须由确定忠于无产阶级革命事业的可靠的共产党人来主持"②,以实现中共对宣传工作的绝对领导。宣传部门是党在政治上、理论上和思想上领导战斗的机关。"党管宣传"的原则主要体现在三个方面。第一,保证党组织对宣传工作机构的领导和管理。1924 年中央决定分设宣传部时,即特别注意安排地方党委的委员长兼任宣传部,之后各级宣传工作机构在各级党委的领导下逐步健全和系统化。各级党委有责任制定宣传方针,向宣传工作机构下达宣传任务,同时接受上级党部的检查与指导。宣传工作机构必须服从党委的领导,在政治上与党中央保持高度一致。第二,宣传机构要无条件地传达党的政策和策略,严格遵守党的宣传纪律。"必须掌握党的路线与党的政策,这是决定宣传鼓动工作成败的中心关键。不根据党的政策的宣传鼓动工作是一定要闹乱子的,而且一定是收不到效果的。③"全党的宣传鼓动工作必须统一在中央总的宣传政策领导之下,如果各自为政,不履行中央统一的宣传政策方针是非常危险的。因此,毛泽东多次对报刊宣传部门强调,宣传要服从于党的当前政策,务使我们的宣传增强党性,克服宣传人员中闹独立性的错误倾向。③第三,在统一战线中坚持党宣传工作机构的独立性。在大革命时期,中共与国民党实现了第一

---

① 中共中央宣传部办公厅、中央档案馆编辑部:《中国共产党宣传工作文献选编(1915—1937)》,北京:学习出版社,1996 年,第 325 页。

② 中央档案馆:《中共中央文件选集》(第 1 册),北京:中共中央党校出版社,1990 年,第 67 页。

③ 中共中央宣传部办公厅、中央档案馆编辑部:《中国共产党宣传工作文献选编(1937—1949)》,北京:学习出版社,1996 年,第 252 页、第 460~461 页。

次国共合作,但因过于推崇国民党资产阶级的力量而忘了自己的阶级宣传,结果在宣传战线上发生了右的乖离错误。在国共实现第二次合作,建立起抗日民族统一战线时,中共的宣传系统吸取了历史教训,不再一味依赖和迁就国民党,而是光明正大地、理直气壮地开展宣传工作,公开我们的政治原则、内容、口号与方法,保证了党对宣传部门领导和管理的独立性。

二、规定请示与报告制度

民主集中制是我国共产党的组织原则。在各级党组织及各级宣传工作机构系统内,上级给下级下达指示,下级向上级提供"经常性的综合的报告和请示"是民主集中制的重要内容和集中体现。毛泽东同志将马克思列宁主义与中国实际相结合,总结历史经验教训,从革命发展客观形势出发,于1948年1月作出了《关于建立报告制度》[①]的指示。"这项政策性的经常的综合的报告和请示的制度"规定各中央局、分局书记个人负责每两个月向中央及中央主席作报告和请示,内容包括该区军事、政治、土地改革、政党、经济、宣传和文化等各项工作的动态。该指示的历史背景有二:第一,中国革命形势已经有了极大地进展,许多解放区已连成一片,许多城市已经解放或即将解放,全国胜利在望。在这种情况下,要求党迅速克服存在于党内、军内的任何无纪律无政府状态,把一切必须和可能集中的权利集中于中央。第二,自中共七大以后,仍有某些中央局和分局的同志忽视事前请示、事后报告的必要性和重要性,或只做一些技术性的报告和请示,以致中央不能对其重要活动和政策进行帮助和指导,容易产生错误导致不可挽回的损失。根据毛泽东的指示,中共中央于1948年6月5日作出了《关于宣传工作中请示与报告制度的规定》[②],该规定的制定是为了严格统一党

[①] 毛泽东:《毛泽东选集》(一卷本),北京:人民出版社,1970年,第1159~1161页。

[②] 中共中央宣传部办公厅,中央档案馆编辑部:《中国共产党宣传工作文献选编(1937—1949)》,北京:学习出版社,1996年,第698~700页。

的宣传，密切上下级宣传机构的联系，在宣传部门中消灭或多或少存在着的无政府状态或无纪律状态。其实，在此之前中共中央曾多次强调宣传机构的请示报告工作。如1926年《关于宣传部工作决议案》指出，中共各区委和地委必须每月汇报本地区本月的宣传工作，包括鼓动成绩、宣传成绩、思想舆论调查、教育成绩、党校成绩、刊物影响等。关于党的节庆日、纪念日宣传工作，中共中央曾规定："凡遇到各种纪念日及大的宣传活动，各地于遵照中央宣传大纲实行之后，当迅速将宣传之经过报告于中央。"[1][2]1948年《规定》又突出强调了以下内容：（1）各地每天或每期党报的大样须交各地党委负责人；经专人审查后付印。（2）凡新的和特别重要的宣传，均应向上级党委请示，对于带有全国性或全党性的问题的言论，均应事前将意见和理由报告中央批准，否则不得发表。（3）各中央局分局宣传部，除每两个月应向中央宣传部做一次政策性报告外，每半年还要作一次系统的情况报告。1948年6月5日《规定》发布后，宣传机构系统内经常的报告制度逐渐建立，各地宣传工作中有关重要问题的请示多起来，中央宣传部与各地关系更为密切，是一个进步。中央宣传部综合全国各地各级宣传部门的报告，于1948年9月30日第一次向毛泽东作书面报告，并于年底就10月、11月两个月中宣部的工作向毛泽东作了报告。

三、落实干部学习制度

干部教育一直是党的宣传工作机构的重要职责。1923年中共中央颁布《教育宣传委员会组织法》明确指出："教育宣传委员会职任，在于研究并实行团体以内之政治上的主义上的教育工作以及团体以外之

---

[1] 才华：《中国共产党幼年时期的宣传工作及其特点》，载《河北学刊》，2011年第4期。

[2] 才华：《节庆日、纪念日：中国共产党的重要宣传资源——以新民主主义革命时期为研究中心》，载《河北大学学报》（哲学社会科学版），2013年第3期。

宣传鼓动。"① 宣传部的根本责任是："对内应利用种种方法给予全体党员以马克思列宁主义理论的和实际的教育,对外应利用各种机会使我们的思想能切实深入一切广大的被压迫群众之中,尤其是工农阶级群众之中。"党员干部的学习教育活动组织领导责任属于各级宣传部,随着宣传机构的不断发展,各级宣传部下设干部教育科,负责制定和落实学习制度,解决必要的物质资料(书籍、费用等),经常检查学习状况并指导之。

毛泽东讲："政治路线确定之后,干部就是决定的因素。因此,有计划地培养大批的新干部,就是我们的战斗任务。"② 在民主革命时期,党员干部的缺乏一直比较突出。以宣传部组织机构为例,到1948年9月中宣部"经过陆续调集,共有二十人,当须加以充实"③。1938年中共六届六中全会后,干部学习教育工作得到高度重视,并掀起了干部学习的热潮。"干部教育工作,在全部教育工作中的比重,应该是第一位的。而在职干部教育工作,在全部教育中的比重,也应该是第一位的。"③ 在这一时期,中共中央、中央宣传部多次发布《中央关于干部学习的指示》(1940年1月3日)、《关于在职干部教育的指示》(1940年3月20日)、《关于加强干部策略教育的指示》(1940年8月13日)等文件,毛泽东、刘少奇、陈云等撰写发表多篇文章,强调干部学习制度的建立,反对学习活动讲形式、走过场,使学习活动收到实效。概括来讲,此时期的干部学习制度具体包括以下内容:

1.成立高级学习组。为提高党内高级干部的理论水平与政治水平,决定成立高级学习组。中央学习组以中央委员为范围,毛泽东为组长,王稼祥为副组长。各中央局、中央分局、区党委或省委、八路军新四军等高级机关均设立高级学习组。各地学习组统归中央学习组管理指导。

---

① 中共中央宣传部办公厅,中央档案馆编辑部编:《中国共产党宣传工作文献选编(1915—1937)》,北京:学习出版社,1996年,第555页。

② 毛泽东:《毛泽东选集》(一卷本),北京:人民出版社,1970年,第492页。

③ 中共中央宣传部办公厅,中央档案馆编辑部编:《中国共产党宣传工作文献选编(1937—1949)》,北京:学习出版社,1996年,第349页,第718页。

2. 规定学习内容。毛泽东在党的六届六中会议上指出:"一般地说,一切有相当研究能力的共产党员,都要研究马克思、恩格斯、列宁、斯大林的理论,都要研究我们民族的历史,都要研究当前运动的情况和趋势。"① 这里强调了干部学习内容的三个重点,即理论学习、历史知识学习、形势与政策学习。中央关于干部学习的指示文件都依此布置学习课程内容,且在规定内容上坚持了"由浅入深""由中国到外国""由具体到抽象"的原则,从党员干部自身的条件和具体情况出发安排适合的课程与内容。如1940年3月20日《中央关于在职干部教育的指示》将在职干部大致分为四类,并分别规定课程:甲、有相当文化理论水准的老干部;乙、文化理论水准都较低的老干部;丙、有相当文化水准的新干部;丁、工农出身的新干部。②

3. 培养良好学风。1941年12月《中共中央关于延安干部学校的决定》指出,干部学生应养成"自由思想、实事求是、埋头苦干、遵守纪律、自动自治、团结互助"的学风。干部学习要依靠自己持久的努力与艰苦的奋斗,没有任何轻便的捷径。中央号召干部学习要养成独立阅读和研究的能力,毛泽东曾用"挤"和"钻"两个字来论述这种学习精神:"工作忙就要'挤',看不懂就要'钻',用这两个法子来对付它,学习是一定可以获胜的。"② 同时干部学习还要坚持理论联系实际的原则,克服理论与实际、所学与所用脱节所导致的主观主义和教条主义。学习马列主义的目的是使干部正确地应用理论去解决中国革命实际问题,而不是死记硬背书本上的各项原则。

4. 保证学习质量。各级宣传部及下设干部教育科是干部学习的管理部门,负有直接的组织、检查、督促与领导之责。中央宣传部为保证干部学习运动的实效,对于在职干部教育实行考核测验与赏罚制度,并在鉴定干部的时候,将学习情况如何作为鉴定标准之一,以调动干

---

① 毛泽东:《毛泽东选集》(一卷本),北京:人民出版社,1970年,第498页。
② 中共中央宣传部办公厅,中央档案馆编辑部:《中国共产党宣传工作文献选编(1937—1949)》,北京:学习出版社,1996年,第142页,第54页。

部学习的积极性主动性。另外，宣传部门还从配备教员和学习辅导员、划拨经费解决必要的物质资料等方面努力改善学习条件。1941年6月《中共宣传部关于党的宣传鼓动工作提纲》指出："党内教育应当具有计划、经常的、不间断地进行。解决党内教育的基本问题就是：（1）供给材料；（2）培养指导员教员；（3）领导机关对学习制度的建立、监督、检查。"①

四、建立对人民群众的宣传网

1949年中华人民共和国成立之后，中国共产党由革命党转变为执政党，党的领导内涵和空间发生了巨大变化。在此背景下，党的宣传工作机构面临一系列新的形势：第一，意识形态领域思想复杂多元。新民主主义革命取得胜利后，帝国主义、封建主义、官僚资本主义"三座大山"已被摧毁，但其思想余毒远未肃清，各种反动思想渗透到社会各个方面，社会上各类反动宣传、政治谣言广泛流传，蛊惑人心。第二，宣传工作重心由大规模群众运动或中心工作的宣传转向经常性的群众宣传。这要求各级宣传工作机构改战争年代"局域性、临时性、突击性"的宣传为"规模化、正规化、制度化"的宣传。第三，宣传机构不健全，宣传干部缺乏，原有建制和规模难以保证执政后党的群众宣传工作全面展开。新中国成立之初，各中央局及中央分局的宣传部一般均只设宣传、教育两处，各省委、地委宣传部干部尤为缺乏。县委宣传部更弱，例如党组织较健全的河北省，其邢台地委所属16个县，有6个县没有宣传部长。

在此背景下，中宣部以党和人民军队战时群众宣传工作经验为基础，参照苏联在群众中设立宣传员、报告员，建立"宣传网"制度的做法，于1950年年初开始在华北、东北、华东、中南等地区试点建立宣传网。1951年1月1日，中共中央正式做出《关于在全党建立对人民群众的

---

① 中共中央宣传部办公厅，中央档案馆编辑部：《中国共产党宣传工作文献选编（1937—1949）》，北京：学习出版社，1996年，第254～255页。

宣传网的决定》①，要求党的每个支部都设立宣传员，在党的各级领导机关设立报告员，有系统地建立对人民群众经常性的宣传网。"宣传网制度是由各级党委主管领导，宣传部门负责实施，以党的各级组织为依托，以报告员和宣传员为核心骨干，包括党的职能宣传部门以及党外群众宣传组织在内的，遍及全国范围的庞大群众思想宣传工作网络体系。②"宣传员和报告员是宣传网的核心骨干。宣传员由党的每个支部挑选党员、团员、人民群众中自愿担任宣传工作的劳动模范及其他革命积极分子担任；报告员是一种高级的宣传员，应是宣传员的领导者，由省市、地方、县和区的人民政府中担任负责工作的党员以及各级党委指定的党员担任。

从机构建设的角度看，中华人民共和国的宣传网建设具有三个特点：一是组织系统性。从中央到地方各级党委、宣传职能部门，再到宣传员、报告员，宣传网形成了自上而下的垂直组织领导系统结构。中央和各级党委通过行政手段或发布工作指示、宣传提纲等，对全国群众宣传工作进行组织和思想上的层层领导。二是宣传队伍广泛性。中共中央《关于在全党建立对人民群众的宣传网的决定》指出，宣传网制度是为了让宣传员、报告员在群众宣传中起到骨干作用，而不是把宣传工作限制在宣传员和报告员的范围内，应善于和各民主党派、各人民团体协同合作，并组织人民政府、人民解放军、文化界、教育界、艺术界的工作人员一同参加，以便在各种特定目标下形成最广大的宣传队伍。宣传网的建立最大限度地动员了社会各方面的力量，形成了一支由党内与党外、专职与兼职、部门与部门之间各行各业人士共同参加，党政工团妇密切配合的庞大的群众宣传工作队伍，推动了宣传工作全面社会化局面的初步形成。三是规模大，覆盖范围广。党中央的《决定》和1951年5月召开的第一次全国宣传工作会议掀起了全国

---

① http://news.xinhua.net.com/ziliao/2004-12/20/content-2358191.htm.
② 王炎：《新中国宣传网制度的建立及其历史经验》，载《北京党史》，2004年第2期。

范围内宣传网建设的高潮。到1952年年底全国共有宣传员379万人，报告员7.5万人，初步形成了在各级党委领导下，以宣传员和报告员为骨干，从上到下层层沟通联系，覆盖机关、厂矿、农村、街道、学校甚至列车等一切社会组织细胞的庞大宣传网络体系。①

---

① 王炎:《新中国历史上的宣传网制度》，载《中共党史资料》，2007年第3期。

第五章　邓小平时期的宣传机构建设理论

"邓小平时期"的时间范围是自 1976 年至 1989 年。1976 年 10 月"四人帮"被粉碎，邓小平第三次复出，在他的领导下，中国这艘遭受重创的"巨轮"再次扬帆起航，驶入改革开放的崭新时代。邓小平以其卓越的政治智慧和创新品格，系统总结了我国社会主义建设正反两方面的历史经验教训，创造性地将马克思主义毛泽东思想与新时期的建设改革实践相结合，为实现我党历史上马克思主义中国化的第二次飞跃——邓小平理论的形成和创立做出了历史性的重大贡献。邓小平理论是涵盖经济政治、科技教育、军事外交、宣传文化等各领域的比较完备的科学理论体系。党的十五大指出，邓小平理论是党和人民实践经验和集体智慧的结晶，邓小平同志是建设有中国特色社会主义理论的主要创造者。

邓小平被称为"改革开放的总设计师"，他实事求是地告诉人们，中国必须从以前非正常、非常态的体制中走出，果断停止阶级斗争，将全部精力用在国家的现代化建设上。"改革是中国的第二次革命"，邓小平时代留给中国最宝贵的财富就是改革开放的精神。具体在宣传机构建设实践和理论方面，邓小平时代的改革开放精神也得到了全面体现。这一时期宣传机构的恢复重建与系统整顿同时展开，宣传工作由以前服务于政治斗争根本转向服务于改革开放和现代化建设的时代主题，在人才队伍建设上提出了革命化、年轻化、知识化、专业化的"四化"目标，政治体制改革得到有力推动。邓小平时代的宣传机构改革思想成为邓小平理论的重要组成部分，进一步发展了中国马克思主义宣传机构建设理论。

第一节　邓小平时期宣传机构建设理论的时代背景

一、历史前提：十年"文革"结束

在党的历史上，"文化大革命"是"左"倾错误指导思想持续时间最长的时期，这场"大革命"对我们党、国家和民族造成的危害是全面而严重的，在政治、思想、党的建设等方面都产生了灾难性的后果。

在政治上，由于极左思潮的影响和林彪、江青两个反革命集团的罪恶活动，党和国家的政治生活遭到巨大破坏，党的组织和政权机构受到空前的浩劫和损失。党和国家的大批领导干部被打倒、遭受迫害，据中央组织部统计，"文革"十年中全国被立案"审查"的干部共230万人，占"文革"前1200万干部的19.2%，此外因冤假错案受到诬陷、迫害和株连的难以计数。① 包括宣传系统在内的党和政府的各级机构受到严重冲击，甚至被"彻底砸烂"，长期陷于瘫痪或不正常状态。党的组织、国家政权、民主和法制遭到极大削弱，纪律约束和规章制度形同虚设，整个社会生活陷入持续不断的动荡之中。

在思想上，"左"倾错误使人们思想僵化，造成极大混乱。"文革"中，"林彪、'四人帮'大搞禁区、禁令，制造迷信，把人们的思想封闭在他们假马克思主义的禁锢圈内，不准越雷池一步。否则，就要追查，就要扣帽子、打棍子。在这种情况下，一些人就只好不去开动脑筋，不去想问题了"②。邓小平指出："思想一僵化，条条、框框就多起来了""思想一僵化，随风倒的现象就多起来了""思想一僵化，不从实

---

① 中共中央党史研究室：《中国共产党历史》（第二卷下册），北京：中共党史出版社，2011年，第967页。

② 中共中央文献编辑委员会：《邓小平文选》（第2卷），北京：人民出版社，1994年，第141页。

际出发的本本主义也就严重起来了。"① "文革"期间,林彪、"四人帮"反党集团任意歪曲和篡改马克思主义基本原理和普通常识,如把"实践是检验真理的唯一标准"的原理篡改为"用最高指示检验一切",把"生产力决定生产关系"的原理篡改为"唯生产力论"加以批判,把"经济基础决定上层建筑"的原理篡改为"上层建筑决定论"等,诸如此类错误甚至荒谬的理论宣传泛滥成灾,造成了人们思想的空前混乱,严重背离了党的实事求是的思想路线。

在党的建设上,"文革"被宣传为中国共产党历史上一次"最广泛、最深刻的整党运动",但实际上情况正好相反,党的建设,无论是组织建设还是作风建设都遭到了极为严重地破坏。党的各级基层组织受到冲击,绝大多数党的组织甚至一度停止了组织生活。中国共产党理论联系实际、密切联系群众、批评与自我批评的优良作风被"四人帮"搞坏了,假话、空话、套话成风,形式主义盛行,无政府主义、自由主义、极端个人主义等各种歪风邪气泛滥开来。"文化大革命"没有给党的建设带来任何积极影响,败坏了党风,搞乱了党的指导思想,降低了党的威信和凝聚力,必须予以彻底否定。

恩格斯讲:"没有哪一次巨大的历史灾难不是以历史的进步为补偿的。"② 1976年10月,"四人帮"被一举粉碎,十年"文革"结束,这为党和国家走出整体性病变和危机带来了转机,尤其是1978年12月党的十一届三中全会更使中国实现了历史性的转折,走上了改革开放和社会主义现代化建设之路。邓小平讲:"过去的成功是我们的财富,过去的错误也是我们的财富,我们根本否定'文化大革命',但应该说'文化大革命'也有一'功',它提供了反面教训。没有'文化大革命'的教训,就不可能制定十一届三中全会以来的思想、政治、组织路线

---

① 中共中央文献编辑委员会:《邓小平文选》(第2卷),北京:人民出版社,1994年,第141页。

② 马克思,恩格斯:《马克思恩格斯全集》(第39卷),北京:人民出版社,1974年,第149页。

和一系列政策。"① 就党的宣传系统来讲,"文革"的结束使党的宣传机构恢复重建成为可能,考察邓小平时期党的宣传机构的作风整顿、队伍建设、机构改革等内容,无不贯穿着对"文革"左倾错误的深刻批判与反思。在此意义上,正确地总结"文化大革命"的严重历史教训,成为了推进党宣传机构建设的宝贵精神财富。

二、现实依托:经济体制与政治体制的全面改革

十一届三中全会作出了改革开放的伟大战略决策,邓小平指出"改革是中国的第二次革命"①,极为精辟地揭示了改革的性质和伟大意义。处于社会主义初级阶段的中国,生产力与生产关系、经济基础与上层建筑之间的矛盾仍是社会的基本矛盾,新中国成立以来逐渐形成的以高度集中统一为特征的经济体制和政治体制,越来越束缚和阻碍生产力的发展。以邓小平为代表的中国共产党人解放思想,实事求是,深刻总结历史经验教训,认识到要振兴中华必须改革,中国已到了非改革不可的地步,否则就是"死路一条"。

邓小平在设计和领导中国社会主义改革的过程中,始终贯穿着全面改革的思路。1987年6月他明确指出:"改革是全面的改革,包括经济体制改革、政治体制改革和相应的其他各个领域的改革。"① 社会主义体制改革的实践证明,要取得社会主义体制改革的成功,必须是政治体制改革与经济体制改革相互配合。邓小平同志认为,改革应该包括政治体制改革。没有政治体制改革,就不能保障经济体制改革的成果。我国改革以农村改革为突破口,果断地废除了政社合一的人民公社体制,正是这种与经济体制改革相适应的政治体制改革,保证了农村经济体制改革的顺利进行。改革从农村推向城市以后,经济体制改革的全面展开和深入遇到了原有政治体制的阻碍。邓小平同志敏锐地觉察到这个问题,反复强调政治体制改革同经济体制改革应该相互配合。而且应该把政治体制改革作为将改革推向前进的一个标志。所以,为了使政治体制改革与经济体制改革相适应、相配合,我们党和

---

① 邓小平:《邓小平文选》(第3卷),北京:人民出版社,1993年,第113页、第237页、第272页。

国家分步骤、有领导、有秩序地进行了政治体制改革，相继出台了许多政治体制改革的措施，包括改善党的领导，党政职能分开，精简机构，转变政府职能，完善人民代表大会制度，完善党领导的多党合作和政治协商制度，加强民主法制建设等。

中国经济体制改革，使高度集中统一的计划经济体制逐渐被打破，在解放生产力的同时，必然对推进宣传机构改革，更新宣传事业发展观念，进而对宣传机构建设与经济体制改革融为一体起到极大地促进作用。经济体制改革带来了新闻、报刊、广播、电视、出版等宣传机构部门从结构布局到经营管理等方面的深刻变革。另外，宣传机构改革本身即是政治体制改革的重要组成部分，宣传部门的党政分开、机构精简、民主化制度化建设等正是政治体制改革的核心内容要求。因此，从某种程度上说，中国的宣传机构改革能否取得真正的突破性成就，关键就在于中国的经济体制改革和政治体制改革能进展到怎样的程度。邓小平是中国整体改革事业的总设计师，在他的领导下，我国经济体制和政治体制全面改革的整体推进，为宣传机构建设和改革提供了坚实的现实依托。

三、科技动力：中国快速掀起信息化浪潮

"信息"概念是舶来品，20世纪80年代初期信息概念的引进，引发了我国宣传界的一场大讨论，也引发了宣传媒介和传播技术的巨大变化。

信息概念由国外输入，引发了我国宣传系统的热烈反响和广泛讨论。在理论方面，信息概念引发了新闻与宣传的关系，事实、信息和新闻三个概念的内涵及关系的争论；在实践上，则产生了对新闻媒介功能的重新定位，即中国的新闻宣传媒介是否应该承载信息传播、服务群众的功能？进而是一个更尖锐的问题：新闻媒体究竟以信息传播为第一功能还是以新闻宣传为第一功能？[1]信息概念之所以能引发如此广泛而深刻的大讨论，有其深层的政治社会原因。改革开放的实施大

---

[1] 李良荣：《十五年来新闻改革的回顾与展望》，载《新闻大学》，1995年第1期。

大刺激了社会对信息的有效需求,在当时我国信息网络十分落后的情况下,各行各业都渴望宣传媒介在积极宣传党的方针政策的同时,能够为其提供更多的经济、生活信息,满足其信息需求。邓小平敏锐地把握世界科技发展动态,对信息概念十分重视。他早在20世纪80年代早期就为新华社的《经济参考报》题词"开发信息资源,服务四化建设",后来他又强调:"我们最大的经验就是不要脱离世界,否则社会信息失灵,睡大觉,而世界技术革命都在蓬勃发展。"[①] 邓小平对信息概念的关注、对信息资源的重视,对当时中国迅速掀起信息化浪潮产生了十分重要的作用。

中国信息化浪潮的兴起,引起了宣传媒介的巨大变化。首先是媒介结构的变化。一大批以提供纯信息尤其是经济信息为主的报纸纷纷创办,电台电视台也纷纷开设以提供经济信息为主的新频道。其次是媒介内容构成的变化。纯信息的新闻逐步在各新闻媒介占据重要地位,从而大大开拓了新闻报道面。再次是新闻报道模式的变化。比如预测性报道、以挖掘"新闻背后的新闻"为使命的深度报道、全方位扫描的立体式报道、纯客观报道等新的报道形式大量出现都和信息观念有密切关系。再如会议新闻改革,过去只见会议不见新闻,现在记者则懂得并尽力跳出会议抓新闻;还有头条新闻改革,不少报纸打出"不拘一格选头条"的口号,把信息量大、具有重大新闻价值的新闻放在突出的版面上等。[②]

信息概念的输入及信息化浪潮的快速兴起,为我国宣传机构调整和改进注入了科技动力。这一时期,我国宣传事业向前迈了一大步,集中体现为广播电视事业的大发展。广播电视以其现代化的宣传手段和信息量大、传播速度快、形象直观等独特优势,成为这个时期主流宣

[①] 雷跃捷,哈艳秋:《邓小平新闻宣传理论研究》,北京:北京广播学院出版社,2002年,第252页。

[②] 李良荣:《十五年来新闻改革的回顾与展望》,载《新闻大学》,1995年第1期。

传媒介的"后起之秀"。新中国成立后,中共中央设"中央广播事业局",管理并领导日益壮大的广播事业。1958 年 5 月,我国开办试验电视节目,中国广播事业由声音广播进展为声象广播。1973 年彩色电视节目的试播又实现了我国电视事业的一个新的飞跃。十一届三中全会后,整个广播电视事业突飞猛进,其特点是:"事业规模大、范围广、速度快,电视事业摆在整个广播电视事业建设的首位,中央和地方都有极大发展,地方发展更快。"[①]1982 年中央决定将中央广播事业局改为中华人民共和国广播电视部,1983 年中央发出 37 号文件指出"广播电视是教育、鼓舞全党、全军和全国各族人民建设社会主义物质文明、精神文明的最强大的现代化工具,也是党和政府联系群众的最有效的工具之一",集中体现了中央对广播电视宣传部门的重视和关怀。[①]

第二节 宣传机构的恢复和整顿

宣传机构是意识形态宣传教育部门,十年"文革"期间,宣传机构的领导权被"四人帮"等极左势力夺取,意识形态领域完全被林彪、江青集团操纵和控制。在此过程中,1966 年中宣部被诬是"阎王殿",导致中共中央宣传部遭受"灭顶之灾"。1967 年 6 月中宣部被宣布撤销,停止工作,党的各级地方宣传部门的命运和中宣部大致一样——被"砸烂",包括中宣部部长陆定一在内的一大批党的宣传干部遭受错误的批判与处理。这样,从中央到地方,党的各级宣传领导机构全部陷入瘫痪状态。"文革"后,党首先夺回被"四人帮"及其帮派长期把持和控制的宣传机构,恢复党领导意识形态的正常秩序。20 世纪 80 年代及其前后是党的宣传工作机构修复性建设时期。它包含着恢复与整顿两个基本方面。一是迅速恢复和重建被"文革"破坏了的各级宣传组织机构和党的宣传工作系统,二是在恢复过程中对"十年文革"给党的机构建设所造成的严重缺陷与弊端进行整顿和修正。这一时期宣传机构

---

① 《光辉的成就(下册)》,北京:人民出版社,1984 年,第 383 页、第 394 页。

的恢复与整顿是一个互相联系不可分割的历史过程。

一、宣传机构的恢复重建

1. 组建中央宣传口

在粉碎"四人帮"后第 10 天,中央决定由中联部部长耿飚兼职,牵头组织一个临时班子,协助中央统管全国的宣传工作,这个临时机构被称为"中共中央宣传口"①。1977 年 1 月 23 日,中共中央批准了《关于中央宣传口的工作任务和组织机构的请示报告》,正式明确了中央宣传口是在党中央的领导下协助中央管理全国宣传的工作机构,并就中央宣传口的工作任务和组织机构作出了指示。

中央宣传口的任务主要是协助中央掌管宣传工作中的路线、政策问题,它与省、市、自治区的宣传部门不发生直接的指导关系。其具体任务包括:了解和研究全国宣传马列主义毛泽东思想、宣传党的路线政策和重大决定的情况,并向中央提出加强和改进的建议;了解和研究各阶级、各阶层的思想动向,向中央提出相应的宣传意见、要点或计划;了解并协助中央组织和审查中央和省、市、自治区的宣传内容,传达中央指示,并组织落实和检查执行;了解和研究对外宣传情况并向中央提出加强和改进的建议等。

中央宣传口具有临时性,组织机构是很精简的,只设业务处和办公室两个部门。业务处负责研究宣传报道、审查稿件、研究全国报刊等工作。办公室负责秘书、人事、行政等工作。全部工作人员只有 60 人左右。在宣传文化系统中,中央宣传口协助中央联系人民日报社、新华社、广播事业局、红旗杂志社、光明日报社、外交出版局、哲学社会科学部。这些部门仍直属中央领导,在组织、行政、政治工作等方面的请示报告,仍按原来的系统办理。②

---

① 江春泽:《在耿飚领导的中央宣传口的日子》,载《炎黄春秋》,2010 年第 4 期。
② 中央宣传部办公厅:《党的宣传工作文件选编②(1976—1982)》,北京:中共中央党校出版社,1994 年,第 513~515 页。

"党的宣传工作极为重要,必须牢牢掌握在党中央的手中。①"到1977年10月底,中央宣传口在近一年的时间内,夺回了被"四人帮"篡夺的宣传大权,使宣传工作重新回到中央革命路线上来。中央宣传口协助中央加强党的宣传阵地建设,发挥了无产阶级舆论宣传的战斗作用,加强了党对宣传工作的统一指导。

2. 重新成立中央宣传部

为适应形势发展的需要,更好地把全国宣传工作管起来,根据中央各宣传单位和地方宣传部门的意见,1977年10月31日中共中央批准了中央宣传口《关于成立中央宣传部的报告》,决定重新成立中央宣传部。《报告》提出了中央宣传部的工作任务、职责范围和组织机构的设想,提出中央宣传部的主要任务是:在党中央领导下,掌握全国宣传、文化、出版工作中的路线、方针、政策问题;明确了中央宣传部对省、市、自治区的宣传部门负有指导责任。中央宣传部的机构设置,本着"精兵减政"的精神设"一室五局":办公室(主管本部政治工作、秘书工作及行政事务工作),理论局(主管理论宣传和学习),宣传局(主管群众性的时事政策教育、党的教育和对外宣传),文化艺术局,新闻局(主管报刊、广播、电视工作),出版局。①

随着中央宣传部及地方各级党委宣传部门的重建,以及中宣部对省、市、自治区宣传部门业务指导关系的加强,长时间遭受"四人帮"严重破坏的党的宣传系统得以重建。党的宣传部门恢复了对意识形态各个部门的指导职权,使党对意识形态工作的领导走向正常化。

二、宣传机构的整顿

十年"文革"虽结束,但极左错误所造成的历史惯力的影响却很难消除。邓小平在1977年中共十届三中全会上讲:"'四人帮'确实把我们的风气搞坏了。'四人帮'的破坏实际上是十年,或者说是十年以上,开始是同林彪结合在一起。他们弄得我们党内同志不敢讲

---

① 中央宣传部办公厅:《党的宣传工作文件选编②(1976—1982)》,北京:中共中央党校出版社,1994年,第517~520页。

话,尤其不敢讲老实话,弄虚作假。"①就宣传机构系统来讲,十年"文革"在砸烂宣传部组织机构的同时,对宣传机构的工作作风、工作方式、管理体制等方面也造成了恶劣的影响,"在'四人帮'的控制操纵下,我们的宣传报道犯了极其严重的错误,极大地损害了党和人民的利益"②。因此,"文革"后在重建宣传机构、恢复宣传系统的同时,还要进行宣传机构的整顿,调整工作目标,改变错误的工作方式,恢复优良工作作风。

1. 调整工作目标

"我们的宣传工作是不能离开当前的中心工作的,并且是为了保证各项中心工作的完成的。"③宣传的中心工作和实际的中心工作应该是一致的。"文革"期间,中国在"极左"错误路线上越走越远,政治斗争统领一切,"以阶级斗争为纲",搞"无产阶级专政下的继续革命"。"四人帮"集团篡夺了中央宣传大权,他们组建"中央组织宣传组",还统管中央党校、人民日报、《红旗》杂志、新华社、中央人民广播事业局、光明日报、中央编译局,这样意识形态领域的领导大权就落入江青集团手中,在意识形态领导体制上形成了"四人帮"一统天下的格局。"四人帮"控制下的宣传路线,混淆是非,颠倒黑白,成为其实现篡党夺权个人野心的工具,对恶化中国政治局势,加剧"极左"错误起到了推波助澜的作用。④

---

① 邓小平:《邓小平文选》(第2卷),北京:人民出版社,1994年,第46页。

② 《光辉的成就》(下册),北京:人民出版社,1984年,第376页。

③ 中共中央宣传部:《毛泽东周恩来刘少奇朱德论党的宣传工作》,北京:中共中央党校出版社,1989年,第37页。

④ 林彪、"四人帮"制造传播了大量反马克思主义谬论,如"天才论""一切从本本出发论""批判唯生产力论""按劳分配产生资产阶级论""全面专政论""党内有一个资产阶级论""社会主义时期只能反右不能反'左'论""儒法斗争论""黑线专政论""三突出论""反对科学是生产力论",等等。见中央宣传部办公厅:《党的宣传工作会议概况和文献(1951—1992)》,北京:中共中央党校出版社,1994年,第250页。

1978年12月的中共十一届三中全会是党历史上又一次具有转折意义的会议,实现了全党工作重心的转移,果断停止使用"以阶级斗争为纲"的口号,作出了把党和国家工作中心转移到经济建设上来、实行改革开放的历史性决策。邓小平讲:"十一届三中全会以来,全党把工作重心转移到社会主义现代化建设上来,在坚持四项基本原则的基础上,集中力量发展生产力。这是最根本的拨乱反正。"① 在全党工作重心实现伟大转移的前提下,宣传战线要及时做出工作目标、根本任务的调整,适应这个伟大的战略转变。时任宣传部长的胡耀邦强调:"宣传工作任何时候都不能离开党的政治路线,我们的责任就在于把广大干部和群众的思想逐步引导到实现四个现代化的政治路线上来。"他简要地概括了宣传部门的根本任务:"按照马列主义、毛泽东思想和党的路线、方针、政策,动员、教育、鼓舞全党、全军、全国各族人民为实现四个现代化而英勇奋斗。"② 由此,宣传机构系统逐渐实现了自身工作目标和根本任务的调整,由以前的政治斗争统领经济建设转变为服务经济建设、服务于"四个现代化",逐步清除"左"的影响,将经济报道放在首位,宣传工作发生了根本性的变化。邓小平讲,宣传部门要做"冷静的促进派",积极行动起来,振奋精神,加强宣传鼓动工作,动员千百万群众把自己的精力集中到高度物质文明和精神文明的建设上来。③ 宣传战线为全党工作重点的转移做出了自己的贡献,"三中全会以来的经济宣传,无论在数量上还是质量上都是历史上最高的。④"

2.改正错误工作方式

宣传机构工作方式的转变集中表现在取消"四大",实行"三不主义"

---

① 邓小平:《邓小平文选》(第3卷),北京:人民出版社,1993年,第141页。

② 中央宣传部办公厅:《党的宣传工作会议概况和文献(1951—1992)》,北京:中共中央党校出版社,1994年,第268页。

③ 中央宣传部办公厅:《党的宣传工作文件选编②(1976—1982)》,北京:中共中央党校出版社,1994年,第916页。

④ 《光辉的成就》(下册),北京:人民出版社,1984年,第567页。

上。所谓"四大",即大鸣、大放、大字报、大辩论,这在"文革"期间作为条文载入宪法之中。"现在把历史的经验总结一下,不能不承认,这个'四大'的做法,作为一个整体来看,从来没有产生积极的作用。应该让群众有充分的权利和机会,表达他们对领导的负责的批评和积极的建议,但是'大鸣大放'这些做法显然不适宜于达到这个目的。①"林彪、"四人帮"利用"四大"作为搞派性活动的一个借口、一种护身符,混淆人民内部矛盾与敌我矛盾的界限,采取搞运动、搞围攻的方式对政治、思想、文化等领域的"敌人"进行无情打击、残酷迫害,导致中国社会迷信盛行、雷区密布,人们不敢越雷池一步。

"三不主义"是指不抓辫子、不扣帽子、不打棍子。"在党内和人民内部的政治生活中,只能采取民主手段,不能采取压制、打击的手段。"①宣传机构与行政、司法、纪律检查部门的一个重要的区别即在于"讲道理",针对思想、文化领域的争论、斗争不宜采取粗暴的强制方法。毛泽东在《关于正确处理人民内部矛盾的问题》中指出:"只有采取讨论的方法,批评的方法,说理的方法,才能真正发展正确的意见,克服错误的意见,才能真正解决问题。"当然,主张"三不主义"并不意味着放弃批评。1980年十一届五中全会通过的《关于党内政治生活的若干准则》中解释说:"所谓不抓辫子、不扣帽子、不打棍子,就是禁止任意夸大一个人的错误,罗织成为罪状,并给予政治上、组织上的打击甚至迫害。"②显然这里将正常的批评与所谓的打棍子等之间的界限划分得很清楚,对于现实中存在的思想问题,批评的武器一定不能丢,只是批评的方法要讲究,分寸要适当。

3. 恢复优良工作作风

邓小平指出长时间的"极左"错误严重损害了党的建设和党的作

---

① 邓小平:《邓小平文选》(第2卷),北京:人民出版社,1994年,第144页,第257页。

② 中央宣传部办公厅:《党的宣传工作会议概况和文献(1951—1992)》,北京:中共中央党校出版社,1994年,第511页。

风，号召全党、全国人民把党的一整套作风恢复起来，发扬起来："我认为，毛泽东同志倡导的作风，群众路线和实事求是这两条是最根本的东西。"① 党的宣传工作机构在"文革"结束后，深入批判林彪、江青集团的历史错误，肃清"左"的流毒，逐渐恢复了实事求是的指导思想和群众路线，实现了工作作风的好转，重获人民的信任。

1978年宣传战线首先支持发动并广泛开展了关于实践是检验真理的唯一标准问题的讨论。这场讨论对破除迷信、解放思想，恢复党实事求是的思想路线发生了深远的影响。② 党的宣传系统也逐渐恢复了实事求是的好作风、好传统。这主要表现在：第一，树立真实性第一、政治性第二的宣传观。在党的宣传史上曾有过丧失真实性传统的时期，1958年"大跃进"时期的宣传有严重的浮夸；"文革"十年间，坏人当道，假话谎话弥漫宣传战线，使宣传部门完全失信于民。十一届三中全会后，宣传真实性传统已有根本好转，批判了"事实为路线服务"的庸俗"政治需要论"，维护宣传的绝对真实，追究失实报道、造假报道的责任。"一切宣传工作都不准讲假话，不管广播、报纸、请示报告、汇报材料，要彻底把讲假话的恶习纠正过来。"③ 第二，克服了报喜不报忧的片面性。在宣传成绩的同时，对于社会上的违法乱纪行为、犯罪行为以及党内不正之风，也加以揭露和批评，得到广大人民群众的好评。"批评性的新闻无论在数量上还是份量上都比过去加重。""十一届三中全会以后恢复和发扬了批评性新闻，是赢得人民信任的重要原因之一。"④ 第三，宣传报道努力克服"长、空、少、慢"，做到"新、短、多、广"④。这在实质上克服了宣传战线长期存在的形式主义。邓小平强调

---

① 邓小平：《邓小平文选》（第2卷），北京：人民出版社，1994年，第45页。
② "关于真理标准问题的争论，的确是个思想路线问题，是个政治问题，是个关系到党和国家的前途和命运的问题。"见邓小平：《邓小平文选》（第2卷），北京：人民出版社，1994年，第143页。
③ 中央宣传部办公厅：《党的宣传工作会议概况和文献（1951—1992）》，北京：中共中央党校出版社，1994年，第281页。
④《光辉的成就》（下册），北京：人民出版社，1984年，第569~570页。

写文章要"短而精",开会要"讲短话,话不离题",宣传要"抓作风,改文风"①。三中全会后,宣传部门注重转变文风,广开门路,宣传内容和形式丰富多样,工作时效性也大为提高。

群众路线是唯物史观的重要内容,是毛泽东思想的"活灵魂"之一,核心内容是"从群众中来,到群众中去"。人民群众是历史的创造者,他们的革命精神、创造性活动、丰富多彩的实际生活,永远是党宣传工作的源头活水。因此深入实际、调查研究是做好宣传工作的关键,全心全意为人民群众服务是宣传机构的宗旨和方向。宣传机构坚持党性原则,绝对服从党的领导是与为人民服务的宗旨一致的,但在"文革"中这种一致性被割裂,宣传部门脱离实际,片面强调主观意图,忽视人民的利益。在"文革"后的宣传机构整顿中,群众路线被迅速恢复,新闻工作者主动深入实际、深入群众,从群众中来到群众中去;新闻宣传部门积极参与社会生活,密切了与广大人民群众的联系。宣传机构各部门在宣传党的路线、政策的同时,积极反映人民的意见、要求和愿望,自觉接受实践的检验和群众的监督。

党的十一届三中全会以后,实事求是、深入实际向群众做调查的好传统在新华社记者中得到了进一步发扬。为了大量掌握第一手资料,写好新闻,充分反映三中全会以来党的路线、方针、政策的威力,反映时代的精神和要求,大批记者不畏酷暑严寒,长年坚持在工农业生产和科研、文教、国防第一线调研、采访,同人民群众广泛接触,同各阶层人士交朋友,听取他们的意见和呼声,进行周密的实地考察,写出了大批有血有肉有见解的报道,对推动党的各项政策的落实,促进各方面工作的开展,保证党的工作重点转移到经济建设上来,起到了很好的作用。②

---

① 新华社新闻研究所:《邓小平论新闻宣传》,北京:新华出版社,1998年。
②《光辉的成就》(下册),北京:人民出版社,1984年,第373页。

第三节　宣传干部队伍的"四化"建设思想

"政治路线确定以后，干部就是决定的因素。"十一届三中全会后，党的工作重点实现了历史性转移，在改革开放开启和社会主义现代化建设逐步全面展开的新形势下，党的干部队伍年龄老化及其素质状况与现代化建设不相适应的问题开始凸显，如何加强干部队伍建设成为迫在眉睫的重大现实课题。

确立干部队伍"四化"建设方针是这一时期推进干部队伍建设迈出的重大一步，"四化"是指革命化、年轻化、知识化、专业化。1981年党的十一届六中全会通过的《关于建国以来党的若干历史问题的决议》要求在坚持革命化的前提下逐步实现各级领导人员的年轻化、知识化和专业化。这是党的重要文献第一次提出干部队伍"四化"方针。1982年党的十二大《党章》正式确立这一方针，规定"党按照德才兼备的原则选拔干部，坚持任人唯贤，反对任人唯亲，并且要求努力实现干部队伍的革命化、年轻化、知识化、专业化"。"四化"成为新时期干部队伍的综合要求，也成为党的宣传机构人才队伍建设的指导方针。

一、重视宣传干部的"革命化"

"革命化"是对宣传干部政治素质提出的要求。

宣传机构是党对意识形态进行领导和控制的关键部门。"执政党正是通过宣传文化干部的配备调整或推荐，掌握国家意识形态机器，实现党的政治领导。"[①] 宣传干部掌握着现代化"最强大的"宣传工具，通过报刊、广播、电视等向广大民众进行主流意识形态宣传教育，这对宣传干部的政治素质提出了非常高的要求。宣传干部的政治素质是否过硬直接关系到意识形态工作的实效，甚至会影响国家和社会的安全

---

① 陈丽凤：《中国共产党领导体制的历史考察（1921—2006）》，上海：上海人民出版社，2008年，第348页。

团结大局。

"革命化"是干部"四化"综合要求的基础和前提,邓小平反复强调了"革命化"的基础地位:"提出年轻化、知识化、专业化这三个条件,当然首先是要革命化,所以说要以坚持社会主义道路为前提。"① 作为宣传干部始终把党性放在第一位,集中体现了"革命化"的政治素质。坚持党性第一,首先,要无条件地宣传党的主张,围绕全党的路线布置,大力宣传新时期党的总路线、总任务。"中央决定了的东西,党的组织决定了的东西,在没有改变以前必须服从,必须按照党的决定发表意见,不允许对党中央的路线、方针、政策任意散布不信任、不满和反对的意见。党报党刊一定要无条件地宣传党的主张。"① 其次,要积极主动、理直气壮而又有说服力地宣传四项基本原则。"我们坚持四项基本原则,就是坚持社会主义,坚持无产阶级专政,坚持马列主义、毛泽东思想,坚持党的领导,这四个坚持的核心,是坚持党的领导。"① 宣传干部要理直气壮地宣传四项基本原则,为改革开放和社会主义现代化建设事业提供政治保障。再次,要坚决抵制"精神污染",反对资产阶级自由化思潮。中国封建文化影响深远,林彪、"四人帮"的流毒不可能在短时间内肃清,加之改革开放过程中西方腐朽文化思潮的涌入,使中国思想文化领域出现了"精神污染",资产阶级自由化思潮更是打着"自由""民主""人权"的旗号进行反党反社会主义的煽动。党的宣传部门干部应以高度的"革命化"觉悟抵制精神污染,反对资产阶级自由化思潮。

宣传干部"革命化"的目标是成为"人类灵魂工程师"。邓小平在1983年《党在组织路线和思想路线的迫切任务》中指出:"思想战线上的战士,都应当是人类灵魂的工程师。……作为灵魂工程师,应当高举马克思主义的、社会主义的旗帜,用自己的文章、作品、教学、讲演、表演,教育和引导人民正确地对待历史,认识现实,坚信社会主义和党的领导,鼓舞人民奋发努力,积极向上,真正做到有理想、有道德、

---

① 邓小平:《邓小平文选》(第2卷),北京:人民出版社,1994年,第266页、第272页、第361页。

有文化、守纪律,为伟大壮丽的社会主义现代化建设事业而英勇奋斗。"①但在现实中,有少数人背离四项基本原则,无视"为人民服务,为社会主义服务"的方向,与时代和人民对他们的要求背道而驰,搞精神污染,破坏安定团结的大局,玷污了"人类灵魂工程师"的光荣称号。因此从"革命化"的要求出发,建设一支强有力的宣传工作队伍,还要警惕和调整"三种人":"'文化大革命'中追随林彪、江青集团造反起家的人;帮派思想严重的人;打砸抢分子。"①"我们在这点上一定要头脑清醒。跟随林彪、江青一伙造反起家的人,帮派思想严重的人,打砸抢分子,绝对不能提上来,一个也不能提上来,已经在领导岗位的,必须坚决撤下去。如果不提高警惕,让他们占据领导岗位,重新耍两面派,扎根串连,隐蔽下来,即使是少数人,也可能给我们带来无法预料的祸害。"②

二、实现宣传干部的"年轻化"

"年轻化"是针对宣传干部队伍年龄结构调整提出的要求。

粉碎林彪、"四人帮"之后,随着平反冤假错案、拨乱反正的工作进程,很多老同志回到原来的工作岗位或担任相当原来职务的工作。在"文化大革命"期间,我们的大批干部遭到了林彪、"四人帮"的迫害,干部队伍遭到严重破坏,老同志原则性强、革命经验丰富,在"文革"结束后,请老同志恢复工作、主持大局在一定时间阶段是必要的。但另一方面,各级领导班子岁数太大,精力不够,造成了各级领导人员普遍老化的状况。在此形势下,善于发现、提拔以至大胆破格提拔中青年优秀干部,已成为国家现代化建设事业客观存在的迫切需要。

邓小平指出:"领导制度、组织制度问题更带有根本性、全局性、稳定性和长期性。"②为此他积极推动干部制度改革,为实现新老干部

---

① 邓小平:《邓小平文选》(第3卷),北京:人民出版社,1993年,第393页,第40页。

② 邓小平:《邓小平文选》(第2卷),北京:人民出版社,1994年,第323~324页、第333页。

正常交替，保持干部队伍的生机与活力提供制度保证。干部制度改革是以废除干部职务终身制为突破口的。1980年8月邓小平在召开的政治局扩大会议上指出，废除干部职务终身制"关键是要健全干部的选举、招考、任免、考核、弹劾、轮换制度，对各级各类领导干部（包括选举产生、委任和聘用的）职务的任期，以及离休、退休，要按照不同情况，作出适当的、明确的规定。任何领导干部的任职都不能是无限期的"①。1982年中共十二大党章对干部离休、退休，废除干部职务终身制的方针作了明确规定，从此干部制度改革开始取得实质性进展。党中央率先垂范，在新老交替上取得了显著成效，一大批德高望重的老同志从第一线退出，并纷纷减少兼职，给中青年同志腾出台阶，为年轻干部脱颖而出创造条件。"干部年轻化，要当做体制改革的一个中心目标。"①同时，提拔年轻干部，实现干部队伍的"年轻化"还要做好新老结合。老同志是党和国家的宝贵财富，责任重大。除了要把帮助党组织正确选择接班人作为第一位的庄严职责，还要进行"传帮带"，做好新同志的顾问和参谋，支持他们的工作。

出于改革开放和社会主义现代化建设新形势新要求的迫切性，邓小平强调在人才建设指导思想上，要解放思想，打破常规，破格提拔人才。"现在有些地方对选进领导班子的年轻人，还是论资排辈，发挥不了他们的作用。我们的人才是有的，关键是要解放思想，打破框框。只要我们敢于把他们提起来，让他们在其位，谋其政，经过一两年就能干起来了。"①邓小平批评了我国选拔干部制度的落后，指出："论资排辈是一种习惯势力，是一种落后的习惯势力"，在这一点上要学习资本主义国家在发现人才、使用人才方面的"大胆"做法，不论资排辈，凡是合格的就使用，"我们要破格选拔人才，不要按老规矩办事，要想到这是百年大计"①。

根据中央干部制度改革和"年轻化"的方向要求，宣传机构系统调

---

① 邓小平：《邓小平文选》（第2卷），北京：人民出版社，1994年，第331~332页、第410~411页、第193页、第225页。

整了省、市、自治区各级党委宣传部门的领导班子。截至1983年7月13日,已经有26个省、市、自治区配备了宣传部长,其中有15人是省委常委。新任的26名宣传部长平均年龄54岁,比原任宣传部长平均年龄降低8.6岁,在宣传干部"年轻化"建设方面迈出了坚实的步伐。①

三、倡导宣传干部的"知识化"

"知识化"是对宣传干部知识水平提出的要求。

在"四人帮"当道的时期,知识被当作"毒草",知识分子被诬为"臭老九",鼓吹"宁要没有文化的劳动者",妄言"知识越多越反对",把既无知识又反动的交白卷的小丑捧为"红专"典型,却把孜孜不倦、刻苦钻研、为祖国的科技事业做出贡献的好同志诬蔑为"白专"典型。这是一种是非关系、敌我关系的颠倒。②邓小平重新恢复了知识的尊严,否定了"两个估计"③,在全社会重新兴起尊重知识、尊重人才之风。针对党的干部队伍建设,注重通过离职轮训、短期培训、党校培养等多种形式提高干部队伍整体的知识水平。以宣传机构系统为例,截至1983年7月,在全国配备的26个省、市、自治区宣传部长中,具有大专文化程度的有20人,占76.9%,比原任部长提高了38.9%。④

邓小平还从四个现代化建设的大局出发强调干部"知识化"的重要性:"靠空讲不能实现现代化,必须有知识,有人才。"②就宣传机构系统来讲,要从三个方面努力实现宣传干部的"知识化"。

---

① 中央宣传部办公厅:《党的宣传工作会议概况和文献(1951—1992)》,北京:中共中央党校出版社,1994年,第712页。

② 邓小平:《邓小平文选》(第2卷),北京:人民出版社,1994年,第40页,第92页。

③ 邓小平:所谓"两个估计",即文化大革命前十七年教育战线是资产阶级专了无产阶级的政,是"黑线专政";知识分子的大多数世界观基本上是资产阶级的,是资产阶级知识分子。见邓小平:《邓小平文选》(第2卷),北京:人民出版社,1994年,第66页。

④ 中央宣传部办公厅:《党的宣传工作会议概况和文献(1951—1992)》,北京:中共中央党校出版社,1994年,第712页。

第一，认真学习马列主义，完整准确地理解毛泽东思想。社会主义中国的宣传机构是党的耳目喉舌，宣传干部应坚持坚定的马列主义立场，不断提高政治素养，这要求宣传干部一定要认真读、熟读马列。毛泽东思想是马列主义在中国的继承和发展，要完整地准确地理解毛泽东思想，将毛泽东的晚年错误与毛泽东思想理论体系区别开来。"宣传干部一定要认真读书，这是宣传干部分内的事，是重要业务之一。"①邓小平、陈云等都强调全党的各级干部应在繁忙的工作中保证一定的时间，熟悉马克思主义的基本理论，学习毛泽东思想。在学习过程中，一方面要坚持实事求是的原则，避免林彪、"四人帮"的教条主义、本本主义，将毛泽东思想同马列主义割裂开来，歪曲、损害毛泽东思想的做法；另一方面要发扬理论联系实际的优良传统，面向社会主义现代化伟大实践，注重调查研究，提高宣传工作的能动性、目的性和有效性。"马克思主义理论从来不是教条，而是行动的指南。它要求人们根据它的基本原则和基本方法，不断结合变化着的实际，探索解决新问题的答案，从而也发展马克思主义理论本身。"②

第二，提高理论研究能力，组织理论宣传队伍。理论来源于实践，生机勃勃的、鲜活的社会主义现代化建设实践必然会催生出许多新的理论问题和理论难题，这对宣传干部队伍的理论宣传和理论研究能力提出了挑战。改革开放初期的中国，各种思想文化、理论思潮此起彼伏，错综复杂。部分林彪、"四人帮"派系分子不甘心退出历史舞台，"极左"路线仍有一定影响；国门打开后，随着西方文化观念、行为方式的涌入，中国出现了"人性论""民主""自由"等为主题的思想论争；加之推进社会主义现代化建设和开启改革开放所带来的诸多重大现实问题，都需要宣传部门、理论界作出回应和解答。邓小平强调："哲学、社会科学同自然科学一样，决不能忽视基础理论的研究，这些研究是

---

① 中央宣传部办公厅：《党的宣传工作会议概况和文献（1951—1992）》，北京：中共中央党校出版社，1994年，第301页。

② 邓小平：《邓小平文选》（第3卷），北京：人民出版社，1993年，第146页。

理论工作的任何巨大前进所不可缺少的。"①所以宣传干部一方面要加强自身理论研究和宣传的能力,另一方面要组织一支有较高理论水平和写作能力的理论队伍,深入研究中国实现四个现代化所遇到的新情况、新问题,写出有质量、有水平的文章,作出有重大指导意义的理论答案,廓清错误,解疑释惑,做出宣传工作者及理论工作者对马克思主义、对社会主义现代化建设的重大贡献。

第三,认真研究宣传工具,追踪宣传工作的现代化。社会主义现代化建设是全方位的,宣传机构在改革开放初期面临着宣传工具、手段和宣传技术现代化的问题。邓小平在1950年曾强调宣传工具的重要性:"拿笔杆子中,作用最广泛的是写文章登在报纸上和出小册子,再就是写好稿子到广播电台去广播。出报纸、办广播、出刊物和小册子,而又能做到密切联系实际,紧密结合中心任务,这在贯彻实现领导意图上,就比其他方法更有效、更广泛,作用大得多。"②20世纪70年代末80年代初,伴随着世界科技浪潮及传播技术的突飞猛进,广播电视作为一种现代化的宣传手段成为整个宣传战线的重要组成部分。"广播电视是教育、鼓舞全党、全军和全国各族人民建设社会主义物质文明、精神文明的最强大的现代化工具。"③但改革开放之初,我国宣传战线的技术设备和经营管理都相当落后,电影、电视、广播、通讯、印刷出版等方面不但大大落后于美、苏、日和西欧,而且落后于某些第三世界国家。为此,在1980年全国宣传工作会议上,胡耀邦提出:"要认真研究一下宣传工具的现代化问题。"一方面强调要把宣传方面技术装备的革新和发展纳入国家计划和长远规划,另一方面要注重培养刻苦钻研现代传播技术、追踪宣传工作现代化的宣传技术人员。"党必须特别注意培养精通生产技术和其他各种专门业务知识的干部,因为这是

---

① 邓小平:《邓小平文选》(第2卷),北京:人民出版社,1994年,第179页。
② 邓小平:《邓小平文选》(第1卷),北京:人民出版社,1994年,第145页。
③ 中央宣传部办公厅:《党的宣传工作文件选编④(1988—1992)》,北京:中共中央党校出版社,1994年,第1103页。

建设社会主义的基本力量。"① 在党和政府的领导和关怀下,依靠广大人民群众的热情支持,经过宣传战线的努力奋战,我国广播电视事业在短时间内取得了很大的发展。到 1983 年底,全国广播电台发展到 122 座,全部发射电力相当于建国初期的 250.9 倍,全国电视台发展到 52 座,一个以中央人民广播电台、中央电视台为中心的、遍及全国的广播电视宣传网正在逐步形成和完善。②

四、追求宣传干部的"专业化"

"专业化"是对宣传干部专业能力提出的要求。

与毛泽东一样,邓小平也主张建设人才队伍要坚持"又红又专"的标准,并分析了红与专的关系:"专并不等于红,但是红一定要专。不管你搞哪一行,你不专,你不懂,你去瞎指挥,损害了人民的利益,耽误了生产建设的发展,更谈不上是红。"①邓小平就这一时期的干部队伍进行了分析:"现在我们的干部……就绝对数字来说,并不算多。问题是干部构成不合理,缺乏专业知识、专业能力的干部太多,具有专业知识、专业能力的干部太少。"①他要求干部无论在什么岗位上都要学习专业知识、提高专业能力,要按照专业的要求组织领导班子,充分发挥专业人才的作用。

宣传干部的"专业化"首先要求宣化干部要热爱宣传工作,做到敬业爱岗。要物色一批年富力强的,真正读了一点书,能够钻研问题的,能够搞调查研究,有志向、有兴趣从事宣传工作的同志做宣传部的干部。兴趣是最好的老师,热爱是干好工作的强大精神动力,对于不愿意从事宣传工作的不要勉强。另外,对不适合做宣传工作的那些人,文化太低的,思想路线很不端正的,要逐步地从宣传单位调开。还有一些好同志,水平低,不能胜任自己担负的工作,对这些同志最好采取训练提高的办法。

---

① 邓小平:《邓小平文选》(第 1 卷),北京:人民出版社,1994 年,第 251 页、第 262～263 页。

②《光辉的成就》(下册),北京:人民出版社,1984 年,第 379～380 页。

其次，宣传干部要把握宣传工作规律，做宣传系统的"专门家"。为适应现代化建设的要求，国家经济结构中的领导干部要成为专门家，政府部门的负责工作人员要成为专门家，同样，党的宣传工作人员、干部也应该刻苦钻研业务，把握宣传工作规律，成为专门家。社会主义现代化建设和改革开放的发展会不断遇到新的实践和理论问题，我们需要解决的问题非常多，在每个问题上都需要专门家。无论哪一级党委宣传机关的工作人员都应努力把自己培养成专门家，充分了解实际情况，提出比较系统的解决问题的意见。这些意见不是出于空想，而是研究实际情况、总结实际经验得来的。宣传部里确实应该有实实在在的专家，完全应该进行充分的理论研究，甚至著书立说，针对重大的现实或理论问题提出比较系统、比较成熟的意见。只有逐步用专家取代非专家，我们党和国家宣传战线的领导干部、工作人员才能把工作提高到完全熟练的水平。

再次，宣传干部要重点做好思想政治工作，维护安定团结大局。思想政治工作是宣传干部的中心工作，宣传工作的中心问题是思想政治问题。[①] 思想政治工作关系到国家的安全稳定大局，宣传干部必须以高度的政治责任感和党性原则做好思想政治工作，坚决地执行党的路线、方针、政策，一以贯之地坚持"一个中心，两个基本点"的基本路线，旗帜鲜明地与资产阶级自由化思潮以及西方的"和平演变"图谋作长期、坚决地斗争，真正让社会主义思想占领意识形态阵地，为稳定政局、发展经济、深化改革、加强党的建设做出不懈努力。

第四节 宣传机构改革思想

邓小平被称为改革开放的总设计师，改革既包括经济体制改革，也包括政治体制改革。改革政策被提出时，就包括政治体制改革："改

---

① 中央宣传部办公厅：《党的宣传工作会议概况和文献（1951—1992）》，北京：中共中央党校出版社，1994年，第350页。

革,应该包括政治体制的改革,而且应该把它作为改革向前推进的一个标志。"① 经济体制改革与政治体制改革是密切联系在一起的:"现在经济体制改革每前进一步,都深深感到政治体制改革的必要性。不改革政治体制,就不能保障经济体制改革的成果,不能使经济体制改革继续前进,就会阻碍生产力的发展,阻碍四个现代化的实现。"① "进行政治体制改革的目的,总的来讲是要消除官僚主义,发展社会主义民主,调动人民和基层单位的积极性。要通过改革,处理好法治和人治的关系,处理好党和政府的关系。党的领导是不能动摇的,但党要善于领导,党政需要分开,这个问题要提上议事日程。"政治体制改革的内容,首先是党政要分开,第二个内容是权力要下放,第三个内容是机构要精简。①

机构改革是政治体制改革的重要内容,邓小平将机构改革作为20世纪最后20年内要抓紧的四件工作之一。② 1988年全国宣传部长会议根据政治体制改革的原则和要求,提出了宣传部门改革的方向和大体思路:实行党政分开,将属于政府职能范围的事交给政府有关部门去办;注重调查研究,及时、准确、系统地把握群众思想脉搏、社会舆论动向以及意识形态领域内的各种信息和带有倾向性的问题;指导思想政治工作,协同各部门和群众团体研究新形势下思想政治工作的经验和问题,发挥综合研究和宏观指挥的作用;加强对意识形态工作的方针、政策以及重大立法问题的研究,为党委加强领导提供依据、提出建议;根据党委的授权和规定,对思想文化部门的工作进行指导、联系和协调;

---

① 邓小平:《邓小平文选》(第3卷),北京:人民出版社,1993年,第160页、第176~177页。

② 邓小平:邓小平在1982年中共第十二次全国代表大会开幕词中,提出在20世纪末的最后20年内要抓紧四件工作:进行机构改革和经济体制改革,实现干部队伍的革命化、年轻化、知识化、专业化;建设社会主义精神文明;打击经济领域和其他领域内破坏社会主义的犯罪活动;整顿党的作风和组织。详见邓小平:《邓小平文选》(第3卷),北京:人民出版社,1994年,第3页。

抓好宣传和文化队伍的建设,密切同意识形态领域各方面知识分子的联系。①在本章前两节中,关于机构工作方式的改变、干部队伍结构的调整等已属机构改革的范畴,本节重点从四个方面论述宣传机构改革思路。

一、实行党政分开

邓小平从加强党的领导、改善党的建设的角度强调党政分开的重要性:"中央认为,从原则上说,各级党组织应该把大量日常行政工作、业务工作,尽可能交给政府、业务部门承担,党的领导机关除了掌握方针政策和决定重要干部的使用以外,要腾出主要的时间和精力来做思想政治工作,做人的工作,做群众工作。如果一时还不能完全做到这一点,至少也必须把思想政治工作放在重要地位上,否则党的领导既不可能改善,也不可能加强。"②1980年邓小平在《党和国家领导制度的改革》中指出要逐步进行重大改革,"真正建立从国务院到地方各级政府从上到下的强有力的工作系统。今后凡属政府职权范围内的工作,都由国务院和地方各级政府讨论、决定和发布文件,不再由党中央和地方各级党委发指示、做决定。政府工作当然是在党的政治领导下进行的,政府工作加强了,党的领导也加强了"②。

早在新中国成立之初,随着政府系统的建立和逐步完善,中共中央就宣传系统的党政分开已明确作出指示。1949年12月5日,中共中央在《关于中央政府成立后党的宣传部门工作问题的指示》中指出:"在中央政府未成立前,党的中央宣传部不得不实际上暂时代替中央政府的文教机关,管理国家的文化教育工作。""现在,中央政府已经成立,管理全国文化教育事务的中央人民政府政务院文化教育委员会及其所属之各部、院、署已先后成立。原本部所属之新华社已改为国家通讯社,

---

① 中央宣传部办公厅:《党的宣传工作会议概况和文献(1951—1992)》,北京:中共中央党校出版社,1994年,第862页。

② 邓小平:《邓小平文选》(第2卷),北京:人民出版社,1994年,第339~340页、第365页。

广播事业管理处已改为广播事业局,均隶属于新闻总署。""全国的文化教育的行政工作,此后均应经中央政府文教部门来管理。""目的在于使中央政府文化教育委员会及其所属各部门,在党(通过政府党组)的领导和党外民主人士的参与下负起管理全国文化教育行政的任务,以便党的中央宣传部和各级宣传部能够摆脱行政事务,集中注意于党内外的思想斗争、党的宣传鼓动工作的领导和党的文化宣传政策的制定。①"

但是,党政分开不是一蹴而就的。在很长一段时间内,不少地方宣传部代替政府直接管教育、卫生、体育等行政工作,应该尽快改变这种党政不分的状况,发挥政府文教职能机构的作用。有时宣传部门甚至代替执法机构去裁判是非,这在很大程度上干扰了正常的民主、法制建设。20世纪50年代,随着"宣传网"建设规模的不断扩大,有些地区和部门的宣传网组织甚至形成了独立于党、政、工、团之外的另一套组织机构,设有"留网查看"的处分和"组织介绍信"等专门规定,以致引起人们对宣传工作的反感。②应把宣传教育工作同政法工作严格区别开来,抓人、惩办人,这是政法部门的事情,是纪律检查委员会的事情。宣传教育与政法部门执行法纪是相辅相成的,但政法部门要执行党纪国法,而宣传部门重在说理。党委包揽行政事务、党政不分容易造成权力高度集中,导致党不管党,缺少监督,在组织、思想上产生错误。1983年宣传工作要点中强调,要认真抓紧宣传部门本身的改革,实行党政分开。"党委宣传部门的主要任务是抓思想、抓理论、抓政策,当好党委的哨兵、参谋和助手,坚决摆脱一些应由政府管的行政事务。即使确实需要宣传部门牵头的事,也要坚持党委统一,政府具体指挥各部门分负其责。"③

---

① 涂昌波:《新中国60年来广播电视发展政策演进初探》,载《现代电视技术》,2009年第10期。

② 王炎:《新中国宣传网制度的建设及其历史经验》,载《北京党史》,2004年第2期。

③ 中央宣传部办公厅:《党的宣传工作会议概况和文献(1951—1992)》,北京:中共中央党校出版社,1994年,第638~639页。

二、精简工作机构

1982年1月13日,邓小平在中共中央政治局会议上作了《精简是一场革命》的讲话,从而开始了建国以来规模较大、目的性较强的一次建设和完善各级机关的改革。邓小平指出机构精简就是"消肿","如果不搞这场革命,让党和国家的组织继续目前这样机构臃肿、重叠、职责不清,许多人不称职、不负责,工作缺乏精力、知识和效率的状况,这是不可能得到人民赞同的"①。邓小平讲,机构精简这场革命不是对人的革命,而是对体制的革命,这场革命不搞,不只是四个现代化没有希望,甚至要涉及到亡党亡国的问题。"如果不进行这场革命,不论党和政府的整个方针、政策怎样正确,工作怎样有成绩,我们都只能眼睁睁地看着党和政府的机构这样地缺少朝气、缺少效率,正确的方针、政策不能充分贯彻,工作不能得到更大的成绩。"①

据统计,到1982年6月底,中共中央和国务院经过精简机构,国务院所属部委、直属机构和办公机构,由100个截并为60个,工作人员总编制缩减1/3左右。仅据38个部委统计,正副部长、主任共减少67%,在新的领导班子中新选拔的中青年干部占32%,平均年龄由64岁降到58岁。中共中央直属单位、局级机构减少11%,工作人员总编制缩减17.3%,各部委的正副职减少15.7%。在新的领导班子中,新选拔的中青年干部占16%,平均年龄由64岁降到60岁。机构臃肿、人浮于事、领导班子老化的现象得到了初步改善。②

此次机构改革决心大,历时3年之久;范围广,涉及各级党政机关。国务院及中央各部委率先着手精简机构,形成了典型经验。中央宣传部掌管的单位很多,可以说是党内掌管单位最多的部门之一,工作范围涉及理论、教育、文艺、新闻出版、文物、群众文化,还有对外宣

---

① 邓小平:《邓小平文选》(第2卷),北京:人民出版社,1994年,第396页,第397页。

② www.people.com.cn/CB/shizheng/252/5580/5581/20010612/487205.html

传等。① 根据机构改革、机构精简的工作精神，宣传部积极行动，重新调整和确定各机构的领导干部定额和编制，并于1982年4月6日由中央讨论批准（具体任职名单如下）。

一、中央宣传部
  部   长 邓力群
  常务副部长 郁 文
  副 部 长 王慧德 贺敬之
  顾   问 周扬 廖井丹

二、人民日报社
  社   长 胡绩伟
  社务委员 安岗 丁济沧 翟向东 郭渭
  总 编 辑 秦川
  副总编辑 李庄 王若水 谭文瑞

三、红旗杂志社
  总 编 辑 熊复
  副总编辑 王忍之 马仲扬
  顾   问 林肖硖

四、光明日报社
  总 编 辑 杜导正
  副总编辑 王强华 鲁淳
  顾   问 杨西光 殷参

---

① 1978年7月，经中央同意，中央宣传部协助中央在业务上指导中央所属的人民日报社、红旗杂志社、光明日报社、中央编译局和国务院所属的文化部、新华社、中央广播事业局、中国社会科学院、国家出版局、国家文物局，共十个单位。各单位的路线、方针、政策和事业发展规划（包括机构的设置），要向中央宣传部请示报告。参见中央宣传部办公厅：《党的宣传工作文件选编②（1976—1982）》，北京：中共中央党校出版社，1994年，第602页。

五、新华通信社

社　　长　穆　青

副社长　冯　健　曾建徽

顾　　问　曾　涛　邓　岗①

在领导机构方面，邓小平的着眼点在于消除权利过分集中、兼职副职过多等弊端。1980年8月中央政治局扩大会议上，邓小平就国务院领导成员的调整讲道："王任重同志因任党内重要职务（时任中央宣传部长），也不再兼任副总理。"②此次同时调整的还有李先念、陈云、徐向前、王震和邓小平同志，都不再兼任副总理，为以后党和国家领导体制及领导机构的改革起到了很好的示范作用。邓小平指出："一个人的知识、经验、精力有限，左右上下兼职过多，工作难以深入，特别是妨碍选拔更多更适当的同志来担任领导工作。副职过多，效率难以提高，容易助长官僚主义和形式主义。"②

三、克服涣散软弱

十一届三中全会后，在全国着重纠正"左"倾、拨乱反正的过程中，中国又出现了一股反党、反社会主义的资产阶级自由化思潮。邓小平指出了资产阶级自由化思潮的客观的社会历史原因："主要是十年动乱的后遗症，同时也是由于外来资产阶级思想的侵蚀。"②针对资产阶级自由化的错误倾向，包括宣传思想战线在内的较大范围存在一种"涣散软弱"的状态，即对这种错误倾向斗争不力，没有进行教育、批评以至必要的斗争，甚至在自由化思潮泛滥过程中起到了推波助澜的作用。"不仅文艺界，其他方面也有类似的问题。有些人思想路线不对头，同党唱反调，作风不正派，但是有人很欣赏他们，热心发表他们的文章，

---

① 中央宣传部办公厅：《党的宣传工作文件选编②（1976—1982）》，北京：中共中央党校出版社，1994年，第945～946页。

② 邓小平：《邓小平文选》（第2卷），北京：人民出版社，1994年，第320～321页、第390页。

这是不正确的。"①"必须如实地看到,在理论、新闻、文艺、出版界中,资产积极自由化思潮严重泛滥。一些新闻出版单位、社会科学研究机构、文学艺术团体发生了政治方向的错误,影响极坏。"②从社会主义现代化建设和安全稳定的大局出发,宣传思想战线的这种涣散软弱状态必须予以扭转。

造成宣传思想战线涣散软弱状态的原因,一方面是对资产阶级自由化思潮的本质及危害认识不深刻。前期在反对"文化大革命"的"左"倾错误、拨乱反正上,广大干部和群众都取得了共识,因为"文革"搞到最后已经是天怒人怨,人们深受其害,都切身体验到"文革"对我们国家、民族和人民所造成的巨大危害,因此"四人帮"倒台后的拨乱反正进行得很顺利,人们容易接受。而对于资产阶级自由化思潮,很多人没有认识清楚其反党、反社会主义的本质,而被其宣讲的"自由""民主"这一套"时髦"的理论所迷惑和吸引,特别是一些年轻人甚至觉得这些东西很不错,从而造成思想混乱。另一方面是由于在思想界流行着一些错误观点和做法,主要包括:

1. 丢掉了批评和自我批评的优良传统。批评与自我批评是党保持自身生机与活力,推进自身建设的一大优良传统,但处于涣散软弱状态的宣传部门面对错误倾向却不敢批评,怕被说成"打棍子"。甚至有同志担心,开展批评与自我批评会危害十一届三中全会以来解放思想、生动活泼的政治局面。正确地开展批评和思想斗争不会危害这种局面,而不开展正确的批评和思想斗争一定会危害它。流水不腐,户枢不蠹,正常的批评与自我批评正是社会主义社会安定团结、生动活泼、思想解放、文化繁荣所必需的健康状态,没有批评与自我批评,才真正会变成一潭死水。所以邓小平强调:"批评的方法要讲究,分寸要适当,不要搞围攻、搞运动。但是不做思想工作,不搞批评和自我批评一定

---

① 邓小平:《邓小平文选》(第2卷),北京:人民出版社,1994年,第396页。
② 中央宣传部办公厅:《党的宣传工作会议概况和文献(1951—1992)》,北京:中共中央党校出版社,1994年,第942页。

不行。批评的武器不能丢。"①

2. 曲解了"双百方针"。毛泽东提出"双百"方针的基本点是在学术上实行民主讨论,在艺术上实行自由竞赛,但是一些同志把这个方针曲解为脱离原则,想写什么就写什么,想说什么就说什么,想宣传什么就宣传什么,想发表什么就发表什么,谁也不能批评和干涉。这就必然导致否认党对宣传思想理论工作的正确领导的必要性,认为党的领导是限制和束缚,从而力图加以抵制和摆脱。邓小平深刻地指出,有些人把"双百"方针理解为鸣放绝对自由,甚至只让错误的东西放,不让马克思主义争,这就把"双百"方针这个无产阶级的马克思主义的方针,曲解为资产阶级的自由主义的方针了。②

3. 把社会主义民主和党的领导对立起来。"四人帮"粉碎后,特别是十一届三中全会以后,我们一直在努力发扬民主。进行政治体制改革的总方向,也是为了发扬和保证党内民主、人民民主。党是最广大人民利益和意志的忠实代表,只有坚持共产党的领导,才能实现人民之间在根本利益一致基础上不同利益的正确协调,整体利益和局部利益、长远利益和眼前利益的正确结合。但一些人将党的领导与人民民主对立起来,似乎人民当家做主和党的领导是互相排斥的。他们或者无视国家法纪,追求不受任何限制的抽象民主,走向了无政府主义和极端个人主义,或者抹杀社会主义民主与资本主义民主的本质区别,对资产阶级民主的局限性、虚伪性和种种弊病视而不见,背弃马克思主义基本原理,鼓吹对资本主义民主的幻想。邓小平强调宣传战线要做"冷静的促进派",要在国家的安定团结中起到中心作用,而不能将党的宣传阵地当成宣扬个人主义和绝对民主的前沿。社会主义民主制度的建立、发展、巩固和完善,只有在党的领导下才能实现。

4. 对党执政能力缺乏信心。首先,一些同志不能实事求是地看待建国以来党的工作,把党30余年的工作说得一团漆黑。特别是以"文化

---

① 邓小平:《邓小平文选》(第2卷),北京:人民出版社,1994年,第390页。
② 邓小平:《邓小平文选》(第2卷),北京:人民出版社,1994年,第47页。

大革命"这样的全局性、长期性的错误对党的执政领导地位提出质疑,并向群众散布他们的不信任情绪。他们将毛泽东晚年错误与毛泽东思想混为一谈,以毛泽东晚年错误否定毛泽东思想,甚至将毛泽东同志的错误归结为个人品质问题。很明显,这种违背马克思主义、历史唯物主义态度,违背实事求是原则的感情用事和错误评价,只能损害我们党和国家的形象,只能损害党和社会主义制度的威信,只能涣散全党和全国各族人民的团结。其次,不能实事求是地看待党内存在的不正之风。党内确有不正之风,确有少数领导干部搞特殊化,但一些人看不到中央下定决心为纠正和解决这些现象所进行的巨大努力,把个别现象当作普遍现象,把局部的东西夸大为整体,任意夸大党工作中的这些消极方面,硬说这是党的主流。邓小平强调:"我们的宣传,要防止在群众中造成各种不符合实际的印象。"[①] 如果听任这些不切实际、肆意诋毁党的言论情绪的传播,就会严重削弱党的领导,使人们对党能否继续领导人民建设繁荣富强的国家失去信心,从而助长资产阶级自由化思潮在一定范围内的发展。

1979年3月党中央尖锐地提出了反资产阶级自由化思潮问题,1983年十二届二中全会邓小平提出思想战线不能搞精神污染,1985年全国党代表会议强调加强社会主义精神文明建设,1986年十二届六中全会邓小平又一次强调反对资产阶级自由化要讲20年。但是这些党的决议精神都没有得到很好地贯彻,反资产阶级自由化思潮没有搞下去,导致自由化越来越严重,发生了大规模学潮,中国共产党为反资产阶级自由化思潮的"涣散软弱"状态付出了代价。1987年前后,中共中央明确了"要坚决、健康、持久地进行反资产阶级自由化的斗争"的精神[②],既要从思想上解决,也要从组织上解决党在思想战线上的涣散软弱状态。根据中央部署,中宣部下发了《关于坚决妥善做好报纸刊

---

① 邓小平:《邓小平文选》(第2卷),北京:人民出版社,1994年,第366页。
② 中央宣传部办公厅:《党的宣传工作会议概况和文献(1951—1992)》,北京:中共中央党校出版社,1994年,第796页。

物整顿工作》的通知，一方面加大造成青年思想麻痹等不良影响的报刊的整顿，另一方面加强党委对本地报刊的领导，要求社会科学、文艺方面的刊物编辑部的共产党员要建立党组织，向上级党委请示报告、接受领导。同时严格政治纪律和宣传纪律，充分利用宣传阵地和宣传工具，组织集中发表一系列阐述四项基本原则、批评资产阶级自由化思潮的高质量文章，坚强振作起来，将反对资产阶级自由化的斗争引向深入。

四、追求社会效益

邓小平1985年《在中国共产党全国代表会议上的讲话》中指出："思想文化教育卫生部门，都要以社会效益为一切活动的唯一准则，它们所属的企业也要以社会效益为最高准则。思想文化界要多出好的精神产品，要坚决制止坏产品的生产、进口和流传。"[1]将社会效益作为最高原则是我国宣传机构改革的根本指导方针。

1983年以广播电视新闻改革为突破口，我国宣传工作的改革全面展开。[2]宣传机构改革要以社会效益为一切活动的唯一准则，这是由中国无产阶级宣传事业的性质决定的，是由社会主义宣传事业的党性原则所要求的。包括报纸、广播、电视、新闻、出版等在内的宣传事业是党和政府的喉舌，也是党整个事业的有机组成部分。社会主义宣传系统是党和政府与广大人民群众联系的桥梁和纽带，应该实现对党负责和对人民负责的一致性。全心全意为人民服务既是党的宗旨，也是我国宣传事业的根本目的，是党性原则最重要的表现，这一宗旨和根本目的要求宣传机构改革必须坚持社会效益第一的原则。

"社会效益是指人们的各种活动对社会发展的积极作用或有益的效果，它包括经济、思想、政治、文化等方面的效益。"[3]党的宣传机构具

---

[1] 邓小平：《邓小平文选》（第3卷），北京：人民出版社，1993年，第145页。
[2] 《光辉的成就》（下册），北京：人民出版社，1984年，第392页。
[3] 雷跃捷，哈艳秋：《邓小平新闻宣传理论研究》，北京：北京广播学院出版社，2002年，第249页。

有新闻传播、社会教育、文化娱乐、信息服务等多种社会功能，在这些复合功能中，要高度重视宣传机构的宣传教育功能。以广播电视部门为例，广播电视是我们整个宣传战线的重要组成部分，它作为一种现代化的宣传手段有其独特的优势，能够直接、迅速地同广大群众见面。广播电视宣传工作在改革中要高度重视发挥广播电视节目宣传教育的社会效益，使广播电视节目坚持社会主义性质，强化广播电视节目的喉舌功能，在政治生活、经济生活、文化生活以及社会道德、价值观念等社会生活的各个方面起到正确的引导作用。与此同时，广播电视节目的制作在坚持党性原则时，也要尊重新闻规律和广播电视艺术规律，增强舆论引导的生动性和感染力，用各种不同的形式来为社会需要服务，为培养和选拔社会主义四有新人和建设中国特色社会主义长远目标服务。

我国经济体制改革的整体推动，多种所有制经济成分并存的所有制结构以及人们日益觉醒的经济意识必然对新闻宣传事业的改革产生极大地影响，促进其在结构布局和经营管理上发生深刻的变革。以报业的结构布局为例，我们改变了过去偏重各级党委机关报的单一报业结构，正在逐步建立以党委机关报为核心的多层次、多形式的报业结构。[①]在经营管理上，广播电视部门发扬艰苦奋斗、自力更生的精神，在发展广播电视事业的同时，在其他广播电视服务工作方面也取得了较大发展，如广播电视出版工作发展起来，全国广播电视报到1983年已发展到43家，全年发行量达83598万份[①]；组建了广播电视表演团体，既为广播电视提供了大量的文艺节目，又为广电系统广开财路，增加收入，提高了经济效益。

如何处理好社会效益与经济效益的关系是宣传机构改革面临的一个关键性原则问题。从广义的角度看，社会效益包括经济效益，经济效益是社会效益的重要方面，而社会效益又是经济效益在社会发展中的反映。从狭义上说，社会效益是指其经济效益之外的使社会生活实

---

① 《光辉的成就》（下册），北京：人民出版社，1984年，第385页、第556页。

际得到的有益效果,经济效益与狭义的社会效益之间是对立统一的关系。[①] 从总的趋势来看,无论是报业还是广播电视高质量的宣传服务,最终会受到多数人的赞赏,其社会效益和经济效益是趋向统一的。但在现实中,社会效益与经济效益并不总是一致,有时是彼此背离逆反的。以广播电视节目的制作为例,因国民受教育程度和总体文化素质不高,一些快餐式的通俗娱乐节目更能快速满足受众的短期消费需求,甚至一些节目展示暴力、色情,刺激人原始的生理本能,取得了较高的收视收听率,但这类节目往往精品不多,更多地则是粗制滥造,甚至违背基本的社会道德准则,背离了社会效益。所以在经济效益与社会效益发生矛盾的情况下,邓小平强调要以社会效益为最高准则,在艺术上精益求精,力戒粗制滥造,认真严肃地考虑自己作品的社会效果,力求把最好的精神食粮贡献给人民,坚决反对"一切向钱看"、把精神产品商业化的倾向。[②]

---

① 雷跃捷,哈艳秋:《邓小平新闻宣传理论研究》,北京:北京广播学院出版社,2002年,第249页。
② 新华社新闻研究所:《邓小平论新闻宣传》,北京:新华出版社,1998年,第32~33页。

第六章　江泽民时期的宣传机构建设理论

江泽民时期的时间范围是从1989年十三届四中全会召开到2002年的中共十六大。在这13年中,以江泽民为代表的第三代共产党人解放思想、实事求是、与时俱进,不断丰富和发展中国特色社会主义理论体系,在邓小平理论的基础上,系统完整地提出了"三个代表"的重要思想,创造性地回答了长期处于社会主义初级阶段的中国"建设一个什么样的党,如何建设党"的理论课题,又一次实现了马克思主义中国化的理论飞跃。

十三届四中全会以来,伴随着社会主义市场经济体制改革目标的确立,针对某些地方和部门重物质文明建设、轻精神文明建设"一手硬、一手软"的问题,面对国内国际错综复杂的思潮争论,以江泽民为核心的第三代中央领导集体继承和发展党的优良工作传统,高度重视宣传思想工作以及宣传机构建设,强调越是改革开放,越是发展社会主义市场经济,就越要重视宣传思想工作战线及其工作。[①]1994年1月,江泽民在全国宣传思想工作会议讲话中强调:"在我们党领导的各条战线中,宣传思想战线是一条十分重要的战线。在我们党的各级领导机关中,宣传思想工作部门是一个十分重要的部门。在我们党的干部队

---

① 王传寿、许厚今研究指出,江泽民同志是新时期最重视新闻宣传事业的领导人,他任中央总书记后先后十多次就新闻宣传工作发表重要讲话,对当前和今后我国新闻宣传工作中的一系列重大理论问题作出了高屋建瓴的深刻阐述。见王传寿、许厚今:《江泽民新闻宣传思想研究》,合肥:安徽人民出版社,2002年,第2页。

伍中，宣传思想工作队伍是一支十分重要的力量。"①他总结指出，党中央第一代、第二代领导集体都非常重视对宣传思想战线的领导，非常重视发挥宣传思想工作部门和宣传思想工作队伍的作用。历史发展表明，无论是革命还是建设，要取得伟大胜利，都离不开发挥宣传机构强有力的作用，这是我们党的一大传统，一大优势。在20世纪与21世纪的"世纪之交"，面对新的世情、国情和党情，江泽民、丁关根等同志对宣传机构的重要任务做出了新概括，对宣传队伍建设提出了新要求，在宣传机构制度化、法制化建设方面推出了新举措，进一步丰富了中国马克思主义关于宣传机构建设的思想理论。

第一节 江泽民时期宣传机构建设的时代背景

一、世情：西方敌对势力对我国的和平演变从未停止

1917年俄国十月革命的胜利打破了资本主义制度一统天下的局面，社会主义由科学变为现实，实现了世界社会主义发展史的一次历史性飞跃。社会主义制度的诞生在开辟历史新纪元的同时也开启了两大对立阶级、两种社会制度、两种思想体系的斗争与较量。资本主义国家凭借其强大的经济、军事、文化实力，通过各种方式手段妄图将社会主义制度扼杀在摇篮当中。前期资本主义、帝国主义国家采取的手段是武装干涉，但新生的社会主义制度代表着历史发展的方向，具有旺盛的生命力，面对帝国主义的武装干涉发展壮大起来。在资本主义国家意识到通过武装干涉很难达到颠覆社会主义国家的目的后，不得不转变思路、变换手段，在战略上由武装干涉转变为以武力为后盾，主要用和平演变的手段来颠覆社会主义制度。

和平演变，顾名思义，是以和平的方式（非战争手段）来改变社会制度。具体地说，就是国际敌对势力以军事威慑力量为后盾，通过对

---

① 中共中央宣传部政策规划研究室：《十四大以来宣传思想工作的理论与实践》，北京：学习出版社，1997年，第11页。

社会主义国家进行思想文化上的渗透，培养、扶植反党反社会主义的势力，制造思想上的混乱，进而引发社会动乱，最终实现推翻社会主义制度，实行资本主义制度，成为帝国主义附庸的目的。① 20 世纪中期，美国首先明确提出了和平演变战略，国务卿杜勒斯提出用"和平的方法""用精神的压力、宣传压力"来"解放"社会主义国家"被奴役的人民"。鉴于当时对共产党人"偏见极深"，因此他寄希望于社会主义国家的"第三代人第四代人"达到其和平演变的战略目的。进入 80 年代后，资本主义国家利用国际形势趋于缓和、东西方关系改善，同时一些社会主义国家正在进行改革开放的时机，加紧了对包括中国在内的社会主义国家和平演变的全面攻势。

西方敌对势力对社会主义国家和平演变的策略手段较为丰富，如通过经济手段、贸易往来、外交活动、文化渗透等渠道对社会主义国家实施影响，这些手段在 20 世纪 80 年代末 90 年代初西方对我国的和平演变中得到了综合运用，但"宣传战""攻心战"是国际敌对势力推行和平演变战略的基本战略和手段。"帝国主义对社会主义国家搞和平演变时，打头阵的是意识形态的攻心战，是利用现代传播媒介的宣传战。我们反击他们的和平演变，争取一个有利于我们集中力量搞好经济建设的良好的国际环境时，打头阵的也应该是攻心战、宣传战。"② 国际敌对势力非常懂得通过宣传战在瓦解人心的基础上争取人心的效力，因此重视宣传工作机构建设，舍得对宣传战的投入。艾森豪威尔曾说过："在宣传上花 1 个美元等于在国防上花 5 个美元。"美国认为"电台广播是足以颠覆社会主义制度的唯一手段"，为此不惜投入巨资建设专门针对社会主义国家，以和平演变为目的的广播电台，臭名昭著的"美国之音"即是此类电台的代表。1983 年美国国会一次性拨出 15 亿美元用于"美国之音"改进技术、更新设备。美国前总统里根将"美国之音"

---

① 《反和平演变教育十讲》，北京：中国政法大学出版社，1992 年，第 1~2 页。
② 丛英民：《反和平演变中的对外宣传工作》，载《科学社会主义》，1991 年第 2 期。

称为"巨大的非军事力量,是在共产主义黑暗中点火的力量"。

宣传战是西方敌对势力,尤其是美国对前苏联、东欧、中国等社会主义国家进行和平演变的重要战略,将通过广播电台和卫星电视广播进行意识形态的宣传灌输当作打破、渗透、"解放"共产主义"铁幕"的有效手段。尼克松1984年在其著作《真正的和平》中重点强调了宣传机构、宣传战在促使社会主义国家发生和平演变中的重要作用:"今天,他们无法封锁我们的电台广播,明天,他们也许就无法封锁我们的卫星电视广播了。他们无法把自己同世界完全隔离开来。当他们打开门,伸手去拿他们想要的东西时,我们就竭尽全力把尽可能多的真理塞进门里去。"① 江泽民告诫全党同志,在相当长的历史时期内,两种制度斗争主要表现为资本主义对社会主义的和平演变和社会主义的反和平演变、抵制和平演变。"国际敌对势力企图西化、分化我国的政治本质绝不会改变,我们同国际敌对势力在渗透和反渗透、遏制和反遏制、分裂和反分裂、颠覆和反颠覆上的斗争,也将是长期的、复杂的,有时甚至是尖锐的。"② 反和平演变是一项长期的、复杂的、艰巨的战略任务,它将贯穿于社会主义代替资本主义的整个历史过程,针对西方敌对势力借助宣传战实施的全面攻势,我们也应加大人力、物力、财力的投入,建设壮大宣传机构,发展现代传播媒介,巩固宣传阵地,做好准备,打好持久的宣传战、攻心战。江泽民坚定地指出:"国际敌对势力企图在中国搞和平演变,这一图谋不会改变,但绝不会得逞。中国人民经过几代人的流血牺牲得出一个结论:只有社会主义才能救中国,只有社会主义才能发展中国。"③

二、国情:经济体制由计划经济向市场经济的根本转变

十三届四中全会以来,以江泽民为核心的第三代领导集体在"一个中心,两个基本点"的建设有中国特色社会主义的基本路线上,"坚

---

① 辛灿:《西方政界要人谈和平演变》,北京:新华出版社,1989年,第31页。
② 江泽民:《江泽民文选》(第3卷),北京:人民出版社,2006年,第8页。
③ 江泽民:《江泽民文选》(第1卷),北京:人民出版社,2006年,第337页。

定不移,毫不动摇","全面执行,一以贯之"①。20世纪90年代初,在邓小平南方谈话精神的指导下,中共十四大正式确定了我国经济体制改革的目标是建立社会主义市场经济体制。党的十四届三中全会通过了《关于建立社会主义市场经济体制若干问题的决定》,总结了十五年改革开放的探索成果和实践经验,设计了建立社会主义市场经济体制的蓝图。"建立社会主义市场经济体制,这是前无古人的,没有先例可循。"②社会主义市场经济体制创造性地将社会主义制度与市场经济形式有机结合,既要保持在所有制结构、分配制度、宏观调控上鲜明的社会主义特征,又要使市场在资源配置中起到基础性作用。在社会主义制度下发展市场经济,实现经济体制和经济增长方式的根本性转变,是我国不断扩大改革开放,保持国民经济持续快速健康发展的必由之路。

社会主义市场经济体制改革目标的确立及经济体制的根本转变,使长期处于计划经济体制环境下的宣传思想战线遇到很多的新情况、新问题。宣传机构建设面临一系列新的挑战。

第一,迅速完成观念和工作方式转变,适应社会主义市场经济体制的改革发展。宣传机构要适应社会主义市场经济体制的要求,首先要调整和改革自身与社会主义市场经济体制不相适应的工作内容,克服和摒弃与僵化的计划经济体制相联系的陈旧落后的体制和模式,建立起与社会主义市场经济体制相适应的新框架。我们的宣传战线长期在计划经济体制下开展宣传工作,社会主义市场经济体制的改革发展给宣传机构的任务、工作方法和社会环境都带来了许多新情况新问题,就宣传机构本身而言,无论从运行机制、工作格局、队伍建设还是从思维方式、工作作风、方法手段都有许多不适应的方面。以经济宣传

---

① 中共中央文献研究室:《十三大以来重要文献选编(中)》,北京:人民出版社,1991年,第547页。

② 江泽民:《江泽民文选》(第2卷),北京:人民出版社,2006年,第287~288页。

为例，过去我们的经济宣传与高度集中的计划经济体制联系在一起，常常出现"四重四轻"，即重生产、轻市场；重产值、轻效益；重微观、轻宏观；重内向、轻外向。而在社会主义市场经济体制下，宣传机构在经济宣传上则必须实现"三个转变"：从习惯于依赖上级布置报道任务转变到深入市场经济第一线去挖掘新闻；从习惯于从指令性计划概念和目标出发去组织新闻报道，转变为从经济、社会生活的实际出发去搞好新闻报道；从习惯于以生产为中心环节反映经济活动，转变为从市场状况出发去宣传生产、流通和消费。①

第二，引导人们树立市场观念，服务于社会主义市场经济体制的建立。作为宣传思想战线的各部门在迅速转变自身观念意识的同时，还必须积极引导人们确立市场观念，扫除各种思想障碍，为社会主义市场经济体制的建立"鸣锣开道"。毋庸讳言，长期以来我国的意识形态体系是同排斥市场经济的传统计划经济模式相适应的。在市场经济体制改革的初期遇到的最大思想障碍即是思想不解放，不少同志仍然深受"左"的思想束缚，停留在过去对社会主义本质教条式的、本本主义的理解上，将计划经济体制、市场经济体制与社会主义制度、资本主义制度必然地联系在一起，在思想上顽固地排斥社会主义市场经济体制的改革目标。面对这些思想障碍，党的宣传机构必须通过自身有效工作大力促进人们思想观念的彻底解放，积极主动地教育和帮助人们更新观念、转换脑筋，彻底地从"左"的观念束缚禁锢中解脱出来，树立起与社会主义市场经济相适应的新观念、新意识，积极参与和保障社会主义市场经济的顺利发展。

第三，切实加强精神文明建设，防止市场经济的负面效应。发展社会主义市场经济，推进经济体制和经济增长方式根本转变，会对社会思想文化领域产生双重效应。从积极的方面看，按市场经济规律办事，人们的竞争意识、效率意识、民主法制意识、开拓创新意识等得到很好地激发，有助于调动积极性、创造性，促进生产力的大发展。但从

---

① 朱步楼：《社会主义市场经济与新闻宣传》，载《群众》，1995年第3期。

消极的方面看,"由于社会经济成分、组织形式、就业方式、利益关系和分配方式日益多样化,人们思想活动的独立性、选择性、多变性、差异性明显增加;市场经济活动存在的弱点及其带来的消极影响,反映到人们的思想意识和人与人关系上来,容易诱发自由主义、分散主义和拜金主义、享乐主义、利己主义。"①因此,宣传机构要全面把握市场经济带来的双重效应,努力克服市场经济的商品拜物性副作用,切实加强社会主义精神文明建设,坚持发展市场经济和精神文明建设"两手抓、两手都要硬"。江泽民指出,在对外开放、发展社会主义市场经济的条件下,宣传思想工作将长期面临十分复杂的局面。如何帮助人们满怀信心地建设中国特色社会主义;如何帮助人们树立社会主义的理想、信念和道德风尚,这是一个重大的历史课题。全党都要认真研究、认真解决,宣传思想战线负有特别重要的责任。②

三、党情:全面推进"党的建设新的伟大工程"

1994年9月召开的党的十四届四中全会,作出了《关于加强党的建设几个重大问题的决定》,明确提出了"党的建设新的伟大工程"的重要概念。《决定》指出,党的建设新的伟大工程的总目标和总任务是:"把党建设成为用建设有中国特色社会主义理论武装起来,全心全意为人民服务、思想上政治上组织上完全巩固、能够经受住各种风险、始终走在时代前列的马克思主义政党。"坚持党的领导是"四项基本原则"的核心,在世纪之交,在实现社会主义市场经济体制的改革过程中,"党的建设新的伟大工程"重要概念思想的提出是针对在新时期、新形势下"建设一个什么样的党,怎样建设党"时代课题的深刻回应与解答。在世纪之交的新历史阶段,党的建设面临诸多新的情况、新的问题。从国内情况讲,改革开放和社会主义市场经济体制改革,一方面给党的建设带来新的生机和活力,同时也使党的建设面临新的挑战;从国

---

① 江泽民:《江泽民文选》(第3卷),北京:人民出版社,2006年,第81页。
② 中共中央宣传部政策规划研究室:《十四大以来宣传思想工作的理论与实践》,北京:学习出版社,1997年,第32页。

际环境讲，要面对发生巨大变化的世界，面对发达资本主义国家经济、科技优势的压力和意识形态的渗透；从党自身组织状况看，党员队伍和党的干部队伍在新老交替中空前扩大，构成发生新的变化，教育和管理的任务比过去任何时候都更加繁重。这些新情况、新问题要求中国共产党人承前启后，继往开来，领导全党整体推进"党的建设新的伟大工程。"江泽民在十六大报告中强调，在我们这样一个多民族的发展中大国，要把全体人民的意志和力量凝聚起来，全面建设小康社会，加快推进社会主义现代化，必须毫不放松地加强和改善党的领导，全面推进党的建设新的伟大工程。

我们党的建设伟大工程的与时俱进，从来都是同我们党领导的革命、建设、改革伟大事业与时俱进紧密相连的。以毛泽东为核心的第一代党中央领导集体，从中国革命实际出发，把党的建设提高到"三大法宝"和"伟大工程"的高度，确立了包括思想建设、组织建设、作风建设三个方面的党的建设格局。以邓小平为核心的党的第二代中央领导集体坚持毛泽东思想，总结"文化大革命"的深刻教训，把制度建设突出地提到全党面前，确立了包括思想建设、组织建设、作风建设、制度建设四个方面的党的建设格局。以江泽民为核心的第三代中央领导集体，坚持毛泽东思想和邓小平理论，把党的建设提到"新的伟大工程"的高度，总结我党自身经验和世界政党兴衰成败的经验教训，创立了"三个代表"重要思想，作出了加强党的执政能力建设的战略决策。[1]

党的宣传机构建设是"党的建设新的伟大工程"的重要内容，宣传战线各部门应当以高度的责任心和使命感，在新时期加强党的建设新的伟大工程中发挥作用。江泽民等中央领导同志高度重视党的宣传机构建设，多次强调宣传战线的特殊地位和重要作用。1993年江泽民在全国宣传部长座谈会上指出："宣传思想工作历来是党的工作的一个极

---

[1] 曾庆红：《关于党的建设工作》，北京：中央文献出版社、党建读物出版社，2010年，第383～384页。

其重要的组成部分,是一条重要的战线。革命战争年代如此,社会主义现代化建设时期也是如此。在加快改革开放步伐,建立社会主义市场经济体制的新形势下,宣传思想工作更具有新的特殊重要性。这条战线涉及各个领域,关系到建设有中国特色社会主义事业的全局。"① 对于宣传思想战线的工作队伍,江泽民在1994年全国宣传思想工作会议上指出:"我们宣传思想战线群英荟萃、人才济济。这条战线上的广大同志忠诚于党和人民的事业,勤奋工作,兢兢业业,任劳任怨,为宣传党的基本理论和基本路线,促进改革开放和现代化建设,发展社会主义精神文明,做了大量工作和重要贡献。实践证明,这是一支富有奉献精神的队伍,是一支有战斗力的队伍。党中央信任这支队伍。党和人民对这支队伍寄予厚望。"①

除了新的世情、国情、党情,江泽民时期党的宣传机构建设在科技领域还面临着信息网络技术高速发展带来的机遇和挑战。

20世纪下半叶,以互联网计算机为代表的第三次工业革命迅速席卷全球,信息网络科技浪潮以磅礴的气势高速发展,世界正在进入信息化时代。面对信息化浪潮的汹涌澎湃,我国的基本方针是:"积极发展,加强管理,趋利避害,为我所用,努力在全球信息网络化的发展中占据主动地位。"② 实践证明,信息网络技术既是振兴我国经济的有效倍增器,也是现实中渗透性最强、发挥作用最大的新技术。③ 一方面,信息网络技术的发展,"使世界形成了一个没有世界的信息空间。万水千山,天上人间,信息广泛传送。远程教育、远程医疗、电子商务、电子邮件、虚拟现实的发展,使人们的生产、学习和生活方式发生着深刻的变化。④"

---

① 中共中央宣传部政策规划研究室:《十四大以来宣传思想工作的理论与实践》,北京:学习出版社,1997年,第2~3页、第25页。

② 邓小平:《邓小平文选》(第3卷),北京:人民出版社,1993年,第300页。

③ 江泽民:《论世界电子信息产业发展的新特点与我国电子信息产业的发展战略问题》,载《上海交通大学学报》,1989年第6期。

④ 江泽民:《在第十六届世界计算机大会开幕式上的讲话》,载《人民日报》,2000年8月22日第1版。

另一方面，信息网络技术广泛渗入到经济社会、科技教育、军事国防、宣传文化等各个领域并产生深刻影响。江泽民强调："我们的党建工作、思想政治工作、组织工作、宣传工作、群众工作等，都应该适应信息网络化的特点。"①

就宣传战线来讲，信息网络技术的广泛运用为宣传机构提高宣传文化工作水平带来了新的机遇。互联网以其信息来源广、容量大、传播速度快等优势，日益成为宣传舆论的主阵地之一，极大拓展了宣传思想工作的空间。信息网络技术的广泛应用为宣传部门提供了先进的宣传工具和设施手段，对促进社会主义精神文明建设、建设社会主义先进文化起到有力推动作用。我们在抓住机遇、积极发展和利用信息网络的同时，还要高度重视信息网络化给宣传思想文化工作带来的严峻挑战。信息网络具有开放性、虚拟性的特征，其传播的信息鱼龙混杂，良莠难辨，加剧了世界范围内不同思想文化的相互激荡，意识形态领域多元、多样、多变的特点进一步凸显。信息网络成为马克思主义与非马克思主义甚至是反马克思主义，先进文化同落后文化、腐朽文化争夺的重要宣传阵地，国内外敌对势力也把互联网当作对我国实施西化、分化的重要途径。因此，信息网络是一柄双刃剑，如何趋利避害，利用好这一新的渠道阵地搞好宣传思想文化工作，坚持马克思主义在意识形态领域的指导地位，成为宣传机构部门亟待解决的新课题。

第二节 增设宣传机构及其主要职责

世纪之交的中国正处在改革开放的攻坚阶段和发展的关键时期，社会情况发生了复杂而深刻的变化，经济成份和经济利益多样化、社会生活方式多样化、社会组织形式多样化、就业岗位和就业方式多样化日趋明显，这都为党的宣传思想工作带来了大量的新情况、新问题。在此背景下，中央要求宣传思想战线要坚持与时俱进、开拓创新，从

---

① 邓小平：《邓小平文选》（第 3 卷），北京：人民出版社，1993 年，第 300 页。

新的发展阶段的实际出发,积极开创宣传机构建设的新局面。到江泽民时期,党和国家的宣传机构纵横交错的部门系统已经完善成熟,但形势不断发展,国情、世情、党情不断出现新的变化,宣传机构系统必须从新形势、新情况出发,根据工作的需要进行机构的增设。宣传机构的增设与调整保证了宣传工作的与时俱进,体现了鲜明的时代性特征。

一、中央精神文明建设指导委员会

早在改革开放之初,邓小平同志强调在我们特别注意建设物质文明的同时,还要建设社会主义精神文明,提出物质文明和精神文明"两手抓,两手都要硬"的战略思想。十三届四中全会以来,以江泽民为核心的党中央坚持党的基本路线,从多方面加强精神文明建设取得积极进展和明显效果,同时也清醒地看到在一些地方和部门的领导工作中忽视精神文明,"一手比较硬、一手比较软"的问题还没有解决,在社会精神生活方面存在不少问题,有的还相当严重。1996年10月召开的中共第十四届六中全会审议并通过了《中共中央关于加强社会主义精神文明建设若干重要问题的决议》,在把物质文明建设搞得更好地同时,切实把精神文明建设提到更加突出的地位,进一步明确了精神文明建设的指导思想和奋斗目标,开创新形势下精神文明建设的新局面。

根据中共十四届六中全会的决定,1997年4月21日,中共中央发出《关于成立中央精神文明建设指导委员会的通知》,决定成立中央精神文明建设指导委员会。该机构是党中央指导全国精神文明建设工作的议事机构,中央精神文明建设指导委员会的办事机构是中央精神文明建设指导委员会办公室,简称"中央文明办"。该办公室设在中央宣传部,由中央宣传部代管,具体负责处理中央精神文明建设指导委员会的日常工作。

在中央文明委成立的第一次全体会议上,江泽民同志对中央文明委的工作范围做了明确指示,包括五层涵义:一是中央文明委要学习传达贯彻中央关于精神文明建设工作的重要指示并做出部署;督促检查各地各部门贯彻落实中央关于精神文明建设方针政策的情况，并向中央作出报告；要对思想道德建设和文化建设工作进行协调指导；要向中央提出加强精神文明建设的方针政策性建议；要组织力量深入研究在新的历史条件下，特别是在发展社会主义市场经济和对外开放情况下，精神文明建设面临的重要课题，不断提高精神文明建设工作水平。二是中央文明委及其办公室的主要日常工作，是抓好群众性的精神文明创建活动，通过这个载体来推动精神文明建设。三是作为精神文明建设重要组成部分的教育、科学、体育工作，与精神文明建设密切相关的社会治安、环境卫生、计划生育以及党风政风建设等，主要由各主管部门负责。四是直接从事思想道德和文化建设的宣传文化部门对精神文明建设负有主要责任，更是责无旁贷。五是党中央、国务院的各个部门和各人民团体，都要在精神文明建设中做到各司其职，各展所长，齐抓共管，要在明确职责的基础上，通力合作，形成合力，不断增强精神文明建设的整体效应。[①]

二、中共中央对外宣传办公室

以国家为主导的对外宣传活动是当今国际交往一道亮丽的风景。通过对外传播，可以弘扬国家的文化，展现国家的风貌，阐明国家的意志，表达国家基本的利益诉求，从而在国际社会树立国家的整体形象，争取国际舆论的同情、理解和支持。如果说经济和武力所代表的是国家的硬实力，那么文化精神和对外宣传所代表的就是国家的软实力。这种对外宣传活动的影响力，相对于国家的经济霸权和武力炫耀，更能获得国际社会的接纳。[②]

---

① 中共河北省委宣传部：《十五大以来宣传思想工作重要文件选编》，石家庄：新科技印刷厂，2003年，第113～114页。

② 习少颖：《中国对外宣传史研究（1949—1966）》，武汉：华中科技大学出版社，2010年，序言。

中国共产党早在革命年代即高度重视对外宣传及策略运用。①新中国成立以后自1949年至1966年这17年是我国对外宣传的"精彩时光"，这一历史时期中国对外宣传的主管机关的变迁虽曾涉及文化部、教育部、外交部、中侨委等部门，但负责对外宣传的最重要的核心管理机构和执行机构仍是中共中央宣传部。②十一届三中全会以后，我国的对外宣传再次迎来了春天，邓小平、江泽民等领导同志都高度重视和支持对外宣传工作的开展。但由于技术手段、观念意识的落后，我国的对外宣传工作与西方存在较大差距。以1989年政治风波为例，西方宣传舆论下了很大的功夫和本钱，播放电视、广播新闻，北京消息传播到美国一小时一次，香港半小时一次，还派了大量记者到中国来采访，进行了大量蛊惑人心的宣传。而我们的宣传则丧失了时机，宣传真相

---

① 如抗日战争时期，1941年5月25日中央发布《关于统一各根据地内对外宣传的指示》指出，"中共在全国以至世界所占的重要地位，中共每一负责同志和领导机关之一言一动在全国以至全世界所发生的巨大影响，政治形势之紧张，敌人谋我之尖锐，党派斗争之激烈，都要求我党统一对外宣传及采取慎重处事的态度"，因此中央决定："一切对外宣传机构应服从党的政策和中央决定"，"一切对外宣传工作的领导，应统一于宣传部"。见中共中央宣传部办公厅，中央档案馆编研部：《中国共产党宣传工作文献选编（1937—1949）》，北京：学习出版社，1996年，第236页。再如解放战争时期，1946年7月21日中共宣传部下达了"关于对美宣传中的政策问题的通知"，指出为了争取更多美国人民与进步官员对我国的了解与同情，"我们在一切宣传中必须严格掌握美国的政府与人民（后者一般一贯地同情支持我国民主势力）之间的区别；美国政府人员中的帝国主义分子与民主分子之间的区别；美国政府人员中决定政策者与不决定政策者之间的区别；甚至同一个人（如杜鲁门马歇尔）今天与明天态度的区别；同一个人同一个机关所发表的同一篇声明或谈话中不同语句中的区别；不要笼统反对，更不要笼统反美。"见中共中央宣传部办公厅，中央档案馆编研部：《中国共产党宣传工作文献选编（1937—1949）》，北京：学习出版社，1996年，第629页。

② 习少颖：《中国对外宣传史研究（1949—1966）》，武汉：华中科技大学出版社，2010年，第75～76页。

挽回时机就变得非常困难。① 在此背景下，对外宣传工作及管理机构建设得到了空前的重视。1990年3月23日，经中央政治局批准，恢复中央对外宣传小组。②1991年1月组建中华人民共和国国务院新闻办公室，国务院新闻办公室与中共中央对外宣传办公室系一个机构两块牌子，列入中共中央直属机构序列。中共中央对外宣传办公室的主要职责是推动中国媒体向世界说明中国，同时积极推动中国媒体对各国情况和国际问题的报道，促进中国公众及时了解世界，促进中国与世界各国之间的沟通了解与合作互信，为维护世界的和平稳定和推进人类进步事业发挥积极地建设性地作用。

三、全国哲学社会科学规划办公室

哲学社会科学是人类知识体系不可或缺的重要组成部分，哲学社会科学与自然科学应该互为补充，共同进步。我们党历来高度重视理论工作，高度重视哲学社会科学事业，高度重视对哲学社会科学研究的规划管理与指导。1991年6月，中央决定在全国哲学社会科学规划领导小组下设全国哲学社会科学规划办公室。作为全国哲学社会科学规划领导小组的办事机构，全国哲学社会科学规划办公室下设规划处、基金处、成果处、综合处等部门，重要职责是：（1）负责制定全国哲学社会科学发展规划和年度计划方案；（2）具体管理和筹措国家社会科学基金；（3）检查中长期规划和年度计划实施情况，交流社会科学研究信息；（4）组织对重大课题研究成果的鉴定、验收和推广。1991年6月以后，全国各省（自治区、直辖市）也相继成立了社会科学规划领导小组和社会科学规划办公室。

江泽民时期，哲学社会科学规划管理事业得到高度重视和重点建设，前提是对哲学社会科学事业重大意义的充分认识。第一，哲学社

---

① 中央宣传部办公厅：《党的宣传工作会议概况和文献（1951—1992）》，北京：中共中央党校出版社，1994年，第926页。

②《党的宣传工作文件选编④（1988—1992）》，北京：中共中央党校出版社，1994年，第1936页。

会科学的研究能力和成果是综合国力的重要组成部分。哲学社会科学是人们认识世界、改造世界的重要工具，是推动历史发展和社会进步的重要力量。如果说经济、军事实力是一个国家综合国力中的"硬实力"，那么优秀民族文化、创新理论思维则是综合国力的"软实力"。人类文明发展史告诉我们，没有哲学社会科学的建设与发展，没有理论深度和优秀文明的民族很难兴旺发达屹立于世界民族之林。第二，哲学社会科学事业是建设有中国特色社会主义伟大事业的重要组成部分，是社会主义精神文明建设的重要内容，推进哲学社会科学事业的建设与发展有利于全面提高全体人民的思想道德素质和科学文化素质[①]，能更好地服务于社会主义物质文明、精神文明和政治文明建设。第三，哲学社会科学事业深入研究重大现实问题，为改革开放和社会主义现代化建设实践提供理论源泉和创新动力。在改革开放和现代化建设进程中，我们会遇到各种重大的现实和理论课题，需要哲学社会科学来开展研究，需要造就一批哲学社会科学优秀人才，运用创新性的理论思维做出回答。

针对我国哲学社会科学的建设和发展，江泽民于2001年在北戴河会见部分社会科学专家时，以及2012年在中国人民大学考察时都发表了重要讲话，提出了"五个高度重视"和"四个同样重要"的论述，充分体现了以江泽民为核心的党中央对哲学社会科学事业的高度重视和殷切关怀，对新世纪我国哲学社会科学的发展产生了巨大地推动作用。"五个高度重视"是："我们要始终高度重视哲学社会科学在治党治国和建设有中国特色社会主义事业中的巨大作用；高度重视哲学社会科学领域高等教育的改革和发展；高度重视改善哲学社会科学

[①] 江泽民指出，哲学社会科学主要是帮助人们解决世界观、人生观、价值观，解决理论认识和科学思维，解决对社会发展、社会管理规律的认识和运用的科学。掌握必要的哲学社会科学知识，对于人们正确认识纷繁复杂的社会现象，提高道德素质和精神境界是十分重要的。参见《必须大力促进我国哲学社会科学事业的发展繁荣——江泽民同志在中国人民大学考察时的重要讲话》，载《学术研究》，2002年第6期。

研究和人才培养的条件；高度重视为哲学社会科学发展作出杰出贡献的学者的成就和作用。"①"四个同样重要"是："在认识和改造世界的过程中，哲学社会科学与自然科学同样重要；培养高水平的哲学社会科学科学家，与培养高水平的自然科学家同样重要；提高全民族的哲学社会科学素质，与提高全民族的自然科学素质同样重要；任用好哲学社会科学人才并充分发挥他们的作用，与任用好自然科学人才并发挥他们的作用同样重要。"②

四、国务院防范和处理邪教问题办公室

1999年4月25日，万余名"法轮功"修炼者非法聚集于我国的权力中心——中南海，严重干扰了正常的社会秩序，破坏了改革发展稳定的局面，产生恶劣影响。此后，"法轮功"反人类、反科学、反社会的本质及李洪志的歪理邪说逐渐被深刻地揭露和批判。1999年7月，中国政府正式取缔"法轮功"邪教组织，中共中央下达了关于共产党员不准修炼"法轮功"的通知。自20世纪90年代初开始，李洪志及其"法轮功"邪教组织，以祛病健身、修心养性为诱饵，散布歪理邪说，愚弄坑害百姓，恣意践踏人权法律，从屡次组织策划、煽动蒙骗"法轮功"练习者到党政机关和新闻单位非法聚集，到2001年1月制造"法轮功"弟子天安门广场自焚事件的人间悲剧，都证明了"法轮功"已成为对我国改革、发展、稳定大局危害极大的邪教组织和破坏力量，是寄生在中国社会肌体上的一颗毒瘤。中国政府取缔"法轮功"，是根据广大人民群众的要求，为了维护社会稳定，保护基本人权和自由，有充分的法律依据，完全符合法律程序。③

20世纪下半叶以来，一些极端的、狂热的邪教组织在不少国家沉

---

① 《必须大力促进我国哲学社会科学事业的发展繁荣——江泽民同志在中国人民大学考察时的重要讲话》，载《学术研究》，2002年第6期。

② 《党和国家领导人在北戴河亲切会见部分国防科技和社会科学专家并与他们座谈》，载《人民日报》（海外版），2001年8月8日第1版。

③ 《中国成立"防范和处理邪教办公室"》，http://news.sohu.com/43/30/news144193043.shtml。

渣泛起,成为一个全球性问题。邪教组织大肆宣扬"末世论""转世论",鼓吹神秘力量,大搞教主崇拜,骗取信徒钱财,制造恐怖事件,甚至公然与政府对抗,成为国际社会一大公害。邪教伤天害理、倒行逆施的行径已为世界各国所不容,打击、取缔邪教成为世界人民共同的呼声和各国政府维护社会稳定的重要举措。

2001年2月,中国政府专门成立"国务院防范和处理邪教问题办公室",办公室的功能主要是为了综合协调各部门防范和处理邪教问题的工作,就防范和处理邪教问题展开调查研究,加强与世界各国反邪教组织和机构的交流合作,保护公民的基本人权,保护公民免受邪教侵害。

"法轮功"事件的发生发展从两个方面给我国的宣传机构提出了警示。第一,宣传机构要突出重视信息网络这一传播渠道、宣传阵地。李洪志传播歪理邪说,"法轮功"组织进行相互联络,除了一些传统的渠道之外,高速发展的信息网络技术为其提供了便利。"四·二五"事件发生时,"我们的有关部门事先竟毫无察觉,而从互联网上就能迅速找到'法轮功'在各地的组织联络系统"[1]。我国政府取缔"法轮功"邪教组织后,该组织仍贼心不死,利用现代通信手段从事邪教宣传活动。如:攻击民用的鑫诺卫星,破坏有线电视传输设备,利用互联网散布歪理邪说,甚至利用非法国际电信业务转接平台传播有害信息等,严重侵犯了消费者权益,危害了国家信息安全。江泽民多次强调指出,电视、广播、网络等领域都是宝贵的宣传思想文化阵地,要不断坚持用马克思主义的思想理论去主动占领,抵制各种非马克思主义、反马克思主义思潮的侵蚀,使党的各级宣传机构成为我们进行主流意识形态宣传灌输的战斗堡垒。"对各种蛊惑人心、危害人民健康、危害社会安定团结的邪教,一定要严加防范,一露头就打,绝不能让它们生成和蔓延开来。"[1]

---

[1] 江泽民:《江泽民文选》(第2卷),北京:人民出版社,2006年,第319页、第389页。

第二，宣传机构要重点建设和宣传全社会的精神支柱和共同理想。"法轮功"邪教组织仅用 10 年时间就发展成为涉及相当数量党员、干部、知识分子、军人和工人、农民等社会群体的全国性组织，对经济社会发展和安定团结的政治局面造成了恶劣的影响，深刻反映出在现实市场经济社会快速发展过程中人们的精神空虚、信仰缺失的状态。"法轮功"事件引出的经验教训发人深省，社会主义的思想不去占领人们的头脑，那么封建主义的、资本主义的思想意识和价值观念就会去占领人们的头脑。因此，宣传机构系统必须坚持用主流的、科学的思想理论作为凝聚和团结全党全国各族人民的精神资源，确立起全社会为之奋斗的共同理想，并针对不同社会阶层和群体的实际情况及心理特征，具体问题具体分析，因材施教、因人制宜，采取有针对性的方式方法进行精神支柱和共同理想的灌注，达到良好的宣传思想工作效果。

第三节 明确宣传机构的四项主要任务

1994 年，江泽民在全国宣传思想工作会议上指出，以毛泽东、邓小平为代表的老一辈党和国家领导同志都非常重视宣传工作和发挥宣传机构的重要作用，在建设富强、民主、文明的社会主义现代化国家的伟大事业中，宣传思想工作部门同样承担着重大的使命："集中起来说，就是要正确地宣传党的理论、路线、方针、政策，生动地反映人民群众的伟大实践，调动一切积极因素，化消极因素为积极因素，团结一切可以团结的力量，为实现建设有中国特色社会主义的宏伟目标而奋斗。"在讲话中，江泽民明确强调宣传思想工作部门开展宣传思想工作"必须以科学的理论武装人，以正确的舆论引导人，以高尚的精神塑造人，以优秀的作品鼓舞人"[①]。这四句话是江泽民同志以马克思主义宣传观为基础，对宣传机构的主要任务、对宣传战线的总体要求做

---

① 中共中央宣传部政策法规研究室：《十四大以来宣传思想工作的理论与实践》，北京：学习出版社，1997 年，第 11 页。

出的新概括、新发展。

一、以科学的理论武装人

伟大的实践需要伟大的理论作指导。列宁讲："没有革命的理论，就不会有革命的运动。"我们正在进行的史无前例的建设有中国特色社会主义的伟大事业，如果没有科学理论的指导同样是无法获得成功的。以科学的理论武装人就是党的宣传机构要始终用马列主义理论，特别是中国马克思主义的两大理论体系，即毛泽东思想和中国特色社会主义理论体系教育广大党员干部和人民群众，用科学的理论指导和推动伟大的实践。"宣传思想工作部门担负着宣传群众、动员群众、教育群众、提高群众的责任。"[①]党的思想理论、政策策略，国家的主流意识形态都要通过宣传机构系统的工作灌输到群众中去。在宣传机构的重要任务中，以科学的理论武装人处于首要地位，"武装人"贯穿于"引导人""塑造人""鼓舞人"三项任务中。宣传机构做好"以科学的理论武装人"，要实现理论学习、理论研究和理论应用三方面工作的有机统一。

"以科学的理论武装人"，首先要求广大人民群众，特别是党员干部必须坚持不懈地学习科学理论，在全社会大兴学习之风，建设"学习型"政党。江泽民曾指出："一个党、一个国家、一个民族，特别是像我们这样一个大党、大国和人口众多的民族，如果没有科学理论的武装和对各种新知识的掌握，就不可能有真正的腾飞，不可能有现代化的前途。所以，学习问题，关系到广大干部自身的进步，关系到国家、民族的兴衰和社会主义现代化事业的成败。我们全党全民族都必须有这个共识。"[②]学习科学的理论在原则上要坚持"学马列要精"，即重点学习马克思主义理论的世界观、方法论，学习解放思想、实事求是的理论精髓，特别是要认真学习贯彻党的基本理论和基本路线；在学习态度上必须刻苦认真、持之以恒。马克思主义理论学习工程巨大，内容丰富、博

---

① 江泽民：《江泽民文选》（第1卷），北京：人民出版社，2006年，第496页。

② 江泽民：《全国宣传思想工作会议上的讲话》，载《人民日报》，1994年7月1日。

大精深，要将科学的理论学习好、领会透、融会贯通，决不是一两个学习高潮所能完成的，而应树立反复学习、长期学习的目标，各级领导干部更应在理论学习上起到带头作用。

"以科学的理论武装人"，第二要从生动的社会主义实践出发，不断总结新的思想观点，创新理论研究，不断充实和发展马克思主义和中国马克思主义理论体系。"与时俱进"是马克思主义理论的核心理论品质，其科学性与生命力来自于源源不断的理论创新。马克思主义理论的诞生完成了科学社会主义理论由"空想"到"科学"的飞跃；毛泽东思想指导积贫积弱的中国找到一条独特的民族民主革命道路并进行了社会主义建设的初步探索；邓小平理论创造性地解答了"什么是社会主义，怎样建设社会主义"的时代主题；江泽民提出的"三个代表"重要思想在邓小平理论的基础上创造性地回答了"建设一个什么样的党，怎样建设党"的历史性课题。马克思主义中国化的进程就是马克思主义理论与中国社会历史发展实际相结合，不断实现理论飞跃、与时俱进的过程。以江泽民为代表的党中央高度重视哲学社会科学的建设与发展，更加重视推动作为中国马克思主义理论成果之一的邓小平理论的研究工作。党中央非常重视邓小平理论研究的组织机构建设。十二大后，经党中央批准，中央文献研究室成立了邓小平著作生平研究小组。十三大后提高了规格，进一步充实力量，而且由重要领导亲自抓。十四大以后，经中央批准，在国家教委、中国社会科学院、上海社会科学院、中央党校和国防大学建立了邓小平理论研究五大基地。十五大以后又加上了广东省和北京市。在中宣部的指导下，全国邓小平理论研究基地和各省市自治区邓小平理论研究中心，发挥了很好的组织协调作用，形成了一个在党中央领导下、在中宣部具体指导下，以中央文献研究室为龙头、以七大基地为依托、以各省市自治区邓小平理论研究中心为基础的全国邓小平理论研究组织网络。①

---

① 宋贵伦：《充分发挥基地的作用，搞好邓小平理论研究》，http：//cpc.people.com.cn/GB/69112/69113/69117/4714247.html.

"以科学的理论武装人",第三要落实好科学理论的"应用"。江泽民反对将科学理论作为教条公式。"我们党从来主张,要努力学习和掌握马克思主义的立场、观点、方法并用以解决实际问题。①"邓小平也曾强调学马列要"管用",指的就是要理论联系实际,解决现实问题。要使理论"管用",须做到三个结合:首先是把学习马克思主义理论与坚持党的路线方针政策结合起来。马克思主义理论是党的路线方针政策的理论依据,党的路线方针政策是马克思主义科学理论在我国社会主义建设实践中的实际运用,深入贯彻执行党的路线方针政策能在现实世界更深刻地理解马克思主义理论的精神实质。其次是把学习理论与调查研究结合起来。调查研究一直是我党的优良工作作风,深入细致的调查研究保证了科学理论应用的有的放矢。毛泽东曾反复强调"没有调查就没有发言权",只有对各地方、各单位的具体情况、存在的主要问题有了深入了解和全面把握,在理论指导和运用工作上才会更有针对性、更具实效性。再次是把学习理论与实践活动结合起来。马克思主义认识论深刻阐释了理论与实践的辩证运动,理论源于实践并要接受实践的检验,实践活动需要科学理论的指导,同时又催生新的理论的创新与发展。中国的革命、建设和改革的历史发展证明丰富鲜活的实践活动正是马克思主义科学理论不断创新发展、与时俱进的源头活水。

二、以正确的舆论引导人

舆论是公众的言论,舆论导向就是舆论的倾向性、舆论的影响力把人们、把社会导向何方。在报纸、广播、电视基本普及,网络第四媒体正在崛起的新时期,舆论对人们的思想和行为的影响越来越大。"一条新闻,可以启迪人民奋发进取,也可能混淆视听,涣散人心。"②如果从一般民众的角度出发,舆论的形成往往是自发的,人们根据性别、

---

① 江泽民:《江泽民文选》(第1卷),北京:人民出版社,2006年,第489页。
② 中共中央文献研究室:《十三大以来重要文献选编(中)》,北京:人民出版社,1991年,第737页。

年龄、职业、阶层等因素的不同，对社会争议问题产生不同的认识和看法。但如果从政党和国家的意识形态建设角度出发，舆论的生成和引导应是自觉的。马克思、恩格斯曾在《德意志意识形态》中写道："统治阶级的思想在每一时代都是占统治地位的思想。这就是说，一个阶级是社会上占统治地位的物质力量，同时也是社会上占统治地位的精神力量。支配着物质生产资料的阶级，同时也支配着精神生产资料。"① 舆论是社会意识的一种特殊表现形式，各种意识形态都会不同程度地渗透到舆论中去，并在舆论中得到体现，国家、政党、新闻媒体等组织应对舆论的形成施加有明确目的的影响，科学引领舆论导向，以先进的、正确的舆论对社会发展起到积极推动作用。

"以正确的舆论引导人"是新闻宣传机构的崇高使命。江泽民在充分总结历史经验教训的基础上，从1989年11月28日在中宣部举办的新闻工作研讨班的讲话，到1996年9月26日视察人民日报社时的讲话，先后六次强调了把握舆论导向思想。江泽民深刻指出："舆论导向正确，人心凝聚，精神振奋；舆论导向失误，后果严重。正反两方面的经验告诉我们，引导舆论，至关重要。"② "舆论导向正确，是党和人民之福；舆论导向错误，是党和人民之祸。党的新闻事业与党休戚与共，是党的生命的一部分。可以说，舆论工作就是思想政治工作，是党和国家的前途命运所系的工作。"③ 早在邓小平时期就强调"要使我们党的报刊成为全国安定团结的思想上的中心"。"江泽民同志是新时期最重视新闻传播事业的领导人。"④ 他强调党和国家的新闻宣传机构，包括报刊、通讯社和电视广播等都应在科学引领社会舆论导向承担主体

---

① 马克思，恩格斯：《马克思恩格斯文集》（第1卷），北京：人民出版社，2009年，第550～551页。

② 中共中央宣传部政策法规研究室：《十四大以来宣传思想工作的理论与实践》，北京：学习出版社，1997年，第17页。

③ 江泽民：《江泽民文选》（第1卷），北京：人民出版社，2006年，第564页。

④ 王传寿，许厚今：《江泽民新闻宣传思想研究》，合肥：安徽人民出版社，2002年，第2页。

责任,发挥主导作用,特别是《人民日报》作为党中央的机关报和"喉舌",更应对全国的报纸、新闻界、舆论界起到重大的示范作用、导向作用。"以正确的舆论引导人"是新闻宣传机构的崇高使命,我们要确保报刊、广播电台、电视台、出版社等这些阵地牢牢地掌握在党的手中,牢牢掌握新闻舆论的领导权和主动权。

"以正确的舆论引导人",既要敢于引导又要善于引导。"敢于引导"是指舆论引导要坚持原则,在大是大非上要立场坚定、旗帜鲜明。江泽民指出:"在大的原则面前、是非面前,切不可含含糊糊。这也是我们党的宣传思想工作和整个领导工作的一个优良传统和重要经验。如果在原则、是非面前含含糊糊,就会使我们在工作中陷于不清醒的状态甚至迷失方向。"① 在建设有中国特色社会主义过程中,面对社会舆论反映出的重大是非问题和具有代表性的争论,宣传机构应坚持高度的原则性和使命感予以回应,加以廓清。例如1989年政治风波后有人提出了"三个反思"②,1991年出现的"一个中心"与"两个中心"的争论③,十四大确立社会主义市场经济体制改革目标引发的姓"社"姓"资"的争论等。另外,为使民众更好地分清是非、辨识正误,坚持真善美,抵制假恶丑的舆论,1995年江泽民明确提示在改革开放和现代化建设过程中要划清多个界限:"马克思主义同反马克思主义的界限,社会主义公有制为主体、多种经济成分共同发展同私有化的界限,辩证唯物主义同唯心主义形而上学的界限,社会主义思想同封建主义、资本主

---

① 中共中央宣传部政策法规研究室编:《十四大以来宣传思想工作的理论与实践》,北京:学习出版社,1997年,第6~7页。

② 1989年有人提出要进行三个所谓"反思":反思七十年前五四运动时期把马克思主义传播到中国来对不对;反思四十年前即建国后确定中国走社会主义道路对不对;反思十年前党的十一届三中全会确定走改革开放的道路对不对。参见江泽民:《江泽民文选》(第1卷),北京:人民出版社,2006年,第43页。

③ 1991年7月,有的同志主张一方面抓经济建设,一方面反和平演变,在基本路线上出现了"一个中心"和"多中心论"的争议。具体参见江泽民:《江泽民文选》(第1卷),北京:人民出版社,2006年,第526页。

义腐朽思想的界限,学习西方先进东西同崇洋媚外的界限,文明健康生活方式同消极颓废生活方式的界限,等等。"①

"善于引导"是指舆论引导要讲究艺术性,注意引导方式方法。江泽民反复强调了舆论引导的基本策略,即坚持正面宣传为主,"唱响主旋律,打好主动仗"。"对错误的消极的思想和言论,单靠封堵是不能解决问题的,重要的是唱响主旋律,大力弘扬先进思想文化,用一切有利于人们身心健康的东西占领思想文化阵地。"②正面宣传与批评监督的辩证关系处理是舆论引导工作艺术性的核心问题。以正面宣传为主并不是舍弃批评与监督,二者应是矛盾的主要方面和次要方面的关系,因为如果没有舆论批评和监督,正面宣传的真实性、可信度就会大打折扣。"因此,掌握宣传艺术不是单纯的技巧问题。掌握宣传艺术的核心问题是掌握'度'。"③

三、以高尚的精神塑造人

"以高尚的精神塑造人",首先要深刻把握"高尚精神"的内涵。江泽民指出:"我们说的高尚精神,就是指我们党的崇高理想和信念、优良传统和作风,包括中华民族几千年形成、发展起来的优秀文化传统和美德。"④理想和信念在高尚精神的范畴里是第一位的,崇高的理想信念能够统一意志、凝聚人心,有力推动中国特色社会主义建设事业。"要在我们这样一个经济文化比较落后的国家实现社会主义现代化,如果没有一批又一批、一代又一代用高尚精神武装起来的先进分子,如果没有这些先进分子团结和带动广大群众共同奋斗,是不能成功的。"④在理想信念上,我们既要高瞻远瞩,有雄心壮志,又要从现实出发,脚踏实地。自中国共产党成立以来,实现共产主义始终是我们的最高

---

① 江泽民:《江泽民文选》(第1卷),北京:人民出版社,2006年,第491页。
② 中共中央文献研究室:《十五大以来重要文献选编》(下),北京:中央文献出版社,2001年,第2216页。
③ 王传寿,许厚今:《江泽民新闻宣传思想研究》,合肥:安徽人民出版社,2002年,第118页。
④ 江泽民:《江泽民文选》(第1卷),北京:人民出版社,2006年,第503页。

理想。共产主义并不玄奥，不可把握。共产主义一方面是指社会制度，一方面是指共产主义运动。自从有共产主义运动以来，共产主义一直都在实践着。共产主义运动的发展从来不是靠空谈，而是靠实践。"共产主义好比一座宏伟的大厦，我们现在已经不是在大厦的门外，而是已经进入了大厦的门内，进行共产主义初级阶段的建设。"[①] 在现阶段全国各族人民坚持的共同理想正是共产主义最高理想的具体化，即建设有中国特色的社会主义，逐步把我国建设成为富强、民主、文明、和谐的社会主义现代化国家。在党的建设发展中形成的实事求是的思想原则、全心全意为人民服务的根本宗旨、批评与自我批评的优良作风、艰苦奋斗的革命精神等都是"高尚精神"的重要内容。此外，中华民族饱经历史沧桑，中华文明源远流长绵延至今，积累并流传下来具有强大生命力和广泛影响力的优秀道德文化传统，我们都应很好地继承和发扬这一珍贵的文化遗产。2011年9月，中共中央颁布《公民道德实施纲要》将中华民族的基本道德规范概括为20个字：爱国守法、明礼诚信、团结友善、勤俭自强、敬业奉献，对弘扬民族精神和时代精神，对促进物质文明与精神文明协调发展，具有十分重要的意义。

"以高尚的精神塑造人"，要准确把握时代特点赋予"高尚精神"以新的内容。在不同的历史时代，高尚精神应有不同的特征和内容体现，从毛泽东、邓小平到江泽民，党的三代领导核心都很注重从时代主题出发去提炼概括一系列的高尚精神。在革命战争年代，毛泽东曾在《新民主主义论》中高度赞扬了"鲁迅精神"："鲁迅是中国文化革命的主将，他不但是伟大的文学家，而且是伟大的思想家和伟大的革命家。鲁迅的骨头是最硬的，他没有丝毫的奴颜和媚骨，这是殖民地半殖民人民最宝贵的性格。鲁迅是在文化战线上，代表全民族的大多数，向着敌人冲锋陷阵的最正确、最勇敢、最坚决、最忠实、最热忱的空前的民

---

① 中央宣传部办公厅：《党的宣传工作会议概况和文献》，北京：中共中央党校出版社，1994年，第605页。

族英雄。鲁迅的方向,就是中华民族新文化的方向。"①毛泽东还对"长征精神""延安精神""抗美援朝精神"等作出过精彩而深刻的阐述。作为改革开放的总设计师邓小平同志联系新时期实际,概括出了党在长期革命斗争中形成的五种精神:"革命和拼命的精神,严守纪律和自我牺牲精神,大公无私和先人后己的精神,压倒一切敌人、压倒一切困难的精神,坚持革命乐观主义、排除万难去争取胜利的精神。"②邓小平还就"两弹一星"精神、大庆精神等发表过重要谈话。面对新的世情、国情、党情,江泽民在新的历史时期积极倡导"解放思想、实事求是、积极探索、勇于创新、艰苦奋斗、知难而进、学习外国、自强不息、谦虚谨慎、不骄不躁、同心同德、顾全大局、勤俭节约、清正廉洁、励精图治、无私奉献"的"64字创业精神"。他在2001年全国宣传部长会议上又要求全社会大力宣扬和弘扬为实现社会主义现代化而不懈奋斗的五种精神。③正是这些兼具历史使命和时代气息的崇高精神凝聚着最广大人民的根本利益,代表着社会进步的方向,支撑和推动着伟大的事业顺利前行。

"以高尚的精神塑造人"要找准几个"着力点",即通过多样的形式和细致的工作把高尚的精神灌输到广大干部群众的思想和行动之中,落实到基层。第一,必须搞好党风建设。江泽民指出:"我们讲以高尚的精神塑造人,首先要弘扬党的正气。党是整个社会的表率,党的各级领导同志又是全党的表率。要促进社会风气进步,必须搞好党风。"④他强调治国必先治党,治党务必从严,在党风建设上应将弘扬浩然正气与惩治歪风邪气结合起来,在全党同志尤其是各级领导干部中树立和发扬正气的同时,深入持久地开展反腐倡廉斗争,同以权谋私、拜

---

① 毛泽东:《毛泽东选集》(一卷本),北京:人民出版社,1970年,第658页。
② 邓小平:《邓小平文选》(第2卷),北京:人民出版社,1994年,第368页。
③ 中共河北省委宣传部:《十五大以来宣传思想工作重要文件选编》,石家庄:新科技印刷厂,2003年,第42~43页。
④ 江泽民:《江泽民文选》(第1卷),北京:人民出版社,2006年,第505页。

金主义、享乐主义、极端个人主义等邪气作斗争。第二，发挥典型示范和警示作用。典型有先进典型和反面典型之分，先进典型作为榜样能以高尚的精神品德影响和带动群众，而反面典型则以其丑恶的灵魂和违法乱纪行为警示人们引以为戒。江泽民时期积极宣传了张海迪、吴运铎等自强模范，领导干部的楷模孔繁森、公交战线服务明星李素丽等一批优秀干部、劳动模范，收到良好的社会反响；另外类似陈希同问题、王宝森案件的曝光与查办，很好地震慑了党内腐败，打击了歪风邪气。第三，各条战线齐抓共管，形成合力。以高尚的精神塑造人，是一项宏大的社会系统工程，不能依靠宣传工作部门开展几项工作就能完成，而需要各条战线的通力合作，各项工作的相互配合。江泽民指出："思想工作是全党的工作，不仅宣传部门要做，各级党委和企业、农村、学校、街道等基层党组织要做，各级行政部门和工会、共青团、妇联等也都有做群众思想工作的责任。"① 各级党委和政府要积极创造条件，抓好落实，开展内容丰富、渠道多样的教育，使以高尚的精神塑造人的工作经常化、系统化。

四、以优秀的作品鼓舞人

"优秀作品是一个国家、一个时代精神文化水平的集中反映，对精神产品生产具有重要的影响和示范作用。"② 优秀的小说、诗歌等文学作品、优秀的歌曲、影视等艺术作品、优秀的新闻报道等传媒作品，是宣传机构以科学的理论武装人、以正确的舆论引导人、以高尚的精神塑造人的重要载体。一部优秀的作品往往传播着科学的内容、先进的文化、高尚的品德、向上的精神，能够有力地团结人民、鼓舞人民。没有优秀的作品，就没有正确的导向。江泽民强调："宣传思想工作部门和单位，要把最好的东西奉献给人民，用最好的东西去武装人、引

---

① 中共中央宣传部政策法规研究室：《十四大以来宣传思想工作的理论与实践》，北京：学习出版社，1997年，第19页。

② 江泽民：《江泽民文选》（第1卷），北京：人民出版社，2006年，第506页。

导人、塑造人、鼓舞人。"①

"以优秀的作品鼓舞人",要弘扬主旋律,提倡多样化。改革开放和现代化建设的伟大实践和时代主题是文艺作品创作取之不尽、用之不竭的源泉。邓小平曾指出:"在这个崇高的事业中,文艺发展的天地十分广阔。不论是对于满足人民精神生活多方面的需要,对于培养社会主义新人,还是对于提高整个社会的思想、文化、道德水平,文艺工作者都富有其他部门所不能代替的重要责任。"②优秀的精神作品应该反映时代精神,弘扬主旋律。"弘扬主旋律,就是要在建设有中国特色社会主义的理论和党的基本路线指导下,大力倡导一切有利于发扬爱国主义、集体主义、社会主义的思想和精神,大力倡导一切有利于改革开放和现代化建设的思想和精神,大力倡导一切有利于民族团结、社会进步、人民幸福的思想和精神,大力倡导一切用诚实劳动争取美好生活的思想和精神。弘扬主旋律,使我们的精神产品符合人民的利益,促进社会的进步,不断满足人民群众日益增长的精神文化需求,这是发展宣传文化事业、繁荣社会主义文化市场的主题。"③宣传机构部门要大力支持主旋律精神产品的生产,拿出一大批优秀的影视、戏剧、音乐、舞蹈、美术和文学作品。"五个一工程"④"百万里边疆文化长廊建设""百部爱国主义教育影视片展映"等精神文化产品重点工程建设既保证了主旋律精神产品引领社会主义先进文化建设的社会效益,同时又提升了文化产品的市场竞争力和影响力,实现了社会效益与经济效益双丰收。同时,社会生活又是多姿多彩的,随着时代的进步,群众的精神文化需求也日益多样,文艺作品在多出精品的同时要进一步多样化,文艺创作的路子应越走越宽,不断搞好社区文化、村镇文化、企业文化、

---

① 江泽民:《江泽民文选》(第1卷),北京:人民出版社,2006年,第563页。
② 邓小平:《邓小平文选》(第2卷),北京:人民出版社,1994年,第209页。
③ 中共中央宣传部政策法规研究室:《十四大以来宣传思想工作的理论与实践》,北京:学习出版社,1997年,第20页。
④ 优秀精神文化作品"五个一工程",即一篇好文章、一本好书、一台好戏、一部好电影、一部好电视剧。

校园文化建设，使更多的各阶层、各社会群体的人民得到教育和启迪，得到娱乐和美的享受。

"以优秀的作品鼓舞人"，要一手抓繁荣，一手抓管理。这是"两手抓"战略思想在文化工作上的具体体现，是贯彻"二为"方向和"双百"方针的内在要求，是社会主义精神文明建设顺利发展的重要保障。首先要营造宽松民主的创作环境，鼓励文化工作者坚持为人民服务，为社会主义服务的方向，使其作品创作的智慧思想充分涌流，不断创造出顺应历史发展，体现时代精神，鼓舞人民热情的精神产品，使我们的舞台姹紫嫣红，银屏绚丽多彩、书刊百花争艳、学术生机勃勃，使我们的宣传文化事业更加蓬勃繁荣。文化建设包括管理，管理促进建设，加强和改善管理是发展宣传文化事业、繁荣文化市场的有力保证。在精神产品生产过程中，对那些传播封建迷信的、渲染色情暴力的、错误的、违法的东西不能不管不问，关于提倡什么、允许什么、限制什么、反对什么，宣传思想文化部门要坚持原则、旗帜鲜明。精神文化产品生产管理要着重处理好两个关系：一是正确处理好社会效益和经济效益的关系，确保一切宣传文化部门和单位坚持以社会效益为最高准则，力求经济效益与社会效益相统一；二是正确处理质量和数量的关系，确保宣传文化事业特别是新闻出版业坚持以内涵发展为主，把工作着力点放到提高精神产品质量上来。

"以优秀的作品鼓舞人"，要吸收世界各国文明成果，继承发扬中华民族优秀传统文化。当今世界是开放的世界，不同国家、民族、地区间文明成果的交流互鉴是世界文化发展的主流。我们应该打破传统落后观念的束缚和禁锢，不断解放思想，以开放的姿态借鉴和吸收其他国家民族和地区的优秀文化成果，善于从其他国家和民族的文化中汲取营养，发展自己。当然在此过程中，要做好选择，将西方腐朽的生活方式、资产阶级的思想文化拒之门外，还要居安思危，坚决抵制国际敌对势力对我们的"西化""分化"图谋和意识形态的渗透。中华文明是中华民族几千年历史历尽沧桑沉淀积累下来的珍贵文化遗产，在对待传统文化的态度上我们既要反对将传统文化看得一无是处主张全盘西化的民族虚无主义，又要反对不分良莠全盘接受的民粹主义。科学地继承和弘扬中华民族优秀传统文化，要坚持"扬弃"的态度，即批评地继承，取其精华去其糟粕。我们讲继承、讲借鉴，目的是通过继承和借鉴，使民族传统文化、外来文化的精华同我们党领导人民在长期革命和建设中形成的优良传统和革命精神有机结合在一起，并在新的实践基础上不断创新，建设和发展有中国特色、中国风格、中国气派的社会主义文化。当今世界的竞争，实际上是综合国力的较量。综合国力不光包括经济实力、军事实力、科技实力，还包括国家精神文明、民族特色文化等软实力。江泽民深刻地指出："一个民族只有在努力发展经济的同时，保持和发扬自己的民族文化特色，才能真正自立于世界民族之林。我们能不能继承和发扬中华民族的优秀文化传统，吸收世界各国的优秀文化成果，建设有中国特色社会主义的文化，是事关中华民族振兴的大问题，事关建设有中国特色社会主义事业取得全面胜利的大问题。在这方面，我们的理论、新闻、文艺、出版工作者担负着特殊重要的使命，我们应该从这样的高度来对待自己的工作，审视自己的作品，对社会负责、对人民负责，对后代负责。"①

第四节 建设一支政治强、业务精、作风正的宣传工作队伍

在世纪之交的重要历史关头，党中央以整风的精神在全国县级以上党政领导班子和领导干部中深入开展了"三讲"教育，即讲学习、讲政治、讲正气。"三讲"教育是党的建设这一新的伟大工程又一个新的创造性探索，是在新的历史条件下，保持党的先进性和纯洁性，提高领导水平和执政水平，增强拒腐防变和抵御风险能力，解决当下党性党风方面存在突出问题而采取的一项重大措施。讲学习、讲政治、讲正气，三者是紧密相连和相互统一的。讲学习是前提和基础，放在第

---

① 江泽民：《江泽民文选》（第1卷），北京：人民出版社，2006年，第507页。

一位；讲政治是核心；讲正气是讲学习、讲政治的必然体现。

"三讲"教育是具体的，不是抽象的，更不是响亮的政治口号。"清谈政治，误党误国"，"三讲"教育要落实到行动上，要贯彻到各行各业和各个部门的工作中去。从"三讲"教育出发，江泽民针对宣传系统的干部队伍建设提出了"政治强、业务精、作风正"的总体要求，这9个字成为新时期宣传机构在干部队伍建设工作上的根本方向和指针。

一、讲政治，政治强

宣传工作队伍政治强，要做到讲政治。江泽民在党的十四届五中全会上讲过，讲政治包括政治方向、政治立场、政治观点、政治纪律、政治鉴别力、政治敏锐性。"讲政治，对于一个马克思主义政党来说，不是什么新问题。从我们的老祖宗马克思、恩格斯、列宁到毛泽东同志、邓小平同志，可以说是一以贯之的。这也是我们党的优良传统。"① 宣传工作队伍要讲政治、政治强，首先必须政治立场坚定，要在思想上、政治上与党中央保持高度一致，坚决拥护和贯彻中央的路线方针政策，坚决维护中央权威，保证中央政令畅通。其次必须具备高度的政治责任感。宣传战线是党中央的耳目喉舌，在新的历史时期，宣传思想工作具有特殊重要性，关系建设有中国特色社会主义事业的全局。要结合宣传工作战线的实际情况创造性地开展工作，使中央的决策和部署落实到实处。"政治方向决定宣传导向，宣传导向体现政治方向"，一名合格的宣传思想工作干部要强化阵地意识，做到守土有责，努力增强自身的政治责任感和使命感，在宣传工作岗位上满腔热忱、执着追求、兢兢业业、恪尽职守，任何时候都以党和人民的利益为重，以大局为重，全心全意为党的宣传事业贡献智慧和力量，决不能因为自身工作的疏忽和不慎，给党的事业造成损失。再次必须保持高度的政治敏感性和政治鉴别力。"我们要讲的是马克思主义的政治，是坚持和保障改革开放和现代化建设的政治，是维护人民群众根本利益的政治。"② 邓小平同

---

① 江泽民：《江泽民文选》（第1卷），北京：人民出版社，2006年，第514页。
② 江泽民：《江泽民文选》（第2卷），北京：人民出版社，2006年，第114页。

志在改革开放之初就明确提出，坚持四项基本原则，警惕西方敌对势力西化、分化我国的政治图谋，反对台独和民族分裂势力，抵制封建主义、资本主义腐朽思想文化的侵蚀，这些都是"政治"。不讲这些，我们的改革开放和现代化建设就不可能顺利进行，就不可能保证建设有中国特色社会主义事业的成功。宣传战线上的工作者、领导干部要始终绷紧政治这根弦，对纷繁复杂的社会现象、各种不同的思想理论观点，要有正确清醒的认识，分清正确与错误、辨别真善美与假恶丑，明确提倡什么、允许什么、限制什么、反对什么。要善于透过现象看本质，深刻揭露美国等西方大国提出所谓"人权高于主权"的"新干涉主义"口号背后掩盖的霸权主义和强权政治的本质。1989年"六四风波"、90年代初的"苏东剧变"、1999年的"法轮功事件"又给我们提供了经验教训，提醒宣传工作者对待一些错误的倾向、问题的苗头要有敏锐的洞察力、鉴别力。"风起于青萍之末"，对于此类事件，既不能熟视无睹，置若罔闻，也不要草木皆兵，惊慌失措，而应见微知著，防微杜渐，举一反三，通过积极的工作和采取有力的措施，将其清除在萌芽状态。相反，如果没有政治敏感性，麻痹大意，不及时地果断处理和坚决制止，任其积蓄能量，发展蔓延，则会带来更大的损失。

二、讲学习，业务精

20世纪末部分发达国家开始步入知识经济时代，知识经济在中国也初露端倪，"知识在经济发展和社会进步中的作用，比以往任何一个历史时代都重要千百倍。"江泽民准确把握时代发展的特征和方向，提出了"讲学习"的教育要求，强调当今时代是要求人们必须终身学习的时代，各级领导干部必须坚持不懈地学习、学习、再学习。①江泽民明确提出了"讲学习"的重要原则是"坚持学习一般知识和学习专门知识的统一"①。改革开放和现代化建设是一个宏伟而复杂的系统工程，搞好学习首先要讲全局、懂全局、谋全局，胸中有大局观，只有

---

① 江泽民：《江泽民文选》（第1卷），北京：人民出版社，2006年，第147页、第307页。

不断扩大自己的知识面，从党和国家工作的全局出发，才能明确我们的工作重点和要抓的大事是什么。另一方面，各领域部门的工作者又要努力成为本职工作的行家里手，干部"四化"标准中有一条就是专业化，现在无论什么工作，没有一定的专业知识是不能胜任的。具体到宣传系统的工作队伍建设，江泽民于1994年全国宣传思想工作会议上指出："宣传思想工作者要努力学习理论，学习一点社会主义市场经济和科学技术知识，学习一点文学史、音乐史、美术史，了解中国文化和世界文化发展的梗概。要深入基层、深入群众、深入生活，从人民群众的历史创造活动中汲取营养，充实自己，提高自己。"[①]宣传机构工作者要不断加强马克思列宁主义、毛泽东思想、邓小平建设有中国特色社会主义的理论学习，没有思想理论水平和精神境界，怎么提高和防范错误与失误？要抓紧学习社会主义市场经济知识、现代科技和管理知识，以做好经济建设的宣传报道，服务于解放和发展生产力的中心工作；要学习好历史知识，使自身的宣传工作能有更广阔的视野、更新颖的视角、更深远的说服力；要主动适应信息网络技术的快速发展，直面信息网络带给宣传工作的机遇与挑战，努力建设一支政治意识强、新闻素养高、熟悉网络技术、有一定外语水平的专业队伍；要坚持不懈地向群众学习、向实践学习，秉持全心全意为人民服务的宗旨，不断深入群众、深入实践，人民群众的实践活动无穷尽，知识就无穷尽，学习与思考就应无穷尽。

  党的宣传工作能不能办好，关键在有没有一支具备高政治素质、高业务素质的宣传工作队伍。1996年9月26日，江泽民在视察人民日版社针对宣传战线新闻工作者的思想政治和业务素质提出了打好"五个根底"的具体要求：(1)要打好理论、路线根底；(2)要打好政策、法律、纪律根底；(3)要打好群众观点根底；(4)要打好知识根底；(5)要

---

① 中共中央宣传部政策法规研究室：《十四大以来宣传思想工作的理论与实践》，北京：学习出版社，1997年，第25页。

打好新闻业务根底。①1995年1月19日，江泽民在全国宣传部长会议上从不断提高宣传思想工作队伍的政治业务水平出发，提出了"四个一批"的建设目标："努力培养一批全面掌握建设有中国特色社会主义理论、学贯中西、联系实际的理论家，一批坚持正确方向、深入反映生活、受到群众喜爱的名记者、名编辑、名主持人，一批熟悉方针政策、社会责任感强、精通业务知识的出版家，一批紧跟时代步伐、热爱祖国和人民、艺术水平精湛的作家、艺术家。"②为落实"四个一批"队伍建设的要求，中央宣传部当年确定实施"宣传思想文化部门跨世纪人才培养工程"，分三个层次精心策划，努力创造各种有利条件，使人才脱颖而出：第一个层次是有权威性、有代表性的卓越人才；第二个层次是有影响、有知名度的杰出人才；第三个层次是有扎实功底和发展潜力的优秀人才。②

三、讲正气，风气正

"讲正气"是江泽民针对党的作风建设提出的要求。"一个革命政党，必须有一股浩然正气，这样全党才能具有强大精神支柱，才能充满生机和活力。①"党的作风是党的形象，是党的性质、宗旨、纲领、路线的重要体现，是党的创造力、凝聚力、战斗力的重要内容，中央一直强调，全党同志特别是领导干部一定要树立和保持共产党人的高尚情操和革命气节，这历来是我们党团结奋斗、夺取胜利的强大精神力量。在改革开放和发展社会主义市场经济的条件下，党员干部要将改造客观世界同改造主观世界结合起来，改造主观世界，关键是牢固树立正确的世界观、人生观、价值观，在拜金主义、享乐主义、极端个人主义和灯红酒绿的侵蚀和影响面前，保持革命气节，不改革命初衷，一尘不染，正气凛然。2001年8月21日，江泽民在山西省考察

---

① 江泽民：《江泽民文选》（第1卷），北京：人民出版社，2006年，第566～567页、第367页。

② 中共中央宣传部政策法规研究室：《十四大以来宣传思想工作的理论与实践》，北京：学习出版社，1997年，第30页、第134页。

工作时指出:"抓党的作风建设,必须抓住当前思想作风、学风、工作作风、领导作风和干部作风等方面存在的突出问题开展工作。"党风建设要重点做好"八个坚持、八个反对":坚持解放思想、实事求是,反对因循守旧、不思进取;坚持民主集中制原则,反对独断专行、软弱涣散;坚持党的纪律,反对自由主义;坚持清正廉洁,反对以权谋私;坚持艰苦奋斗,反对享乐主义;坚持任人唯贤,反对用人上的不正之风。①

针对宣传战线的干部工作队伍,江泽民反复提到邓小平同志的一句话:"思想战线上的战士,都应当是人类灵魂工程师。"教育者要先受教育,在新的历史时期,为更好地担负起武装人、引导人、感染人、鼓舞人的主要任务,宣传工作者既要志存高远,又要脚踏实地,坚持和发扬好党的宣传工作的优良作风:"一是敬业的作风,热爱党的新闻事业,献身党的新闻事业。二是实事求是的作风,报实情,讲真话。三是艰苦奋斗的作风,不怕苦,不怕累,有时还要不怕危险、不怕牺牲。四是清正廉洁的作风,自觉抵制拜金主义、享乐主义、极端个人主义思想的侵蚀,恪守职业道德,坚决反对搞有偿新闻。五是严谨细致的作风,一丝不苟,精益求精,严防差错。六是勇于创新的作风。"②1994年,在全国宣传思想工作会议上,丁关根针对工作队伍作风建设提出了"六要六不要"的工作要求:第一,要帮忙,不要添乱;第二,要唱响主旋律,不要搞"噪音";第三,要注意社会效益,不要见利忘义;第四,要内外有别,不要随心所欲;第五,要"聚焦",不要"散光";第六,要狠抓落实,不要搞花架子。③

加强队伍建设,关键是抓好领导班子建设。江泽民、李鹏、丁关根等领导同志都曾强调各级党委和政府要从建设有中国特色社会主义的

---

① 江泽民:《江泽民文选(第3卷)》,北京:人民出版社,2006年,第324页。
② 江泽民:《江泽民文选(第1卷)》,北京:人民出版社,2006年,第567页。
③ 中共中央宣传部政策法规研究室:《十四大以来宣传思想工作的理论与实践》,北京:学习出版社,1997年,第109~111页。

全局出发，关心、重视并支持宣传工作领导干部的培养。"应当按照干部队伍'四化'方针和德才兼备的原则，把坚持党的基本路线、具有马克思主义基本理论素养、有高度政治责任感和事业心的干部，配备到宣传思想战线的重要领导岗位上来。"① 在1999年全国宣传部长会议上，丁关根总结指出，宣传思想战线领导干部不仅要有扎实的理论功底、过硬的业务知识，还应具有"四十八字"的思想品格："真诚坦率、亲切热情，冷静理智、观察思考，谦虚谨慎、不骄不馁，有张有弛、有刚有柔，旗帜鲜明、敢于负责、淡泊名利、甘当苦力。"② 当年1月，中央宣传部下发了关于学习《努力做一个合格的宣传思想工作干部》的通知，总结宣传思想工作队伍建设的丰富经验，明确提出了新时期做合格的宣传思想工作干部的十二条要求③，对建设一支政治强、业务精、作风正的宣传思想工作队伍具有重要指导意义。

---

① 中共中央宣传部政策法规研究室：《十四大以来宣传思想工作的理论与实践》，北京：学习出版社，1997年，第24～25页。
② 中共中央宣传部政策法规研究室：《十四大以来宣传思想工作的理论与实践》，北京：学习出版社，1997年，第136页。
③ 努力做一名合格的宣传思想工作干部的十二条要求：(一)有强烈的事业心和高度的责任感；(二)牢牢把握一个根本方针，即邓小平同志建设有中国特色社会主义的理论；(三)坚持党的基本路线不动摇，在思想上政治上行动上与党中央保持一致；(四)树立群众观点，全心全意为人民服务；(五)政治要敏锐，旗帜要鲜明；(六)坚持唯物辩证法，防止片面性；(七)议大事、抓大事，增强全局观念；(八)心胸要宽广，自觉拥护团结；(九)深入调查研究，善于总结经验；(十)工作务求实效，力戒形式主义；(十一)严于律己，严守纪律，清正廉洁；(十二)刻苦学习，勤于思考。详见中共中央宣传部政策法规研究室：《十四大以来宣传思想工作的理论与实践》，北京：学习出版社，1997年，第163～171页。

第七章 胡锦涛时期的宣传机构建设理论

胡锦涛时期的时间范围是自2002年至2012年。十六大报告明确提出:"创新是一个民族进步的灵魂,是一个国家兴旺发达的不竭动力,也是一个政党永葆生机的源泉。"进入新世纪新阶段,以胡锦涛为总书记的党中央以创新精神适应新形势、应对新挑战、完成新使命,确立了"三个代表"重要思想在党和国家建设中的指导地位,明确了新时期的奋斗目标,提出了科学发展观、构建社会主义和谐社会、建设社会主义新农村等一系列重大战略思想。以胡锦涛为总书记的党中央完整提出科学发展观是马克思主义中国化的最新理论成果,是对社会主义现代化建设指导思想的新发展。"发展观是关于发展的本质、目的、内涵和要求的总体看法和根本观点。有什么样的发展观,社会有什么样的发展道路、发展模式和发展战略,社会对发展的实践产生根本性、全局性的重大影响。"[①]"科学发展观"第一要义是发展,核心是以人为本,基本要求是全面协调可持续,根本方法是统筹兼顾。科学发展观的内涵极为丰富,涉及经济、政治、文化、社会发展各个领域,既是重大理论问题,又是重大实践问题;既管当前,又管长远。党的十六大以来,以胡锦涛同志为总书记的党中央高度重视宣传思想工作,多次进行专项研究部署,反复强调创新是新世纪宣传思想工作的重中之重。以科学发展观指导宣传机构建设,胡锦涛、李长春等中央领导同

[①] 中共中央文献研究室:《十六大以来重要文献选编(上)》,北京:中央文献出版社,2005年,第755~756页。

志从新形势出发,在完善宣传机构格局、推进文化体制改革、优良宣传队伍作风建设等方面提出了丰富深刻的思想理论。

第一节 宣传机构建设面临的新形势

一、文化建设:宣传机构建设的新空间

文化建设是全面建设小康社会目标的重要内容。2002年党的十六大提出了在新世纪头20年集中力量全面建设小康社会的战略目标。全面建设小康社会的目标是实现经济建设、政治建设、文化建设、社会建设"四位一体"的整体推进,是形成经济发展、民主健全、科教进步、文化繁荣、社会和谐以及人民生活殷实的良好局面。小康社会是全国人民的共同愿望,是党和国家新世纪新阶段的中心任务,当然也是宣传思想战线的中心工作。改革开放以来,在党中央的正确领导下,宣传思想文化战线广大干部群众辛勤工作、改革探索,为改革开放和社会主义现代化建设提供了精神动力、思想保证和舆论支持,社会主义文化建设取得巨大成就,初步呈现繁荣景象。同时,也要看到,经过20多年的改革开放,文化赖以生存和发展的经济基础、体制环境、社会条件发生了深刻变化,给文化建设和发展带来了一系列重大影响,要求文化建设无论在思想认识、文化观念,还是在管理体制、工作方式上都要进行改革创新。"全面建设小康社会,必须大力发展社会主义文化,建设社会主义精神文明。当今世界,文化与经济和政治相互交融,在综合国力竞争中的地位和作用越来越突出。文化的力量,深深熔铸在民族的生产力、创造力和凝聚力之中。"[①]十六大报告围绕"文化建设和文化体制改革"提出了牢牢把握先进文化的前进方向;坚持弘扬和培育民族精神;切实加强思想道德建设;大力发展教育和科学事业;积极发展文化事业和文化产业;继续深化文化体制改革六项任务。李

---

① 中共中央文献研究室:《十六大以来重要文献选编(上)》,北京:中央文献出版社,2005年,第29页。

长春强调:"宣传思想战线各部门、各单位都是建设先进文化的骨干力量,也是组织者和领导者,六项任务基本上都是大家应该承担并认真做好的。"①

文化建设是满足人民群众日益增长的文化需求的根本途径。我国最大的国情是正在处于并将长期处于社会主义初级阶段。在社会主义初级阶段,我国经济社会发展的主要矛盾没有改变,即人们日益增长的物质文化需求与落后的社会生产之间的矛盾。根据人类需要发展的一般规律,人的需要是一个由低级层次向高级层次发展提高的过程。物质需求在人类需求层次体系中处于最基础的位置,它满足人的生理需要,维持人的生存。文化需求是较之物质需求更高层次的需求,它满足人的求知需要和审美需要,在美国心理学家马斯洛五个需求层次的排列中,生理需求是第一层次、低级的需求,而满足求知需要和审美需要则被置于"尊重需求"(第四层次)与"自我实现需求"(第五层次)之间。"从总体上看,人民群众的文化需求可以分为两部分,一部分是体现人民群众文化权益的基本文化需求,另一部分是多样化、多层次、多方面的文化需求。"现阶段人民群众的基本文化需求主要包括读书看报、听广播看电视、进行公共文化鉴赏、参加公共文化活动等,除此之外,都属于多样化、多层次、多方面的文化需求。②经过30余年的改革开放和社会主义现代化建设的全面推进,我国人民群众的物质生活水平有了大幅提升。恩格尔系数(Engel's Coefficient)是食品等物质消费支出总额占个人消费总额的比重,到2003年我国的恩格尔系数平均已降到0.5以下,城市已降到0.4以下。③与此同时,人民群众的精神文化需求不断提高,鉴赏水平和消费能力大幅提升,体现出层次分明、形

---

① 中共河北省宣传部:《十五大以来宣传思想工作重要文件选编》,石家庄:新科技印刷厂,2003年,第104~105页。

② 中共中央文献研究室:《十七大以来重要文献选编(中)》,北京:中央文献出版社,2011年,第765页。

③ 中共中央文献研究室:《十六大以来重要文献选编(上)》,北京:中央文献出版社,2005年,第338页。

式多样的特征，为我国发展文化事业提供了新的发展空间和内在动力。总的来看，我国文化发展的现实整体水平还不高，相对于日益增长的群众文化需求，我们能够提供的文化产品和文化服务，无论在数量上还是质量上都有较大差距。因此在现阶段如何积极推进文化体制改革，促进文化事业和文化产业的繁荣发展，满足人们日益增长的精神文化需求，实现人的全面发展和社会全面进步，是宣传思想文化战线亟待攻克的重大课题。

文化建设是增强中华文化国际竞争力的客观需求。从国际上看，当今综合国力竞争的一个显著特点，就是文化的地位和作用更加凸显，越来越多的国家把提高文化软实力作为重要发展战略。在党的十七大报告中，胡锦涛总结提出，新时期我国最鲜明的特点是改革开放，新时期最显著的成就是快速发展。中国共产党人将发展作为执政兴国第一要务，一心一意搞建设，全心全意谋发展，坚定走改革开放之路，不断推进中华民族伟大复兴的光荣进程。当前，我国的经济总量已跃居世界第二位，在世界上的地位、对世界的影响力显著提高。但同时我们也要看到，目前我国的文化软实力在国际上的影响力和竞争力还与我国的国际地位不相称，与我国五千年文明积淀的丰厚文化资源不相适应。国际文化竞争中"西强我弱"的局面在短期内还难以改变，这就迫切要求我们必须以科学发展观统领文化建设，加快文化发展步伐，尽快使我国由文化资源大国转变为文化发展强国，积极推动中华文化"走出去"工程，形成全方位、多层次、宽领域的对外文化交流新格局，不断扩大中华文化的国际影响力。面对我国文化产品和文化服务在国际文化市场长期逆差巨大的现实，在继续推进政府主导的文化交流的同时，我国还应积极探索市场化、商业化、产业化的运作方式，打造具有国际竞争力的外向型文化企业，着力打造具有自主知识产权和核心竞争力的文化品牌，提高文化产品的附加值，主动参与国际竞争，扩大我国文化产品在国际市场的份额，使承载我国文化元素的图像、声音、文字、信息、影视节目更广泛地传播到世界各地，不断增强中华文化的国际竞争力。

二、新兴媒体：宣传机构建设的新阵地

随着科学技术的进步，媒体发展的历史总是伴随着新旧媒体的更替，因此在严格意义，"新媒体"是一个不断变化的概念。近年在传播学领域已成研究热点和焦点的"新媒体"的概念界定虽众说纷纭，没有定论，但我们可以清晰地把握"新媒体"概念最关键的问题，即新媒体"新"在哪里？新媒体首先"新"在媒体形态和技术特性上。与传统的报刊、广播、电视等媒体不同，新媒体依托数字技术、互联网技术、移动通信技术等新技术向受众提供信息服务，其主要形态有：微博、博客、播客、手机短信、手机彩信、手机报、手机广播电视、数字电视、移动电视、门户网站、虚拟社区等。① 新媒体集文字、图像、视频、声音于一体，是融合传统媒体功能于一身的"全媒体"，它传播渠道多元，信息传播速度极快，传播空间无限广阔，容纳信息海量，在传统媒体"一对多"的传播模式基础上增加了"一对一""多对多"、"多对一"等丰富的传播模式，因此就有了新媒体的第二个"新"——引起了社会、法律、政治、经济及文化交流方式的新变化。斯蒂夫·琼斯在《新媒体百科全书》导言中写道："对于新媒体的唯一完美的定义无疑来自于对历史、技术和社会的综合理解。"② 他强调对新媒体的理解要超越单纯对媒体技术形态的关注，研究媒体技术与人类行为及社会结构的交互影响。

近年我国的新媒体发展迅猛，截止到 2011 年 12 月份，我国已拥有 5 亿网民、9 亿手机用户，微博用户数量已超 3 亿，是全球新媒体用户数量最多的国家。③ 新媒体的快速发展和广泛运用，在带给广大民众生活内容、交往方式巨大影响和改变的同时，对中国共产党的执政和意

---

① 汪志强，王梅枝：《新媒体对中国共产党执政的挑战与对策》，载《湖北行政学院学报》，2009 年第 6 期。

② Loah A Lievrouw and Sonia Livingstone, The Handbook of New Media, London: Sage, 2004, pp1-16.

③ 《我国应高度重视新媒体时代的意识形态安全》，载《中国青年报》，2011 年 12 月 15 日第 7 版。

识形态控制也带来了前所未有的机遇和挑战。在传统媒体大行其道的时候，我党拥有一套成熟的利用主流媒体进行舆论引导和意识形态宣传灌输的机制方法，然而当前新兴媒体的蓬勃发展大大突破了党和政府的控制范围，在此条件下，如何使"个性化""分众化"突出的新媒体为我所用，用马克思主义理论迅速占领新兴媒体阵地，以社会主义核心价值体系①引领新媒体走向，既关系到党的宣传机构工作的现代化，也关系到党在新时期是否还能保持强大的"新闻执政力"②。

现实政治生活使人们得出共识：谁掌控了媒体谁就把握了意识形态工作的主动权、话语权和领导权。在进入新媒体时代后，中国共产党的主流媒体影响力已经开始弱化，而新媒体在议程设置上的功能越来越突出。正因如此，美国等西方国家对华的意识形态战略已经开始转型，从传统媒体转战互联网新媒体。"美国之声""德国之声"等早就相继开设中文网页、网络电台、网络电视台，并且不断资助一些有影响力的华人开设中文博客、微博。美国前任驻华大使洪博培曾明确指出寄希望于中国互联网一代的年轻人带来变化，"扳倒中国"③。媒体传播领域的深刻变革和意识形态领域的新动向使我党大力发展、积极利用、科学管理新兴媒体的任务更加紧迫。胡锦涛、李长春等党和国家领导人要求宣传思想文化战线积极适应现代信息技术发展的新趋势，加快占领新兴媒体阵地，提高驾驭新兴媒体的能力，形成网上舆论强势，牢牢把握新媒体时代宣传思想文化的主动权和主导权。2008年6月20日，胡锦涛在视察人民日报社时发表讲话指出："互联网已成为思想文

---

① 社会主义核心价值体系包含四个层次：马克思主义指导思想、中国特色社会主义共同理想、以爱国主义为核心的民族精神和以改革创新为核心的时代精神、社会主义荣辱观。

② 新闻执政力（Governing with news）是指党和政府通过科学地掌握、管理和运用媒体，从而提高自身的执政能力。详见向颖铁：《媒体动力圈中的控制革命》，http://academic.mediachina.net/article.php?id=5311.

③《我国应高度重视新媒体时代的意识形态安全》，载《中国青年报》，2011年12月15日第7版。

化信息的集散地和社会舆论的放大器,我们要充分认识以互联网为代表的新兴媒体的社会影响力,高度重视互联网的建设、运用、管理,努力使互联网成为传播社会主义先进文化的前沿阵地、提供公共文化服务的有效平台、促进人们精神生活健康发展的广阔空间。"①2010年1月4日,李长春在全国宣传部长会议上强调:"要适应媒体格局的新变化,努力提高驾驭互联网、手机等新兴媒体的能力,按照'积极利用、科学发展、依法管理、确保安全'的方针,一手抓建设、一手抓监管、一手抓运用、一手抓引导,把对互联网、手机等新兴媒体的建设和管理提高到新水平。"②

三、矛盾凸显:宣传机构建设的新挑战

无论是在革命年代,还是在社会主义建设和改革开放时期,党的宣传机构都肩负着凝聚人心、鼓舞士气、解疑释惑、化解矛盾的艰巨使命。进入新世纪新阶段,中国在面临"发展机遇期"的同时,也面临着"矛盾凸显期"的考验与挑战。"统一思想是统一行动的前提,是凝聚人心、凝聚力量,调动一切积极因素,为实现共同目标而奋斗的重要保证。我们党历来重视并善于做好统一思想工作,这是我们党的一大政治优势。"③随着改革的不断深化、对外开放的不断扩大,随着各种媒体特别是信息网络化的迅速发展,人们的思维更加活跃,更加独立、多变,也更加富有选择性和差异性,对干部群众思想产生影响的因素和渠道越来越复杂多变,统一思想的工作比过去要艰巨的多。面对各种思潮相互激荡的复杂局面,宣传机构各部门要增强忧患意识,居安思危,尤其对消极、错误思想不能失位缺位。思想问题的解决,封堵不是根本途径,重要的是通过主旋律的宣传,使人们的思想认识发生

---

① 胡锦涛:《在人民日报社考察工作时的讲话》,载《人民日报》,2008年6月21日第4版。

② 中共中央文献研究室:《十七大以来重要文献选编(中)》,北京:中央文献出版社,2011年,第385页。

③ 中共河北省宣传部:《十五大以来宣传思想工作重要文件选编》,石家庄:新科技印刷厂,2003年,第65页。

转变，打好主动仗。当前宣传机构最重要的是以社会主义核心价值体系引领整合社会思潮，用社会主义先进文化占领思想阵地，用马克思主义中国化最新成果武装全党、教育人民，用中国特色社会主义共同理想凝聚力量，用以爱国主义为核心的民族精神和以改革创新为核心的时代精神鼓舞斗志，用社会主义荣辱观引领良好社会风尚。

改革开放以来，随着我国生产力水平的大幅提升，所有制机构的深刻调整和经济体制的根本性变革，新中国成立以来"两个阶级、一个阶层"的社会结构彻底解体，当代中国社会阶层的分化、重组，社会结构的多元化、复杂化变革持续演进。我国当前急剧的社会结构调整、阶层分化和重组引起了理论界和政治界的高度关注。关于当代中国社会阶层结构的整体性解释框架比较有影响的研究成果有中国社会科学院"当代中国社会阶层结构研究"课题组在城乡合一条件下的十个阶层的结构框架，以及郑杭生在城乡分离情况下城市七阶层的结构框架。党的十六大报告中也指出我国社会变革中出现了民营科技企业的创业人员和技术人员、受聘于外资企业的管理技术人员、个体户、私营企业主、中介组织的从业人员、自由职业人员等社会新阶层。[①] 当代中国社会结构的分化折射了社会分化和不平等不断加剧的现实，政治学家特里萨·赖特（Teresa Wright）在《接受权威主义》一书中指出中国在"改革后期"社会经济结构出现了更大的分化：20%最富有的人得到了59%以上的国家财富，而20%最底层的人只得到了3%的国家财富，贫富之比达到1∶18，而美国则是1∶15。[②] 中国已进入"矛盾凸显期"，主要表现为城市农村二元割据、贫富差距不断扩大、官民关系紧张敏感、群体性事件多发。中央领导同志对这一紧迫形势始终保持清醒头脑，并积极主动地正视矛盾、化解矛盾。胡锦涛深刻指出："由人民内

---

① 《中国共产党第十六次全国代表大会文件汇编》，北京：人民出版社，2002年，第14～15页。

② Teresa Wright.Accepting Authoritarianism：State-Society Relation in China's Reform Era, Stanford University Press, 2010, pp6-7.

部矛盾引发的群体性事件,已经成为当前影响社会稳定的一个突出问题。在深化改革、加快发展的过程中,正确处理人民内部矛盾和群体性事件,对于保持社会稳定、为全面建设小康社会创造良好的社会环境具有十分重要的意义。"① 他强调要紧紧把握我国社会和社会结构的深刻变化,对建设中国特色社会主义的依靠力量作出科学判断:"始终认为包括知识分子在内的工人阶级、广大农民是推动我国先进生产力发展和社会全面进步的根本力量,在社会变革中出现的新的社会阶层是中国特色社会主义事业的建设者,最广泛最充分地调动一切积极因素,妥善处理各种利益关系和社会矛盾,切实维护社会稳定,形成全体人民各尽其能、各得其所又和谐相处的局面,我们就能集聚起推动事业发展的强大力量。"②

第二节 建设宣传机构新格局

一、中宣部成立舆情信息局

对于"舆情"这一概念,天津社会科学院舆情研究所王来华研究员最早给出了界定:舆情是指在一定的社会空间内,围绕中介性社会事项的发生、发展和变化,作为主体的民众对作为客体的国家管理者产生和持有的社会政治态度。③ 简言之,舆情就是民众的社会政治态度。张兆辉、郭子建在《舆情信息工作理论与实务》④ 中给出了"舆情信息"的定义:舆情信息就是指民众社会政治态度的收集、整理、分析、报送、利用和反馈的信息运动过程中,用以客观反映舆情状态及其运动情况

---

① 中共中央文献研究室:《十六大以来重要文献选编(上)》,北京:中央文献出版社,2005年,第550~551页。

② 中共河北省宣传部:《十五大以来宣传思想工作重要文件选编》,石家庄:新科技印刷厂,2003年,第88页。

③ 王来华:《舆情研究概论》,天津:天津社会科学院出版社,2003年,第33页。

④ 张兆辉,郭子建:《舆论信息工作理论与实务》,沈阳:辽宁大学出版社,2006年,第89~90页。

的资讯、消息、音信、情报、指令、数据和信号。可见舆情信息是人们有组织、有目的地对舆情进行采集和加工而形成的、专门对特定舆情进行描述和反映的载体形式。宣传思想战线舆情信息工作中的"舆情信息",是特指经过舆情信息工作者对收集到的舆情进行整理、分析、加工后形成的反映民众社会政治态度的文本或者其他形态的材料。关于舆情信息的研究在国外起步较早,从19世纪中期初步发展,到20世纪中期已经走向成熟。我国的舆论信息研究始于20世纪末,目前尚处于起步和探索阶段。

在西方尤其是在美国,收集分析社会舆情信息已成为一种常态性的政治活动,舆情信息机构是总统直辖的政府机构一个不可分割的重要组成部分,在信息搜集发布、推销工作政策、争取民众支持等方面发挥着重要作用。在我国,舆情信息工作也已成为中国共产党宣传思想工作的重要组成部分,成为新形势下宣传思想工作的新领域。加强和改进舆情信息工作,对于各级党委和政府提高执政能力、掌握舆情动态、推动科学决策、提高工作实效具有十分重要的作用。

2002年中共十六大报告在政治建设方面强调:"要完善深入了解民情、充分反映民意、广泛集中民智、切实珍惜民力的决策机制……建立社情民意反映制度。"[①]2004年十六届四中全会上,胡锦涛进一步明确指示:"建立经常性的重大社会舆论分析制度,加强对意识形态领域倾向性问题、社会热点难点问题等方面舆情信息的分析研究,加强对宣传文化阵地的管理,增强工作的针对性和主动性。"[②]十六届四中全会后,我国的舆情信息研究和实践迎来高潮。中央宣传部舆情信息局、上海社会科学院社会调查中心、天津社会科学院舆情研究所等舆情信息研究机构相继成立。各省市党委宣传部也陆续成立专门研究部门,积极

---

① 中共中央文献研究室:《十六大以来重要文献选编(上)》,北京:中央文献出版社,2005年,第26页。

② 中共中央文献研究室:《十六大以来重要文献选编(中)》,北京:中央文献出版社,2005年,第244页。

开展社会舆情的监控与收集工作。此外，舆情信息的研究和监测工作很好地实现了与互联网技术手段的结合，如复旦大学舆情研究实验室建设的"中国舆情网"，是国内最大的专业化舆情研究与舆情检测数据平台，为党政机关、企事业单位、学术机构提供舆情监测、舆情分析、舆情排行榜等多种形式的产品和服务；人民网设立"舆情频道"，是官方主流媒体中第一个舆情专业频道，包括"论坛热点排行、热点舆情专题、论坛聚焦、博文推荐"等栏目，为增加舆论导向的有效性、反映多元化舆论格局做出了有益探索。

二、扎实推进"马克思主义理论研究和建设工程"

以胡锦涛为总书记的党中央高度重视哲学社会科学的建设与发展。2004年1月5日，中央下发了《关于进一步繁荣发展哲学社会科学的意见》，指出繁荣发展哲学社会科学是建设中国特色社会主义的一项重大任务。《意见》明确了新阶段新形势下繁荣发展哲学社会科学的总体目标：努力建设面向现代化、面向世界、面向未来，具有中国特色的哲学社会科学。力争用十年左右的时间，形成具有时代特点、结构合理、门类齐全的科学体系，形成人尽其才、人才辈出的人才培养选拔和管理机制，充分发挥我国哲学社会科学认识世界、传承文明、创新理论、咨政育人、服务社会的重要作用。[1]

在《意见》中，党中央着眼新的形势，立足新的实践，提出实施"马克思主义理论研究和建设工程"。中央决定，实施马克思主义理论研究和建设工程直接在中央宣传思想工作领导小组领导下开展工作，重大问题及时向中央请示汇报。中宣部负责工程的具体组织实施，要制订规划，配置资源，组织协调，督促检查，加强指导。在日常工作中，要充分发挥各个部门、各个单位和咨询委员会的作用，各个单位共同努力，增强大局观念，相互支持，相互配合。

中央提出实施马克思主义理论研究和建设工程的主要任务是：重点研究邓小平理论和"三个代表"重要思想，主要攻克重大现实问题，

---

[1] 中共中央文献研究室：《十六大以来重要文献选编（上）》，北京：中央文献出版社，2005年，第687～688页。

完善哲学社会科学学科和教材体系建设，充实中国马克思主义的最新理论成果，加强建设马克思主义理论队伍。围绕主要任务，"马工程"要具体做好六方面工作：(1)加强研究马克思主义中国化三大理论成果，即毛泽东思想、邓小平理论和"三个代表"重要思想；(2)加强马克思主义经典著作的编译和研究工作；(3)建设具有时代特征的马克思主义理论的学科体系；(4)编写充分体现当代中国马克思主义最新成果的哲学、政治经济学、科学社会主义基础理论教材；(5)编写充分反映毛泽东思想、邓小平理论和"三个代表"重要思想的政治学、社会学、法学等哲学社会科学重点学科教材；(6)加强马克思主义理论队伍建设。①

从"马工程"实施到2012年的8年时间里，工程呈现出全面推进、蓬勃发展的良好局面。在党中央的高度重视和直接领导下，工程各方面取得重大进展，结下累累硕果。第一，工程把研究中国特色社会主义理论体系作为重中之重，组织编写了《中国特色社会主义理论体系学习读本》《科学发展观学习读本》《社会主义核心价值体系读本》等文献资料，进一步推动了马克思主义中国化理论成果的学理化、系统化、普及化。第二，在马克思主义经典著作编译方面取得标志性成果。2009年12月，10卷本《马克思恩格斯文集》和5卷本《列宁专题文集》总字数近800万字的两部文集问世。两部文集编选精当、译文准确、体例新颖、注解翔实，代表了目前我国马克思主义经典著作编译的最高水平。第三，以研究重点理论和现实问题为主攻方向，拓展研究视角，创作一批具有理论价值和现实意义的研究成果，为党和政府决策提供了重要参考。第四，学科体系建设取得重要突破。以马克思主义理论一、二级学科为骨干，以哲学、政治经济学、科学社会主义为支撑的马克思主义学科体系已经形成，中国社会科学院成立马克思主义研究院，许多高校成立了马克思主义学院，马克思主义学科的地位越来越突出。第五，教材编写成果丰富。目前"马工程"第一、二、三批重点教材已有30余种出版并投入使用，初步形成了具有中国特色、中国风格、

---

① 中共中央文献研究室：《十六大以来重要文献选编（中）》，北京：中央文献出版社，2005年，第53～56页。

中国气派的哲学社会科学教材体系,这个体系能够全面反映马克思主义中国化的最新成果和各学科领域的最新进展。第六,在出成果的同时出人才。目前工程已组建课题组160余个,直接参与工程的专家学者3000余人,间接参与的达数万人。现在工程既是团结和凝聚理论界专家学者的桥梁和纽带,又成为培养理论骨干和拔尖人才的重要基地。

马克思主义是我们立党立国的根本指导思想,是全党全国各族人民团结奋斗的共同思想基础。实施马克思主义理论研究和建设工程是我国进行意识形态建设,推进中国特色社会主义事业,加强党的思想理论建设的迫切要求;同时也必将在马克思主义发展史上、在人类进步史上产生重大影响,对国际社会主义事业发展作出重大贡献。实践证明,"马工程"的实施是一项事关中国特色社会主义事业发展全局的战略工程、生命工程、基础工程,在推动党的思想理论建设,促进哲学社会科学繁荣发展方面日益显现出龙头作用、基础作用和带动作用。

三、形成"大宣传"格局

全党全社会共同做好宣传思想工作,一直是我们的政治优势。毛泽东同志曾说过,政治工作是一切经济工作的生命线,"思想政治工作,各个部门都要负责。共产党应该管,青年团应该管,政府主管部门应该管,学校的校长教师更应该管。"邓小平强调,党群组织、军队、企业、机关,都要把经常地宣传教育工作建立起来。江泽民指出,宣传思想工作不只是宣传思想工作部门的任务,而且是各级党委和政府的重要职责,各级党委和企业、农村、学校、街道等基层党组织,各级行政部门和工会、青年团、妇联等都有做宣传思想工作的责任。①

胡锦涛时期,党中央认识到在新形势下,我国的经济基础、体制环境和社会条件发生了深刻变化,宣传思想文化领域的管理更多地同行政手段、经济手段、法律手段联系在一起,更多地同部门管理、行业管理、社会管理联系在一起。因此中央明确指出:"必须形成党委统一领导,党政各部门和社会各方面齐抓共管、各负其责的工作体制,形成大宣

---

① 中共中央宣传部:《毛泽东邓小平江泽民论思想政治工作》,北京:学习出版社,2000年,第84~87页。

传格局。"①

首先,各级党委要按照提高党的执政能力和保持党的先进性要求,切实加强和改进对宣传思想工作的领导。胡锦涛指出:"现代社会,宣传舆论的社会影响力越来越大,能不能把宣传舆论工作抓在手上,关系人心向背,关系事业兴衰,关系党的执政地位。善于做好新形势下的宣传思想工作,是加强党的执政能力建设的重要内容,也是对我们党领导水平和执政水平的一个重要考验。"②这一精辟论述,深刻揭示了宣传思想工作的极端重要性。他多次指出,经济工作搞不好要出大问题,意识形态工作搞不好也要出大问题。党管宣传、党管意识形态,是对各级党委的根本要求。宣传思想工作是党的事业的重要组成部分,关系全局,各地区各部门党委、党组一定要从讲政治的高度进一步把思想和行动统一到中央关于意识形态的形势判断和工作部署上来,对本地区本领域的意识形态工作把好关、负好责。

其次,担负社会管理职能的各部门,要切实担负起涉及宣传思想文化工作的相关职责,同时对宣传思想文化工作在政策、财力、物力等方面积极提供支持和保证。各级党委宣传部作为主管意识形态工作的综合职能部门,要在党委领导下,及时向有关方面通报情况,提出需要把握的问题,加强宏观指导,加强组织协调,充分发挥宣传思想工作的整体优势。各地区各部门要坚持守土有责,加强宣传阵地的建设和管理。要贯彻落实"谁主管谁负责"和"属地管理"原则。着力抓好新闻出版、高等院校、社科研究机构等重点单位,抓好互联网站、手机短信、社会类小报小刊、民办社科研究机构和文化工作室、课堂论坛讲座等重点环节。③

---

① 中共中央文献研究室:《十六大以来重要文献选编(中)》,北京:中央文献出版社,2005年,第501~502页。

② 中共中央文献研究室:《十六大以来重要文献选编(上)》,北京:中央文献出版社,2005年,第535页。

③ 中共中央文献研究室:《十六大以来重要文献选编(中)》,北京:中央文献出版社,2005年,第502页。

再次,宣传思想文化各条战线要积极贯彻"大宣传"的理念,走"大宣传"之路。例如在精神文明建设方面,始终坚持全党动员、全民参与,形成"党委统一领导、党政群齐抓共管、文明委组织协调、有关部门各负其责、全社会积极参与"的领导体制和工作机制,形成精神文明建设的强大合力。在对外宣传方面,中央强调加强和改进新形势下的对外宣传工作,要整合对外宣传资源,健全工作机制,推动形成全方位、多层次、宽领域的大外宣传格局。在文化建设、文化体制改革方面,要建立健全党委统一领导、政府组织实施、党委宣传部协调指导、行政主管部门具体落实、有关部门密切配合的领导体制和工作机制。①

第三节 深化文化体制改革的新思路

十六大报告在"文化建设和文化体制改革"这项重要内容中强调:"根据社会主义精神文明建设的特点和规律,适应社会主义市场经济发展的要求,推进文化体制改革。"②十六大以来,我国在深化文化体制改革工作进程中,先从试点开始,而后由点及面,再到今天在面上铺开,向纵深发展,大体经历了三个阶段。第一阶段:开始试点、积极探索(2003

---

① "党委统一领导",主要是按照党委总揽全局、协调各方的原则,把文化体制改革摆在重要议事日程,主要领导亲自抓,分管领导具体抓,加强政治、思想和组织领导,动员组织各方面力量积极支持和参与改革。"政府组织实施",主要是把文化建设和文化体制改革列入经济社会发展规划,制定扶持政策,增加财政投入,强化宏观管理,规范行政执法。"党委宣传部门协调指导",主要是牵头研究制定改革方案,具体指导改革工作,协调解决改革中出现的问题。"行政主管部门具体落实",主要是落实改革方案,转变政府职能,落实政策调节、市场监管、社会管理和公共服务的各项任务。"有关部门密切配合",主要是加大政策扶持力度,完善配套措施,使文化体制改革与劳动人事、收入分配、社会保障、行政管理等改革相衔接。见中共中央文献研究室:《十六大以来重要文献选编(下)》,北京:中央文献出版社,2005年,第385页。

② 中共中央文献研究室:《十六大以来重要文献选编(上)》,北京:中央文献出版社,2005年,第32页。

年 6 月至 2005 年 12 月）。2003 年 6 月召开了全国文化体制改革试点工作会议。7 月，中共中央办公厅、国务院办公厅转发了《中共中央宣传部、文化部、国家广电总局、新闻出版总署关于文化体制改革试点工作的意见》，确定在北京、上海、广东、浙江、重庆、深圳、沈阳、西安、丽江等 9 个省市和国家图书馆、中国出版集团、中国电影集团公司等 35 家宣传文化单位进行试点。经过两年多的探索实践，各试点地区和单位工作取得明显成效，为深化改革积累了经验。第二阶段：扩大试点、由点到面（2005 年 12 月至 2007 年 10 月）。2005 年 12 月，中央下发《关于深化文化体制改革的若干意见》，明确了深化文化体制改革的指导思想、方针原则、总体目标和主要任务。2006 年 3 月召开全国文化体制改革工作会议，吹响了文化体制改革由试点到全面推开的号角，全国文化体制改革在文化艺术、广播影视、新闻出版等各个领域整体推进、全面提速。第三阶段：全面推进、纵深拓展（2007 年 10 月至今）。十七大以后，文化体制改革既有明确的"路线图"，又有具体的时间表，不断加大力度、加快进度，在面上展开、向纵深发展。特别是 2011 年 10 月，党的十七届六中全会专题研究文化体制改革，作出《中共中央关于深化文化体制改革推动社会主义文化大繁荣大发展若干重大问题的决定》，成为我国文化体制改革历史上的重要里程碑。

深化文化体制改革，是以胡锦涛同志为总书记的党中央继经济体制改革、政治体制改革、教育体制改革、科技体制改革、卫生体制改革之后作出的又一项关系全局的重大决策。"十六大之后进行的文化体制改革，是一场全方位、宽领域、多层面的真正意义上的文化体制改革。[①]"实践充分证明，中央关于深化文化体制改革的决策部署顺应了时代发展的要求，顺应了全国各族人民精神文化生活的新期待，顺应了文化建设的内在规律和发展趋势。文化体制改革是解放和发展生产力的重要途径，是促进社会主义文化大发展大繁荣的强大动力，是推动经济

---

① 龙新民：《我国文化体制改革的发展历程和启示》，载《百年潮》，2012 年第 8 期。

社会发展的新引擎,对于加强党对意识形态工作的领导、提高党的执政能力、实现全面建设小康社会奋斗目标具有极其重要的意义。

以机构建设视角看待这一战略决策,深化文化体制改革主要涉及三个主体,即公益性的文化事业、经营性的文化产业和文化行政管理部门。在主体改革发展上,文化体制改革在没有任何现成的模式可以借鉴的情况下探索出一条新的思路:一是"两手抓、两加强",即一手抓公益性文化事业,一手抓经营性文化产业,保证公益性文化事业和经营性文化产业协调快速发展,成为繁荣社会主义文化的两个轮子。"两手抓,两加强"克服了长期以来制约我国文化发展的一个体制弊端,就是在传统计划经济体制下,公益性文化事业和经营性文化产业的性质相混淆,政府统包统揽,结果导致应由政府主导的公益性文化事业长期投入不足,应该由市场主导的经营性文化产业长期依赖政府,缺乏活力和竞争力。二是转变文化行政管理部门的政府职能,按照建设法治政府和服务型政府的要求,推进政企分开、政资分开、政事分开、政府与市场中介组织分开,推动文化行政管理部门逐步实现由办文化为主向管文化为主转变,由管微观向管宏观转变,由主要面向直属单位转为面向全社会,更好地履行政策调节、市场监管、社会管理和公共服务的职能。

一、强化公益性文化事业的服务功能

构建覆盖全社会的公共文化服务体系,为人民群众提供基本的公共文化服务,保障人民收听收看广播电视、读书看报、进行公共文化鉴赏、参与大众文化活动等基本文化权益。要坚持公益性、基本性、均等性、便利性的原则,以政府为主导,以公共财政为支撑,以公益性文化事业单位为骨干,以基层为重点,鼓励全社会积极参与,创新公共文化服务方式。"以政府为主导",就是政府要切实履行在文化领域的公共服务职能,把建设公共文化服务体系纳入经济社会发展规划。"以公共财政为支撑",就是主要依靠政府财政投入建设公共文化服务体系,扶持公益性文化单位,建设基本文化设施,购买文化产品用于公共文化服务。"以公益性文化事业单位为骨干",就是要积极推动公共博物馆、纪念馆、陈列馆、美术馆、文化馆、图书馆以及基层文化活动中心向全社会免费开放,提高公益性文化单位服务群众的能力和水平,最大限度地发挥社会效益。"以基层为重点",就是优先安排涉及群众切身利益的文化建设项目,切实提高基层文化服务能力,满足基层群众的基本文化需求。"鼓励全社会积极参与",就是完善相关政策和法律法规,积极引导社会力量以多种方式参与公共文化建设。"创新公共文化服务方式",就是引入竞争机制,对重要公共文化产品、重大公共文化项目和公益性文化活动,采取建立基金、政府招标、定向资助等手段,进一步增强公共文化服务的活力。①

二、提升经营性文化产业的市场竞争力

繁荣文化市场,满足人民群众多层次、多方面、多样化的精神文化需求,其显著特点是市场在文化资源配置中发挥基础性作用。发展文化产业,关键是按照"创新体制、转换机制、面向市场、增强活力"的要求,着力培育一批有实力、有竞争力的骨干文化企业,鼓励引导有条件的国有和非公有制企业面向资本市场融资,实现低成本扩张,打造一批战略投资者,带动全行业改革发展。主要途径是实施重大文化项目带动战略,加快文化产业基地和区域性特色文化产业群建设,形成若干文化产业密集区,使文化产业占国民经济比重明显提高、国际竞争力显著增强。重点是发展文化创意、影视制作、出版发行、印刷复印、广告、演艺、娱乐、文化会展、数字内容和动漫等九大文化产业,壮大我国文化产业的整体实力。最终要形成以公有制为主体、多种所有制共同发展的文化产业格局,以民族文化为主体、吸收外来有益文化的文化对外开放格局。①

三、转变文化行政管理部门职能

政府在文化建设中的作用,主要体现在提供公共文化服务和为各类

---

① 中共中央文献研究室:《十七大以来重要文献选编(上)》,北京:中央文献出版社,2011年,第745~746页。

文化主体发展创造良好的政策环境、法治环境和市场环境等方面。具体来讲,就是要履行好"公共服务、政策调节、社会管理、市场监管"的职能。"公共服务",即政府必须切实承担起提供公共文化服务、保障人民基本文化权益的职责,把建设公共文化服务体系纳入经济社会发展总体规划,依靠公共财政投入为主建设公共文化服务体系,扶持公益性文化单位,建设文化基础设施,购买文化产品用于公共文化服务,建立健全公共文化设施免费开放的财政保障机制,不断提高公共文化产品和服务的供给能力。"政策调节",即政府要在深入调查研究基础上,科学制定文化发展规划,制定引导和推动文化事业和文化产业发展的政策措施。这些年,已相继出台了《国际"十一五"时期文化发展规划纲要》《文化产业振兴规划》等一系列政策措施,有力地引导和推动了文化事业和文化产业的发展。"社会管理",即要建立健全党委领导、政府管理、行业自律、企事业单位依法运营的文化管理体制和富有活力的文化产品生产经营体制机制,推进政企分开、政资分开、政事分开、政府和市场中介组织分开,推动形成行为规范、运转协调、公正透明、廉洁高效的管理体制,为各类文化主体创造良好的发展环境。"市场监管",即政府主管部门必须切实担负起文化市场监管的职责,提高文化市场监管能力和水平,确保文化市场繁荣有序。①

第四节 宣传工作队伍作风建设提出新要求

中央一致认为,改革开放以来尤其是十三届四中全会以来,我们在推进事业发展的进程中建设的这支政治强、业务精、纪律严、作风正的宣传工作队伍是"有战斗力的、能打硬仗的,是值得党和人民信赖的"。进入新世纪新阶段,宣传机构建设在工作队伍建设的重心转向内涵建设,把作风建设作为当前和今后一个时期的重要任务。"宣传思想工作

---

① 中共中央文献研究室:《十七大以来重要文献选编(中)》,北京:中央文献出版社,2011年,第776~777页。

是做人的工作的，形象和作风如何直接影响到宣传思想工作的成效。"①

一、大兴求真务实之风

2004年1月12日，胡锦涛发表了《在全党大力弘扬求真务实精神，大兴求真务实之风》的重要讲话。②求真务实是我们党解放思想、实事求是、与时俱进思想路线的核心内容，也是党的优良传统和共产党人应具备的政治品格。大力弘扬求真务实精神，大兴求真务实之风对推进党的建设和国家的各项工作是一个十分重要而又具有基础性、根本性意义的问题。历史的发展证明，以毛泽东、邓小平、江泽民为核心的三代共产党人一贯提倡求真务实，反对形式主义、官僚主义歪风。"我们八十多年的历程充分表明，求真务实是党的活力之所在，也是党和人民事业兴旺发达的关键之所在。什么时候求真务实坚持得好，党的组织和党员干部队伍就充满朝气和活力，党和人民的事业就能顺利发展；什么时候求真务实坚持得不好，党的组织和党员干部队伍就缺乏朝气和活力，党和人民的事业就受到挫折。"②

胡锦涛指出，我国改革和发展正处于关键时期，面对新形势新任务，广大党员干部在求真务实、真抓实干上做得是好的，但也必须看到在作风建设方面存在亟待解决的十个突出问题：一是不思进取、得过且过；二是作风漂浮、工作不实；三是好大喜功、急功近利；四是随心所欲、自搞一套；五是心态浮躁、追名逐利；六是弄虚作假、欺上瞒下；七是明哲保身、患得患失；八是贪图享受、奢侈浪费；九是以权谋私、与民争利；十是高高在上、脱离群众。②这些不良风气如不坚决刹住，势必会严重削弱党员干部队伍的战斗力，势必损害党同人民群众的血肉联系，最终势必妨碍全面建设小康社会宏伟目标的顺利实现。

"加强党性修养，树立和弘扬优良作风，关键是要坚持求真务实、

---

① 中共河北省宣传部：《十五大以来宣传思想工作重要文件选编》，石家庄：新科技印刷厂，2003年，第88页。

② 中共中央文献研究室：《十六大以来重要文献选编（上）》，北京：中央文献出版社，2005年，第724页、第725页、第727页。

真抓实干。"① 宣传战线大力弘扬求真务实精神，大兴求真务实之风，关键是要引导广大宣传工作者不断求我国社会主义初级阶段基本国情之真，务坚持长期艰苦奋斗之实；求社会主义建设规律和人类社会发展规律之真，务抓好发展这个执政兴国第一要务之实；求人民群众的历史地位和作用之真，务发展最广大人民根本利益之实；求共产党执政规律之真，务全面加强和改进党的建设之实。要采取综合措施，加强思想教育、促进工作落实、推动制度建设，使宣传工作者特别是领导干部都能深入实际、深入群众、鼓实劲、出实招、办实事、求实效，力戒形式主义，不搞"大轰大嗡"，不搞劳民伤财的政绩工程、形象工程，坚持做到求真务实、与时俱进、团结人心、踏实苦干。

二、开展"三项学习教育"

"三项学习教育"活动是指 2003 年 10 月由中共中央宣传部、广播电影电视总局、新闻出版总署、中华全国新闻工作者协会共同发起的，在新闻战线深入开展"三个代表"重要思想、马克思主义新闻观、职业精神职业道德的学习教育活动。2009 年 6 月，中宣部、中央外宣办、国家广电总局、新闻出版总署、中国记协等五部门再次印发了《关于在新闻战线进一步深入开展"三项学习教育"活动的通知》，推动新闻战线"三项学习教育"活动进一步向纵深发展。

新闻、文艺、出版等宣传机构部门是直接面向广大群众的窗口单位，宣传队伍的作风建设尤为重要。"三项学习教育"活动开展的目的是通过该项活动，使各级新闻单位和广大新闻工作者增强用"三个代表"重要思想统领新闻工作的自觉性和坚定性，增强贯彻执行党的新闻工作方针原则的自觉性和坚定性，增强弘扬职业精神、恪守职业道德、维护队伍形象的自觉性和坚定性。广泛深入开展好"三项学习教育"活动，对于整个新闻工作和新闻战线自身建设，具有重要而深远的意义。

在"三项学习教育"活动内容中，用"三个代表"重要思想统领

---

① 中共中央文献研究室：《十七大以来重要文献选编（上）》，北京：中央文献出版社，2011 年，第 856 页。

新闻宣传工作作为政治任务摆在首位。广大新闻工作者要深刻认识学习贯彻"三个代表"重要思想的重要意义,深刻理解在新的历史条件下,坚持"三个代表"重要思想,就是真正坚持马克思列宁主义、毛泽东思想和邓小平理论,深刻把握贯彻这一重要思想的科学内涵和精神实质,努力在武装头脑、指导实践、推动工作上取得新进展、新成效。马克思新闻观的学习教育是新闻队伍思想政治建设的基础性工程,既要抓好,又要持之以恒。广大新闻工作者要深刻认识新闻舆论宣传在意识形态领域的特殊重要性,牢固树立马克思主义新闻观,增强识别和抵制错误思想侵蚀的能力,唱响主旋律,打好主动仗,不断增强政治意识、大局意识、责任意识,坚持政治家办报。以"弘扬职业精神、恪守职业道德、维护队伍形象"为主要内容的新闻战线自律活动,是改进作风、维护形象的紧迫任务。新闻职业精神是马克思主义新闻观的具体体现,新闻职业道德是新闻工作者在职业活动中应当遵循的道德规范和行为准则。广大新闻工作者要大力弘扬新闻职业精神,树立新闻职业应具备的职业观念、职业态度、职业纪律、职业作风,努力做到"敬业奉献、诚实公正、清正廉洁、团结协作、严守法纪",自觉维护新闻工作的崇高社会声誉和新闻工作者的良好社会形象。

三、坚持"三贴近"重要原则

"三贴近"是指贴近实际、贴近生活、贴近群众,这是胡锦涛等中央领导同志在继承和发扬成功经验和优良传统的基础上,对宣传工作队伍作风建设提出的总体要求。"创新宣传思想工作,必须从'三贴近'入手。贴近实际、贴近生活、贴近群众,是用'三个代表'重要思想统领宣传思想工作的必然要求,是新世纪新阶段加强和改进宣传思想工作的重要突破口,是增强宣传思想工作的针对性、实效性和吸引力、感染力的重要实现途径,是宣传思想战线必须长期坚持的工作原则。"①

首先,"三贴近"要求宣传工作者坚持实践第一的观点。宣传工作

---

① 中共中央文献研究室:《十六大以来重要文献选编(上)》,北京:中央文献出版社,2005年,第543页。

是扎根实践又服务于实践活动的。当前宣传工作者要继续推动工作创新,打开宣传工作新局面,就要面向全面建设小康社会的丰富实践,围绕发展这个党执政兴国的第一要务,不断丰富人们的精神境界,增强人们的精神力量,满足人们的精神文化需求,更好地为改革开放和现代化建设提供强有力的精神动力、舆论支持和思想保证。

其次,"三贴近"要求宣传工作者坚持人民群众是历史创造者的观点。为人民服务是党的宣传工作一贯坚持的根本原则,走"从群众中来,到群众中去"的群众路线是党的宣传工作发展创新的根本途径和源泉。宣传工作应实现党性原则与为人民群众服务的有机统一,把体现党的主张与客观真实地反映人民群众心声结合起来。在当前中国已进入"矛盾凸显期"的形势下,宣传工作要赢得人民的信任,更应该进一步从人民群众的实际需要出发,不断加强热点引导和舆论监督,推动关系人民群众实际利益、诱发社会矛盾的现实问题得到解决。李长春在 2003 年 12 月的全国宣传思想工作会议上强调:"要一切从人民群众的利益和愿望出发,凡是得民心、顺民意的事情,都要竭尽全力去做;凡是失民心、背民意的问题,都要雷厉风行去改。我们的各项工作都要把群众拥不拥护、赞成不赞成、高兴不高兴、满意不满意作为衡量工作成效的根本尺度。"① 坚持"三个代表"重要思想、落实科学发展观的核心是以人为本,我国主流意识形态建设的目的是实现好、维护好、发展好最广大人民群众的根本利益,因此只有当老百姓的利益得到保障,现实问题得到解决,人民生活真是感到幸福了,我们的宣传工作、意识形态建设才更有吸引力、说服力,反之,如果人民群众的生活现实与主流意识形态的宣传大相径庭,甚至出现大的反差,那么执政党的合法性甚至执政地位将会受到严重威胁。这一点上,苏联解体留下的历史教训是十分深刻的。

再次,"三贴近"要求宣传工作者不断实现宣传内容和方法上的创

---

① 中共中央文献研究室:《十六大以来重要文献选编(上)》,北京:中央文献出版社,2005 年,第 545 页。

新。在内容创新上：大力支持和扎实推进"马克思主义理论研究和建设工程"，紧紧围绕社会主义现代化建设的实际回答现实问题，紧紧围绕广大干部群众的思想实际解疑释惑，更好地实现用科学的理论武装人；2003年印发《关于进一步改进会议和领导同志活动新闻报道的意见》，新闻宣传改革了会议和领导同志活动的报道，改进了国内外重大突出事件的报道，从现实出发多宣传报道有实在内容、有新闻价值的事情，在市场上立住脚，在群众中扎下根，更好地实现用正确的舆论引导人；深入全面总结在抗击非典疫情、抗震救灾、成功举办北京奥运、载人航天事业取得突破等重大事件中展现的伟大民族精神和时代精神，注重正面典型宣传，更好地实现用高尚的精神塑造人；各领域文艺工作者都要积极投身到讴歌时代和人民的文艺创作活动之中，继续实施文化建设精品战略，组织好"五个一工程"、重大革命和历史题材创作工程、重点文学艺术作品扶持工程、优秀少儿作品创作工程，更好地实现用优秀的作品鼓舞人。在方法创新上：一是要把先进性要求和广泛性要求结合起来，根据不同宣传对象区分层次，采取不同的方法机制。要适应群众的接受能力，深入浅出、循序渐进、因势利导、循循善诱、生动丰富、润物无声、入耳入脑、可亲可信，多用群众的语言、群众身边的事例、群众喜闻乐见的形式进行宣传。二是要把传统媒体与新兴媒体结合起来，充分运用高技术手段，整合宣传资源，推动主流媒体向互联网延伸，不断拓展宣传思想工作的渠道和空间。在人才队伍建设上也要着力培养掌握现代传媒技术的专门人才，占领网络信息传播的制高点，掌握网上宣传的主导权。

四、深化"走转改"活动

"走转改"是指走基层、转作风、改文风。2011年，为推动新闻工作者切实将群众观点、群众路线体现在新闻宣传实践中，促进新闻单位深入基层、深入群众进一步制度化、常态化，中宣部、中央外宣办、国家广电总局、新闻出版总署、中国记协五部门召开会议，在全国新闻战线组织开展"走基层、转作风、改文风"活动。"走转改"活动一开展即得到全国新闻宣传战线的热烈响应，无论是党报党刊、电台电视台，还是都市类行业类媒体、新兴媒体，无论是编辑记者，还是播音员主持人，都积极参与，迅速形成了规模、产生了声势、营造了氛围。2012年春节期间，新闻战线又集中开展了大规模、大范围的"新春走基层"活动，这是"走转改"活动的又一次集中行动、集中展示。2012年1月全国宣传部长会议上，刘云山强调："走基层、转作风、改文风"活动是贯彻党的群众路线、改进宣传思想文化工作的重大举措，是继承发扬党的优良传统、提升队伍素质的有效途径，要大力发扬"走转改"精神，推动"走转改"常态化。

"走转改"是党的宣传机构部门准确把握时代脉搏，坚持和发展马克思主义新闻观，切实加强队伍建设，实现工作作风根本转变的有效途径。"走基层、转作风、改文风"各有其丰富深刻的内容和要求。

"走基层"，要"用心走"。新闻工作者的位置应该是"在路上、在基层、在现场"，基层和群众是每个新闻工作者的情感之源、报道之根。新闻宣传工作者在路上心里才会有时代，在基层心里才会有群众，在现场心里才会有感动。即使现在交通发达了、通讯便捷了，但无论客观环境、条件如何变化，新闻宣传工作者都要坚持亲临现场、亲眼目睹、亲身感受，不能做"蹲在机关"的"办公室记者"，不能做"隔窗看景"的"车轮记者"，不能做"人在情不在、身到心不到"的"走形式记者[1]"。长期的新闻实践证明，真正有价值的新闻是记者用脚在基层走出来的。《人民日报》记者刘晓鹏说："不到基层去，总隔着玻璃窗，眼睛就看不清楚；不到基层去，从材料到材料，思考就不够深入；不到基层去，通篇干巴话，表达就不到位；不到基层去，冷暖不相知，感情就不投入。"

"转作风"，要"用情转"。做一名优秀的新闻宣传工作者最根本的是解决好"为了谁、依靠谁、我是谁"的问题，深刻理解新闻工作者的根本价值追求、牢固地树立以人民为中心的概念，更好地肩负起宣

---

[1] 刘云山：《深化"走基层、转作风、改文风"活动 推动宣传思想文化工作更好地服务人民群众》，载《思想政治工作研究》，2012年第2期。

传群众、动员群众、服务群众的职责使命。这要求新闻宣传工作者一要带着感情"走转改",以高度负责的态度去宣传群众,以满腔热情去服务群众,摆正"公仆"与"主人"的位置,永葆与人民群众的情感脐带,始终保持对人民群众的赤子情怀;二要带着问题"走转改",深入各行各业,深入千家万户,感知最火热的实践,思考最紧迫的课题,在深入调查研究基础上着力排民之忧,解民之难,帮助解决关系群众切身利益的突出问题。

"改文风",要"用功改"。改进新闻报道文风的关键是"说实话、说新话、说老百姓的话"。衡量"走转改"的活动成效,很重要的一个方面,就是看产生了多少思想深刻、群众欢迎、影响广泛的好作品。刘云山强调:"要培育清新朴实的文风,说群众听得懂、听得进的话,说短话、新话、活话,多一些时代气息、生活气息,多一些深入浅出、通俗易懂,多一些泥土芬芳、雅俗共赏,避免程序化、概念化,使我们的新闻报道、理论文章、文艺作品更加鲜活生动、耐读好看。"①"走转改"活动开展以来,中央电视台推出专题报道,中央人民广播电台设《基层中国》栏目,其他传媒也开辟了相关专题专栏,涌现出一大批令人耳目一新的新闻报道、理论文章和文艺作品,新闻界出现了可喜的变化:老百姓的镜头多了,基层的声音响了,套话空话少了,实实在在的内容多了,官腔官调少了,群众语言多了。

"走转改"活动为宣传思想文化战线带来了一股清新务实之风,使整个宣传队伍精神面貌发生了新的可喜变化。"'走转改'活动态势很好、效果显著,'走转改'走出了宣传思想文化工作的新天地,走出了宣传文化队伍建设的新局面。"②

---

① 刘云山:《深化"走基层、转作风、改文风"活动 推动宣传思想文化工作更好地服务人民群众》,载《思想政治工作研究》,2012年第2期。

② 刘云山:《深化"走基层、转作风、改文风"活动 推动宣传思想文化工作更好地服务人民群众》,载《思想政治工作研究》,2012年第2期。

第八章 习近平时期的宣传机构建设理论

党的十八大以来,世界范围内正在进行具有新的历史特点的复杂斗争,中国面临的挑战和困难前所未有。以习近平同志为核心的党中央高度重视宣传思想工作,在2013年8月19日至20日的全国宣传思想工作会议上,习近平特别强调包括意识形态工作在内的宣传思想工作"极端重要"。在新的历史起点上,在中国特色社会主义伟大事业跨入新时代的关键时期,以习近平同志为核心的党中央深入总结政治历史经验,以改革创新的精神革新理念,系统谋划,重心下沉,全党动手,使党的宣传思想机构"强"起来。宣传机构建设思想是习近平新时代中国特色社会主义思想的重要组成部分,为统筹当前宣传思想工作、新闻舆论媒体发展提供了基本遵循。

第一节 党的宣传工作进入新时代

时代是思想之母,实践是理论之源。当今世界正在经历百年未有之大变局,伴随着中国特色社会主义进入新时代,党的宣传工作也进入了挑战与机遇并存的新时代。这是一个需要理论而且一定能够产生理论的时代,是一个需要思想而且一定能够产生思想的时代。

一、中华民族迎来"强起来"的伟大飞跃

当代中国正处于近代以来最好的发展时期。近代中国灾难深重,一个世纪以来,无数仁人志士前仆后继,一代又一代中华儿女接续奋

斗，为了实现中华民族的伟大复兴矢志不移。人民和历史选择了中国共产党，中国历史发生了翻天覆地的变化。在毛泽东同志的领导之下，久经磨难的中华民族推翻三座大山站了起来；邓小平同志带领中国走上改革开放强国之路，中国人民富了起来。十八大以来，以习近平为核心的党中央，以巨大的政治勇气和强烈的责任担当，提出一系列新理念新思想新战略，出台一系列重大方针政策，推出一系列重大举措，推进一系列重大工作，解决了许多长期想解决而没有解决的难题，办成了许多过去想办而没有办成的大事，推动党和国家事业取得历史性成就，发生历史性变革。2017年习近平在中国共产党第十九次全国代表大会报告中指出："经过长期努力，中国特色社会主义进入了新时代，这是我国发展新的历史方位。中国特色社会主义进入新时代，意味着近代以来久经磨难的中华民族迎来了从站起来、富起来到强起来的伟大飞跃，迎来了实现中华民族伟大复兴的光明前景。"[①] 中国从未像现在这样接近实现"两个一百年"的奋斗目标、实现中华民族伟大复兴的中国梦。

二、习近平新时代中国特色社会主义思想实现了党的指导思想的与时俱进

党的十九大把习近平新时代中国特色社会主义思想确立为党必须长期坚持的指导思想并庄严地写入党章。这是一个历史性决策和历史性贡献，是党指导思想的与时俱进，体现了党在政治上理论上的高度成熟、高度自信。习近平新时代中国特色社会主义思想是新时代中国共产党的思想旗帜，是国家政治生活和社会生活的根本指针，是当代马克思主义、21世纪马克思主义。理论创新每前进一步，理论武装就要跟进一步。坚持用习近平新时代中国特色社会主义思想武装全党、教育人民，对于统一思想认识、明确前进方向、凝聚奋进力量，实现社会主义现代化和中华民族伟大复兴，具有重大现实意义和深远历史

[①] 习近平：《习近平谈治国理政（第三卷）》，北京：外文出版社，2020年，第8页。

意义。

我们党历来重视抓全党的理论学习,这是推动党和人民事业发展的一条成功经验。在每一个重大历史转折时期,每当党的指导思想与时俱进,面对新形势新任务,我们党总是要通过宣传机构号召、布置全党同志加强学习,而每次这样的学习热潮,都能推动党和人民事业实现大发展大进步。思想建党、理论强党是中国共产党之所以能够历经艰难困苦而不断发展壮大的一个重要原因,能使全党始终保持统一的思想、坚定的意志、协调的行动、强大的战斗力。习近平新时代中国特色社会主义思想是马克思主义中国化的最新理论成果,是引领党和国家事业不断从胜利走向新的胜利的强大思想武器和行动指南,党的宣传机构系统任务艰巨、使命光荣,一定要把深入学习贯彻习近平新时代中国特色社会主义思想作为一项长期的政治任务,精心策划、周密安排,采取切实有效措施,推动学习贯彻往深里走、往实里走、往心里走。全党要来一个大学习,"依靠学习走向未来"[①]。

三、全媒体时代挑战和机遇并存

伴随着信息社会不断发展,新兴媒体影响越来越大,移动互联网终端和各类新型社交媒体平台成为很多干部群众特别是年轻人的第一信息源,并且现在人人都是发言人,都是宣传员,都是信息源。以前由报刊、电视、广播等传统媒体进行议程设置的格局发生了根本改变,互联网已经真正成为宣传工作的主阵地。从全球范围看,媒体智能化进入快速发展阶段,全媒体发展日新月异,出现了全程媒体、全息媒体、全员媒体、全效媒体,舆论生态、媒体格局、传播方式发生深刻变革,全媒体时代到来,推动媒体融合发展、建设全媒体成为党的宣传机构面临的一项紧迫课题。

宣传思想工作要把握大势,做到因势而谋、应势而动、顺势而为。我们要加快推动媒体融合发展,打造一批具有强大影响力、竞争力的新型主流媒体,使主流媒体具有强大传播力、引导力、公信力,形成网上

---

① 习近平:《习近平谈治国理政》,北京:外文出版社,2014年,第401页。

网下同心圆,使全体人民在理想信念、价值理念、道德观念上紧紧团结在一起,让正能量更强劲、主旋律更高昂。习近平提出要把互联网、新媒体的发展和治理纳入统战工作视野①,通过网络走群众路线①。他分析了随着互联网快速发展涌现出的两个群体,一类是新媒体从业人员,一类是包括网络"意见领袖"在内的网络人士;一类是"搭台"的,一类是网络发声"唱戏"的。在全媒体时代,网络阵地和网络人士的能量不可小觑,"这个阵地我们不去占领,人家就会去占领;这部分人我们不去团结,人家就会去拉拢"①。所以党的宣传工作人员尤其是领导干部要增强全媒体本领,成为"全媒型、专家型"人才,善于运用网络、经营网络、治理网络,使网络空间成为亿万民众共同的精神家园。

推动媒体融合,发展全媒体,要统筹处理好传统媒体和新兴媒体的关系。传统媒体和新兴媒体不是取代关系,而是迭代关系;不是谁主谁次,而是此长彼长;不是谁强谁弱,而是优势互补。从目前情况看,我国媒体融合发展整体优势还没有充分发挥出来。要坚持一体化发展方向,加快从相加阶段迈向相融阶段,通过流程优化、平台再造,实现各种媒介资源、生产要素有效整合;实现信息内容、技术应用、平台终端、管理手段共融互通;实现催化融合质变,放大一体效能。

第二节　努力把我国由网络大国建设成为网络强国

自1994年4月20日中国与国际互联网实现全面互联互通至今,我国的互联网发展走过了近30年的历程。据中国互联网信息中心发布的第45次《中国互联网发展状况统计报告》显示,截至2020年3月,中国网民规模为9.04亿,较2018年年底增长7508万,互联网普及率达64.5%;手机网民规模达8.97亿,网民使用手机上网的比例达99.3%。我国互联网和信息化工作取得了显著发展成就,网络走入千家

---

① 习近平:《习近平谈治国理政(第二卷)》,北京:外文出版社,2017年,第325页、第336页。

万户，网民数量世界第一，我国已经成为网络大国。

网民来自老百姓，老百姓上了网，民意也就上了网。群众在哪里，党的宣传工作就在哪里，党的宣传机构就应建在哪里。十八大以来，习近平高度重视网络安全和信息化建设工作，指出网络安全和信息化是事关国家安全和国家发展，事关广大人民群众工作生活的重大战略问题，对国际政治、经济、文化、社会、军事等领域产生深刻影响，已经融入社会生活的方方面面，深刻改变着人们的生产和生活方式。与此同时，他对我国互联网发展的整体水平又有着冷静和客观的判断：我们在自主创新方面还相对落后，区域和城乡差异比较明显，特别是人均带宽与国际先进水平差距较大，这说明我国互联网发展瓶颈仍较为突出。习近平从国际国内大势出发，总体布局，统筹各方，创新发展，做出了把我国由网络大国建设成为网络强国的战略决策。①

一、成立从中央到地方的网络安全和信息化机构系统

2014年2月27日，中央网络安全和信息化领导小组宣告成立，习近平任组长，李克强、刘云山任副组长，再次体现了中国最高层全面深化改革、加强顶层设计的意志，显示出在保障网络安全、维护国家利益、推动信息化发展的决心。中国网络安全和信息化国家战略迈出重要一步，标志着这个拥有最大规模网民的网络大国加速向网络强国挺进。习近平强调："中央网络安全和信息化领导小组要发挥集中统一领导作用，统筹协调各个领域的网络安全和信息化重大问题，制定实施国家网络安全和信息化战略、宏观规划和重大政策，不断增强安全保障能力。"①

放眼世界，各国都在大力加强网络安全建设和顶层设计。美国在白宫设立"网络办公室"，并任命首席网络官，直接对总统负责，2014年2月宣布启动美国《网络安全框架》。日本2013年6月出台《网络安全战略》，明确提出"网络安全立国"。印度2013年5月出台《国家网络

---

① 习近平：《习近平谈治国理政》，北京：外文出版社，2014年、第197页，第199页。

安全策略》。接轨国际，建设坚固可靠的国家网络安全体系，是中国必须做出的战略选择。中央网络安全和信息化建设领导小组的成立正是在此大背景下，以规格高、力度大、立意远来统筹指导中国迈向网络强国的发展战略，在中央层面设立一个更强有力、更有权威性的机构。

2018年3月，中共中央印发了《深化党和国家机构改革方案》。该方案称：为加强党中央对涉及党和国家事业全局的重大工作的集中统一领导，强化决策和统筹协调职责，将"中央网络安全和信息化领导小组"改为"中国共产党中央网络安全和信息化委员会"。办事机构是"中央网络安全和信息化委员会办公室"。互联网已经成为当前宣传思想工作的主阵地，党的网络安全和信息化办公室已形成了一个从中央到各省再到各市县的严密系统，充分利用新媒体平台和网络手段团结群众，线上互动、线下沟通，引导其政治观点，增强其政治认可。

二、尽快建成一批具有强大影响力和竞争力的新型主流媒体

2019年1月25日，习近平总书记在十九届中央政治局第十二次集体学习时强调，推动媒体融合发展、建设全媒体成为我们面临的一项紧迫课题。要运用信息革命成果，推动媒体融合向纵深发展，做大做强主流舆论，巩固全党全国人民团结奋斗的共同思想基础，为实现"两个一百年"奋斗目标、实现中华民族伟大复兴的中国梦提供强大精神力量和舆论支持。这一重要讲话，深刻阐述推动媒体融合向纵深发展的重大理论和实践问题，极大丰富了习近平关于宣传机构建设工作的重要思想，是做好新时期新闻舆论工作、推动媒体深度融合的重要指针。

2016年2月19日，习近平在党的新闻舆论工作座谈会上强调："要加强国际传播能力建设，增强国际话语权，集中讲好中国故事，同时优化战略布局，着力打造具有较强国际影响的外宣旗舰媒体。"[①]2020年9月，中共中央办公厅、国务院办公厅印发了《关于加快推进媒体深度融合发展的意见》，明确了媒体深度融合发展的总体要求，要求深

---

① 习近平：《习近平谈治国理政（第二卷）》，北京：外文出版社，2017年，第333页。

刻认识全媒体时代推进这项工作的重要性紧迫性，坚持正能量是总要求、管得住是硬道理、用得好是真本事，坚持正确方向，坚持一体发展，坚持移动优先，坚持科学布局，坚持改革创新，推动传统媒体和新兴媒体在体制机制、政策措施、流程管理、人才技术等方面加快融合步伐，尽快建成一批具有强大影响力和竞争力的新型主流媒体，逐步构建网上网下一体、内宣外宣联动的主流舆论格局，建立以内容建设为根本、先进技术为支撑、创新管理为保障的全媒体传播体系。

一要推动主力军全面挺进主战场，以互联网思维优化资源配置，把更多优质内容、先进技术、专业人才、项目资金向互联网主阵地汇集、向移动端倾斜，让分散在网下的力量尽快进军网上、深入网上，做大做强网络平台，占领新兴传播阵地。

二要走好全媒体时代群众路线，坚持以人民为中心的工作导向，坚持贴近群众服务群众，创新实践党的群众路线，大兴"开门办报"之风，把党的优良传统和新技术新手段结合起来，强化媒体与受众的连接，以开放平台吸引广大用户参与信息生产传播，生产群众更喜爱的内容，建构群众离不开的渠道。

三要以先进技术引领驱动融合发展，用好5G、大数据、云计算、物联网、区块链、人工智能等信息技术革命成果，加强新技术在新闻传播领域的前瞻性研究和应用，推动关键核心技术自主创新。要推进内容生产供给侧结构性改革，更加注重网络内容建设，始终保持内容定力，专注内容质量，扩大优质内容产能，创新内容表现形式，提升内容传播效果。要深化主流媒体体制机制改革，建立适应全媒体生产传播的一体化组织架构，构建新型采编流程，形成集约高效的内容生产体系和传播链条。要发挥市场机制作用，增强主流媒体的市场竞争意识和能力，探索建立"新闻＋政务服务商务"的运营模式，创新媒体投融资政策，增强自我造血机能。

四要按照资源集约、结构合理、差异发展、协同高效的原则，完善中央媒体、省级媒体、市级媒体和县级融媒体中心四级融合发展布局。

努力打造全媒体对外传播格局,讲好中国故事,传播中华文化。

五要大力培养全媒体人才,实行更加积极、开放、有效的人才引进政策,提高主流媒体人才吸引力和竞争力。要优化人才队伍结构,把更多熟悉新媒体的中青年优秀人才充实到关键岗位,充分释放人才活力。

《意见》强调,各级党委和政府要强化资金保障,加强政策支持,形成政策保障体系,支持媒体深度融合发展。要强化党的领导,把推进媒体深度融合发展作为本地区本部门本单位落实意识形态工作责任制的重要内容。要加强评估考核,加强督促检查,推动媒体深度融合,把发展各项任务落到实处。

三、对新闻舆论媒体的职责使命做出新概括

2016年2月19日,习近平在集中调研人民日报社、新华社、中央电视台等三家中央媒体之后,主持召开了党的新闻舆论工作座谈会并发表重要讲话。提出了48字党的新闻舆论工作职责使命,即"高举旗帜、引领导向,围绕中心、服务大局,团结人民、鼓舞士气,成风化人、凝心聚力,澄清谬误、明辨是非,联接中外、沟通世界"。[①]这48个字体现了党中央对新闻舆论工作的基本定位和明确要求,为新闻舆论战线不负重托、履职尽责指明了努力方向。有学者指出,48字的工作职责使命,与时代相结合,这一论述既上升到政治的高度,体现出最高领导者的"政治思维",又兼具解决方法论问题,涵盖到新闻工作的具体的职责范围之中。作为"党和政府的宣传阵地",尤其是当代新闻媒体人应该如何承担起新闻舆论工作的职责和使命?习近平在讲话中用"一个必须,四个牢牢"指明了方面:"必须把政治方向摆在第一位,牢牢坚持党性原则,牢牢坚持马克思主义新闻观,牢牢坚持正确舆论导向,牢牢坚持正面宣传为主。"习近平强调,党的新闻舆论工作坚持党性原则,最根本的是坚持党对新闻舆论工作的领导。党和政府主办的媒体是党和政府的宣传阵地,必须姓党。

---

① 习近平:《习近平谈治国理政(第二卷)》,北京:外文出版社,2017年,第332页。

第三节　宣传机构领导干部、班子首先强起来

习近平指出:"宣传思想部门工作要强起来,首先是领导干部要强起来,班子要强起来。各级宣传部门领导同志要加强学习、加强实践,真正成为让人信服的行家里手。"① 这是对党的宣传机构领导干部、班子做出的明确要求,宣传机构要强起来,领导干部、班子要首先强起来。

一、坚定信仰,把系统掌握马克思主义基本原理作为看家本领

共产党员是近代历史上最先进的革命者,是现当代改造社会、改造世界的担当者和推动者,其先进性在思想理论层面指的就是坚定的共产主义信仰,高超的马克思主义理论素养。中国共产党创建伊始,即把共产主义的最高理想目标写在了旗帜之上,早期共产党人的共产主义信仰极其坚定,他们立志为共产主义奋斗终身,不怕牺牲。李大钊(1889—1927)这样定义"牺牲":"高尚的生活,常在壮烈的牺牲中。"② 他在《狱中自述》中写道:"钊自束发受书,即矢志努力于民族解放之事业,实践其所信,励行其所知,为功为罪,所不暇计。"② 恽代英(1895—1931)是中国共产党早期青年运动领导人之一,对无产阶级革命的长期性、艰巨性有着清醒的认识,认为"世界上没有一帆风顺的革命,挫折是不可避免的"。1930 年在上海被捕后,恽代英写下了气吞山河的《狱中诗》:"浪迹江湖忆旧游,故人生死各千秋。已摈忧患寻常事,留得豪情作楚囚。"③ 夏明翰(1900—1928)的《就义诗》"砍头不要紧,只要主义真"更广为人知,"主义"就是共产主义,典型体现了一个共产党员矢志不移的信仰和视死如归的豪迈从容。无论是在革命时期,还是在社会主义建设、改革开放年代,中国共产党党员尤其

---

① 习近平:《习近平谈治国理政》,北京:外文出版社,2014 年,第 156 页。
② 李大钊:《李大钊文集(下)》,北京:人民出版社,1984 年,第 118 页,第 893 页。
③ 中共中央宣传部宣传教育局:《重读先烈诗章》,北京:中华书局,2016 年,第 71 页。

是高级领导干部，坚定共产主义信仰，有了这一条，党员才是用特殊材料制成的，领导干部才能形成良好的示范作用。

系统学习马克思主义基本原理，是坚定共产主义信仰的前提。蔡和森（1895—1931）是老一辈无产阶级革命家中最早通晓马列主义的一个，他自称"极端马克思派"，在法国勤工俭学期间，刻苦学习法文，"猛看猛译"马列著作。"穿着薄旧的衣服，坐在简陋的中学宿舍，顶着严重的哮喘宿疾，他翻着字典，顽强地反复掂量着每一个字每一句话的分量。"[1] 毛泽东提出："如果我们党有一百个至二百个系统地而不是零碎地、实际地而不是空洞地学会了马克思列宁主义的同志，就会大大提高我们党的战斗力量。"[2] 刘少奇曾在名篇《论共产党员的修养》中，号召每一个共产党员都要努力学习马克思主义，把马克思主义创始人的言行、事业和品质作为修养和锻炼的楷模，"做马克思和列宁的好学生"。[3] 时过境迁，经过百年的艰苦奋斗，中国共产党现在已经成长为拥有九千余万名党员的大党，习近平强调："要认真学习马克思主义理论，这是我们做好一切工作的看家本领，也是领导干部必须普遍掌握的工作制胜的看家本领。"[4] 这是对宣传机构领导干部提出的"普遍要求"，只有怀有这一"看家本领"，自己成为理论家、政治家，宣传工作才会更加得心应手。

马克思主义具有与时俱进的理论品质，在马克思主义中国化的过程中不断实现时代化，在当代坚持马克思主义就是坚持马克思列宁主义、毛泽东思想、邓小平理论、"三个代表"重要思想、科学发展观、习近平新时代中国特色社会主义思想。习近平新时代中国特色社会主义思想是马克思主义中国化的最新成果，是党和人民实践经验和集体智慧的结晶，是中国特色社会主义理论体系的重要组成部分，是实现"两

---

[1]《回忆蔡和森》，北京：人民出版社，1980年，第1页。
[2] 毛泽东：《毛泽东选集（第2卷）》，北京：人民出版社，1991年，第533页。
[3] 刘少奇：《刘少奇选集（上卷）》，北京：人民出版社，1981年，第103页。
[4] 习近平：《习近平谈治国理政》，北京：外文出版社，2014年，第404页。

个一百年"奋斗目标，实现中华民族伟大复兴的行动指南。因此，当前宣传机构领导干部学习马克思主义理论，就要坚持不懈读原著、学原文、悟原理，用习近平新时代中国特色社会主义思想武装头脑、指导实践、推动工作。

二、加强实践，真正成为让人信服的行家里手

各级宣传部门领导同志要加强学习、加强实践，真正成为让人信服的行家里手。人类认识发展的全过程是实践—认识—再实践—再认识，循环往复以至无穷，实践与认识的辩证运动是辩证唯物主义和马克思主义认识论的重要内容和基本观点，实践性是马克思主义区别于唯心主义和其他唯物主义的本质特征。认识源于实践，最终要接受实践的检验。毛泽东的《实践论》为中国共产党实事求是的思想路线奠定了哲学基础，是党反对主观主义、本本主义、教条主义的重要理论依据。邓小平在改革开放之初，大力支持"实践是检验真理的唯一标准"大讨论，以"是否有利于发展社会主义社会的生产力、是否有利于增强社会主义国家的综合国力、是否有利于提高人民的生活水平"为实践标准，推动中国走上强国之路。习近平更加强调共产党人的实践本色，以马克思主义为指导，在工作实践中真抓实干，2017年新年贺词中的"撸起袖子加油干"，2018年新年贺词"幸福都是奋斗出来的"等等话语都是生动体现。

十九届中共中央政治局第一次集体学习党的十九大精神时，习近平对宣传机构领导干部提出新要求——"要做实干家，也要做宣传家"。"知"与"行"是中国传统文化的一对经典范畴，宣传家不是空谈客，共产党人从来讲究"知行合一"。头脑中坚持的理想信念，心中的奋斗目标，最终还是要靠实践去达成，靠行动去实现。"只说不做假把式，只做不说傻把式，会说会做才是好把式。"作为实干家的宣传家，应是会说会做的"好把式"。一个合格的宣传机构领导干部，不但要理论过硬，更要表达过硬，在口才和笔头上有几把刷子。一个道理能深入浅出地阐释清楚，讲的话群众喜欢听，写的文章群众喜欢看，工作才会主动，才能得心应手。只有把重大决策部署宣传到位，把涉及群众利益的政策解释到位，把群众关注的热点引导到位，才能真正做到知群众之所想、感群众之所困、乐群众之所乐，从而实现党和政府"无形资产"的增值。

在新时代背景下，习近平突出强调宣传机构领导干部的新媒体工作能力的培养。当前宣传工作与传统宣传工作有巨大的差别，在诸多因素中，互联网成为"最大变量"。"互联网是当前宣传思想工作的主阵地。这个阵地我们不去占领，人家就会去占领。"①2016年2月19日，习近平在党的新闻舆论工作座谈会上强调，新闻舆论工作者应主动借助新媒体传播优势，"要提高业务能力，勤学习、多锻炼，努力成为全媒体型、专家型人才"①。2016年4月19日，习近平在网络安全和信息化工作座谈会上针对领导干部利用互联网做好宣传工作提出更加具体的指示："各级党政机关和领导干部要学会通过网络走群众路线，经常上网看看，潜潜水、聊聊天、发发声，了解群众所思所愿，收集好想法好建议，积极回应网民关切、解疑释惑。善于运用网络了解民意、开展工作，是新形势下领导干部做好工作的基本功。各级干部特别是领导干部一定要不断提高这项本领。"①

三、守土有责、守土负责、守土尽责

各级宣传部门领导同志要负起政治责任和领导责任，加强对宣传思想领域重大问题的分析研判和重大战略性任务的统筹指导，不断提高领导宣传思想工作的能力和水平。宣传机构的领导干部首先要从党的工作全局出发把握宣传机构职责定位和宣传舆论工作的极端重要性。习近平指出，党的宣传工作"是治国理政、安国定邦的大事"，"做好党的新闻舆论工作，事关旗帜和道路，事关贯彻落实党的理论和路线方针政策，事关顺利推进党和国家各项事业，事关全党全国各族人民凝聚力和向心力，事关党和国家前途命运。"①对宣传机构有清晰定位，才能做到思想上高度重视、工作上精准有力。

---

① 习近平：《习近平谈治国理政（第二卷）》，北京：外文出版社，2017年，第325页，第331~333页，第336页。

"守土有责"，在新的时代条件下，习近平对宣传机构的职责和使命作了新的规定："高举旗帜、引领导向，围绕中心、服务大局，团结人民、鼓舞士气，成风化人、凝心聚力，澄清谬误、明辨是非，联接中外、沟通世界。"①"高举旗帜"就是高举习近平新时代中国特色社会主义思想，把党的理论和路线方针政策变成人民群众的自觉行动；"服务大局"，就是服务于建设中国特色社会主义事业，实现中华民族伟大复兴的大局；坚持正确舆论导向，正面宣传为主，以"团结人民、鼓舞士气，成风化人、凝心聚力"；直面社会问题，直面社会丑恶现象，激浊扬清，针砭时弊，以"澄清谬误、明辨是非"；增强道路自信、理论自信、制度自信、文化自信，打造强有力的对外宣传旗舰媒体，以"联接中外、沟通世界"。

列宁曾把无产阶级政党的宣传机构喻为一座建筑的"脚手架"，毛泽东把党的宣传员称作政策和策略的"播种机"，江泽民主张宣传机构要用"工程师思维"开展工作。"守土负责、守土尽责"，就是要承担起宣传思想、新闻舆论、意识形态的职责和使命，"做党的政策主张的传播者、时代风云的记录者、社会进步的推动者、公平正义的守望者"。① 作为领导干部，应格外珍视、充分利用好党的宣传舆论阵地，不能缺位，更不能失位。多年以来，中国共产党锻炼造就了一支值得信赖的宣传干部队伍，但也有部分现象值得引起警惕。比如有的领导干部在思想上只重视搞经济建设，对宣传思想和意识形态工作不想做、不愿做、不会做；一些领导干部学习马克思主义理论功力不足，共产主义信仰还不够坚定，存在一些模糊甚至错误的认识，如马克思主义"过时论"等；有的领导干部存在"本领恐慌"，只说不做，或者只做不说，不仅对新媒体手段不学习、不了解，敬而远之，口才、笔头也没有几把刷子；还有部分人没有了干事创业的激情，尸位素餐、得过且过，致使宣传机构患上"软骨病"，职能弱化，形同虚设……这些实际上就是丢掉了

---

① 习近平：《习近平谈治国理政（第二卷）》，北京：外文出版社，2017年，第332页。

自己的角色和阵地，空耗宣传资源，辜负了党和国家赋予的职责使命。这些反面教员提醒党的宣传领导干部职责神圣、使命光荣，应以高度的历史使命感和责任感当好"宣传家""实干家"，领导干部既要撸起袖子，又要练好嗓子，千万不可只做样子。

第四节　宣传机构工作方针

一、重申党性与人民性统一的原则

党性和人民性的关系，是意识形态领域关乎舆论导向的重大问题，只有处理好二者关系，宣传思想工作才能明确方向、站稳立场。习近平强调："党性和人民性从来都是一致的、统一的。"[1] 坚持党性，核心就是坚持正确政治方向，站稳政治立场，坚定宣传党的理论和路线方针政策，坚定宣传中央重大工作部署，坚定宣传中央关于形势的重大分析判断，坚决同党中央保持高度一致，坚决维护中央权威。所有宣传思想工作部门和单位，所有宣传思想战线上的党员、干部都要旗帜鲜明坚持党性原则。坚持人民性，就是要把实现好、维护好、发展好最广大人民根本利益作为出发点和落脚点，坚持以民为本、以人为本。要树立以人民为中心的工作导向，把服务群众同教育引导群众结合起来，把满足需求同提高素养结合起来，多宣传报道人民群众的伟大奋斗和火热生活，多宣传报道人民群众中涌现出来的先进典型和感人事迹，丰富人民精神世界，增强人民精神力量，满足人民精神需求。

中国共产党的宗旨是全心全意为人民服务，来自人民，为了人民，代表中国最广大人民的根本利益，因此从本质上说，坚持党性就是坚持人民性，坚持人民性就是坚持党性。党性寓于人民性之中，没有脱离人民性的党性，也没有脱离党性的人民性。党性、人民性是整体性的政治概念，不能从个别党员的表现去理解党性，也不能简单从部分群众的反应理解人民性，只有站在全党立场上，站在全体人民的立场上，

---

[1] 习近平：《习近平谈治国理政》，北京：外文出版社，2014年，第154页。

才能真正把握好党性和人民性。坚持党性,党的宣传工作才能有明确的立场和指向;坚持人民性,党的宣传工作才能获得活力源泉和动力根基。把党性和人性统筹好、实践好、统一好,宣传思想工作就能把体现党的主张和反映人民心声统一起来,做到让党放心,让人民满意。

二、坚持团结稳定鼓劲、正面宣传为主的重要方针

坚持团结稳定鼓劲、正面宣传为主,是宣传思想工作必须遵循的重要方针。我们正在进行具有许多新的历史特点的伟大斗争,面临的挑战和困难前所未有,必须坚持巩固壮大主流思想舆论,弘扬主旋律,传播正能量,激发全社会团结奋进的强大力量。关键是要提高质量和水平,把握好时、度、效,增强吸引力和感染力,让群众爱听爱看、产生共鸣,充分发挥正面宣传鼓舞人、激励人的作用。在事关大是大非和政治原则问题上,必须增强主动性、掌握主动权、打好主动仗,帮助干部群众划清是非界限、澄清模糊认识。

中国的发展离不开积极向上的思想动力,中华民族的伟大复兴要凝聚14亿人的奋进力量,党的宣传机构就要"弘扬主旋律,传播正能量"。弘扬主旋律,社会思想就有了主心骨;传播正能量,社会发展就有了动力源。历史和现实告诉我们,越是应对巨大挑战和困难,越是深化改革、攻坚克难,就越要巩固壮大主流思想舆论,发挥正面宣传鼓舞干劲、增强信心、凝聚共识的作用,不断激发全社会团结奋进的强大力量。"正面宣传为主"既是导向指南,也是操作指南。正面宣传不是"唱高调",而是从丰富多彩的现实中挖掘提炼积极健康、崇德向善、催人奋进、真实感人的典型报道鼓舞人、激励人、引导人。坚持"正面宣传为主",并不是对负面问题视而不见,关键在于如何看待和正确引导。站在理性的角度,用监督的视角、建设性的态度去报道,有助于引导人民形成正确认识,激浊扬清,弘扬正气。

三、全党动手,树立大宣传工作理念

习近平强调,做好宣传思想工作必须全党动手。各级党委要负起政治责任和领导责任,加强对宣传思想领域重大问题的分析研判和重大

战略性任务的统筹指导，不断提高领导宣传思想工作能力和水平。要树立大宣传的工作理念，动员各条战线各个部门一起来做，把宣传思想工作同各个领域的行政管理、行业管理、社会管理更加紧密地结合起来。

全党参与，才能凝聚最广泛的共识；全党动手，才能调动各方面的力量。党的宣传工作是政治性强、涉及面广、影响力大的系统工程，需要统筹谋划、强化写作，需要多方联动、全员参与。构建全党动手的大宣传格局，宣传思想部门责无旁贷，必须守土有责、守土负责、守土尽责。做好宣传思想工作，又不能只靠宣传部门，各级党委也要承担其政治责任，主要负责人要担负领导责任，切实解决不想抓、不会抓、不敢抓的问题。各级党委只有把宣传思想工作放在改革发展全局中统筹指导，树立宣传思想工作的整体思维，牵头抓总、整合资源、形成合力，才能调动各条战线积极参与大宣传工作格局。各条战线各个部门都不能置身事外做旁观者，而应胸怀大局、把握大势、着眼大事，自觉支持宣传思想战线的工作，只有调动各方力量，运用各种资源，形成上下互通、横向联合、齐抓共管的大宣传格局，实现工作共融、资源共享、发展共赢，打好"组合拳"，奏响"交响乐"，才能在新时代把党的宣传思想工作做得更好。

第九章 中国马克思主义宣传机构建设的理论特色、建设规律与发展趋势

在中国共产党百年发展历程中,宣传工作一直是党的核心工作之一,宣传机构建设是党的建设伟大工程的重要组成部分。以毛泽东、邓小平、江泽民、胡锦涛、习近平为核心的几代领导人贯彻马克思主义宣传观,坚持解放思想、实事求是、与时俱进、求真务实的思想路线,在革命、建设和改革开放等不同历史时期提出系统的宣传机构建设理论思想,丰富和发展了马克思主义的党建理论和宣传理论,成为中国化马克思主义理论体系的重要内容。以中国共产党九十余年波澜壮阔的宣传历史实践为背景,在分阶段梳理几代共产党人宣传机构建设理论思想的基础上,系统总结我党宣传机构建设工作的一般规律,提炼概括中国马克思主义宣传机构建设的理论特点,探索明确宣传机构建设发展的趋势与潮流,既是对党的宣传机构建设工作实践的又一次理论升华,又能为当前和今后的宣传机构建设提供有益的指导和借鉴。

第一节 宣传机构建设理论的理论特色

一、突出党性

顾名思义,"党性"即政党属性。政党是代表某个阶段、阶层或社会集团并为实现其利益而斗争的政治组织,在阶级斗争的发展历史中,

政党的属性——党性，其最本质的涵义是阶级性，党性是阶级性最高最集中的表现，不同的阶级或政党有不同的党性，无产阶级有无产阶级的党性，资产阶级有资产阶级的党性。一个政党的宣传机构突出党性应具有鲜明的阶级性，服务于政党的阶级斗争。列宁曾指出："严格的党性是高度发展的阶级斗争的随行者和结果。反过来说，为了公开地和广泛地进行阶级斗争，必须发展严格的党性。"①

无产阶级革命导师马克思、恩格斯公开宣布自己报道的阶级性、党派性。1847年，他们在给共产主义者同盟的非正式机关报《德意志—布鲁塞尔报》的一位读者的公开信中首次提出了新闻宣传的党性概念：它是一份彻头彻尾有党性的报纸，如果有人认为它是无党派性的，那是对它的最大侮辱。② 马克思、恩格斯主张工人阶级应当从事工人的政治，工人的政党不应当成为某个资产阶级政党的尾巴，而应当成为一个独立的政党，有自己的目的和政策。工人阶级政党的党报、机关报应采取适合于无产阶级的观点立场，重视与资产阶级的政治斗争，通过革命掌握政权实现自我解放。"1848年到1849年为《莱茵报》撰稿。这是革命的时期，在这种时候从事办日报的工作是一种乐趣。你会亲眼看到每一个字的作用，看到文章怎样真正像榴弹一样地打击敌人，看到打出去的炮弹怎样爆炸。"③ 处于帝国主义和社会主义革命时代的列宁更为明确地强调新闻事业要坚持严格的党性，他指出资产阶级报纸是建立和巩固资本主义制度的工具，无产阶级报纸是进行社会主义革命和建设的工具。"资本主义使报纸成为资本主义的企业，成为富人发财、向富人提供信

---

① 《列宁选集》（第1卷），北京：人民出版社，1995年，第656页。转引自：刘李胜，时永松：《政治宣传学》，武汉：湖北人民出版社，1993年，第112页。

② 陆维中，等：《新闻宣传的党性和人民性》，载《浙江社会科学》，1991年第2期。

③ 恩格斯：《给"社会民主党工人报"读者的告别信》，见刘平斋、陈德言：《马克思恩格斯毛泽东论宣传》，成都：四川省社会科学院出版社，1988年，第71页。

息和消遣的工具,成为欺骗和愚弄劳动群众的工具。"①列宁的这段话是从总体上、本质上对资产阶级报纸的党派性的深刻认识和评价。以马克思主义武装的无产阶级政党公开声明具有严格的党性,并且随时同非党性作斗争,而资产阶级政党或者否认或者掩盖其党性、阶级性,或者打着"全民性""超阶级"的旗号来欺骗民众,因此列宁讲:"非党性是资产阶级思想。党性是社会主义思想。"②

中国共产党在革命建设和改革开放不同时期,坚持以严格的党性原则指导宣传机构建设,结合我国的历史发展,在突出党性原则上提出了许多新思想、新论断。1941年6月,刘少奇在《人的阶级性》中精辟地阐述了阶级性和党性的关系:党性,就是人们阶级性最高而集中的表现。"共产党员的党性,就是无产者阶级性最高而集中的表现,就是无产者本质的最高表现,就是无产阶级利益最高而集中的表现。"③1957年5月,毛泽东强调:"马克思主义新闻学的立足点是新闻有阶级性、党派性。""不同的阶级有不同的新闻学、新闻观点、新闻政策。""无产阶级的新闻政策和资产阶级的新闻政策,有一个共同点,这就是新闻有阶级性、党派性。资产阶级报纸只说对他们有利的东西,不说对他们不利的东西。无产阶级和人民大众的报纸也不说对我们有害的东西。这都是阶级利害关系,是普遍规律。"④他在同新闻界代表谈话时指出:"在阶级消灭之前,不管通讯社或报纸的新闻,都有阶级性。"⑤改革开放的总设计师邓小平强调宣传机构建设要坚持四项基本原则,反对搞精神污染。1981年1月,《中共中央关于当前报刊新闻广播宣传方针的决定》着重指出:"报刊、新闻、广播、电视工作者必须坚

---

① 列宁:《列宁全集》(第32卷),北京:人民出版社,1958年,第120页。
② 列宁:《列宁选集》(第1卷),北京:人民出版社,1995年,第660页。
③ 刘少奇:《人的阶级性》,http://cpc.people.com.cn/GB/69112/73583/73601/74108/5039672.html。
④ 吴冷西:《忆毛主席》,北京:新华出版社,1995年,第35~36页。
⑤ 刘平斋,陈德言:《马克思恩格斯毛泽东论宣传》,成都:四川省社会科学院出版社,1988年,第304页。

持党性,增强党性。党性是无产阶级阶级性的最高表现。"①受命于危难之间的江泽民同志在1989年11月28日的讲话中指出,我们的新闻工作是党的整个事业的重要组成部分,因此不言而喻,必须坚持党性原则,这是新闻战线的"根本性问题"。他强调:"坚持党性原则,也就是坚持工人阶级和人民群众的根本利益的原则,两者是完全一致的",廓清了"党性"和"人民性"关系的长期论争,驳斥了"人民性"高于"党性"的谬论。胡锦涛同志在新世纪新阶段也多次强调宣传机构、新闻媒体是党和人民的喉舌,一定要坚持严格的党性原则。

关于党性的具体内容,许多专家学者进行了比较系统的归纳和概括,中央负责同志也有深刻的阐释。前苏联的乌契诺娃认为:马克思列宁主义思想体系中的党性原则是具有一系列相互制约和相互补充的方面的基本范畴,包括阶级政治、方法论、具体创作和组织四个方面。我国的甘惜芬提出应从五个方面理解新闻宣传的党性:(1)坚定地宣传马克思主义;(2)正确宣传党的路线、政策;(3)从国家和人民的整体利益出发;(4)与一切反马克思主义、反党的倾向作斗争;(5)组织上严格服从党的领导。②2003年9月23日,主管宣传思想工作的中央政治局常委李长春发表讲话说:"社会主义新闻事业的阶级性集中体现为党性。坚持党性原则,是发展社会主义新闻事业的根本原则,是党维护人民群众利益的本质要求。"他指出,党的宣传机构坚持突出党性要从四个方面着手:(1)在思想上必须坚持马克思主义的指导地位;(2)在政治上必须坚持同党中央保持一致;(3)在工作上必须坚持为人民服务、为社会主义服务,为全党全国工作大局服务;(4)在组织上必须坚持党对新闻工作的领导、确保党的各级各类新闻机构的领导

---

① 中共中央宣传部新闻局:《中国共产党新闻工作文献选编》,北京:人民出版社,1990年,第47~49页。

② 陆维中,等:《新闻宣传的党性和人民性》,载《浙江社会科学》,1991年第2期。

权牢牢掌握在忠于马克思主义、忠于党和人民的人手里。①

二、体现时代性

时代,是指历史上以经济、政治、文化等状况为依据而划分的某个时期。时代首先是一个时间概念,一个时代总会跨越一段历史,另外时代还有本质规定性,每一时代都会具有区别于其他时代的时代特征。"所谓时代性是指由特定时期的社会政治、经济、文化等各种因素所综合决定的,事物在发展进程中所必须遵守的,通过事物在发展变化过程所表现出来的某种确定不移的客观趋势。"② 在马克思那里,他找到了一种极具操作性的关于时代性的标尺,那就是生产力水平,对马克思主义来说,时代性首先意味着理论思想的创新、与时俱进、反教条主义,同时时代性还意味着一个唯一的时间箭头,即由简单到复杂,由低级到高级的历史前进和发展的方向、过程、阶段,也意味着不同历史使命和历史任务。③

本书将中国化马克思主义宣传机构建设理论分为毛泽东时期、邓小平时期、江泽民时期、胡锦涛时期、习近平时期五个历史阶段进行梳理阐述。五个阶段的宣传机构建设理论体现出鲜明的时代性。几代共产党人始终坚持马克思主义与时俱进的理论品质,紧跟时代发展步伐,适应时代发展要求,服务时代中心任务,弘扬时代精神,不断推进中国化马克思主义宣传机构建设理论的创新与发展。

首先,宣传机构建设理论的时代性体现在根据客观历史形势和时代背景的变化,宣传机构系统的发展呈现出阶段性特征。毛泽东时期是中国的民族民主革命时期和社会主义建设初期,中国共产党经历了从创建到发展壮大,由革命党转变为执政党的历史进程,党的宣传机构

---

① 李长春:《用"三个代表"重要思想统领新闻宣传工作》,见《"三项学习教育"活动新闻媒体负责人培训班材料汇编》,北京:学习出版社,2004年,第4~6页。

② 龙秀雄:《中国共产党干部思想政治教育时代性研究》,陕西师范大学博士学位论文,2010年。

③ 赵凯荣:《时代性与历史性的辩证统一》,载《人民论坛》,2011年第5期。

也随之从无到有，逐渐完善系统化。以宣传部系统为例，建党之初"中央局宣传部"只有李达一个人，到抗日战争时期党的宣传组织机构基本成型，新中国成立后已建立起从中央到地方各级党委、宣传职能部门再到报告员、宣传员自上而下的垂直领导管理体制和运行机制。邓小平时期，我国拉开了改革开放的序幕。党的宣传机构建设在经历了文革中被当作"阎王殿"彻底砸烂的浩劫后，首先面临的是恢复和重建的任务。从成立"中共中央宣传口"到恢复中央宣传部"一室五局"的办事机构，再到1984年中宣部机构发展为"一厅一室八局"，我国当代宣传机构系统格局基本形成。江泽民时期，面对新的世情、国情、党情，尤其是我国经济体制由计划经济体制向社会主义市场经济体制的根本转变，1997年中央成立精神文明建设指导委员会作为党中央指导全国精神文明建设的议事机构，克服现实中存在的"一手硬、一手软"现象，实现物质文明与精神文明的共同发展；"法轮功"事件发生之后，2001年国务院成立了"反对和防止邪教办公室"，用先进的社会主义文化占领思想文化阵地，不断提高精神文明建设水平，为新时期的改革开放和社会主义市场经济发展创造良好的环境氛围。胡锦涛时期，从新世纪新形势出发，尤其是面对汹涌澎湃的互联网新媒体浪潮带来的冲击与挑战，中央宣传部又增设"舆情信息局"，提出"大宣传"的理念，调动中央、地方及各有关部门的积极性，重视传统媒体、新媒体两大阵地，以正确的舆论引导人，唱响主旋律，打好主动仗，为建设社会主义和谐社会、全面建设小康社会做出了巨大贡献，形成了新时期党宣传机构建设的崭新格局。

其次，宣传机构建设理论的时代性体现在宣传机构建设要服务不同时期的中心工作上。宣传机构的宣传工作重心是与党的中心工作、中心任务一致的，宣传部门应该动员一切宣传工具为中心工作服务，保障实际任务的完成。这也是宣传机构党性原则的一个重要表现。马克思、恩格斯曾指出："党刊的任务是什么呢？首先是组织讨论、论证、阐发和捍卫党的要求。"①毛泽东更是明确强调,党报必须无条件地宣传中央的路线和政策。在战争与革命时代,毛泽东指出:"红军宣传工作的任务,就是扩大政治影响,争取广大群众。由这个宣传任务之实现,才可以实现组织群众、武装群众、建立政权、消灭反动势力、促进革命高潮等红军的总任务。"②在新民主主义革命即将取得决定性胜利的前夜,毛泽东于1949年3月党的七届二中全会报告中就提出,取得政权后,党的宣传工作要转为生产建设这个中心服务:"从我们接管城市的第一天起,我们的眼睛就要向着这个城市的生产事业的恢复和发展。务须避免盲目地乱抓乱碰,把中心任务忘记了。"②1951年刘少奇强调:"我们的宣传工作是不能离开当前的中心工作的,并且是为了保证各项中心工作的完成的。宣传工作必须与各级党委所定下来的中心工作密切配合,离开了党的中心工作,宣传工作就会失败。"②十一届三中全会后,全党把工作重点转移到社会主义现代化建设上来,1978年12月时任中央宣传部长的胡耀邦讲:"要很好地研究如何加强四个现代化和社会主义建设的宣传,这是摆在全党宣传部门面前的一个最大的课题。宣传工作前几年着重谈政治、谈两条战线斗争,从明年起,我们要以很大的比重谈经济工作,谈四个现代化。"③随着党的中心工作重心的转移,广播和电视宣传都把四化建设放在首位,加强了经济改革和科学技术的宣传。1983年10月中共中央指出,广播电视是教育、鼓舞全党、全军和全国各族人民建设社会主义物质文明、精神文明的最强大的现代化工具,"宣传战线的各个部门,都应当按照中央的方针,从不同岗

---

① 刘平斋,陈德言:《马克思恩格斯列宁斯大林毛泽东论宣传》,成都:四川省社会科学院出版社,1988年,第49页。
② 中共中央宣传部:《毛泽东周恩来刘少奇朱德论党的宣传工作》,北京:中共中央党校出版社,1989年,第3页、第27页、第37页。
③ 中央宣传部办公厅:《党的宣传工作会议概况和文献》,北京:中共中央党校出版社,1994年,第209页。

位，在不同业务范围内，用不同方式，为社会主义现代化建设服务"①。邓小平强调发展才是硬道理，"同心同德地实现四个现代化，是今后一个相当长的时期内全国人民压倒一切的中心任务，是决定祖国命运的千秋大业"，宣传战线要做改革开放的促进派、实现四个现代化的促进派，把对实现四个现代化有利还是有害，当成衡量一切工作的最根本的是非标准。②1989年接任中共中央总书记的江泽民，面对"一个中心"和"两个中心"的争论，十分明确地表态：对党十一届三中全会以来"一个中心、两个基本点"的基本路线要"坚定不移，毫不动摇""全面执行，一以贯之"③。他强调，在新的历史时期，宣传工作坚持为社会主义服务，为人民服务，就要坚定地全面准确地宣传党的基本路线，宣传建设有中国特色的社会主义的理论和决策，宣传全国各族人民在现代化建设和改革开放中的业绩和经验，维护和发展安定团结的政治局面，推进和深化改革开放，实现国民经济持续、稳定、协调发展。③进入21世纪，党的十六大提出了全面建设小康社会的奋斗目标，党的十七大在新的历史起点上又对宣传思想文化战线提出了一系列新任务新要求。以胡锦涛同志为总书记的党中央强调当前和今后一个时期宣传思想文化工作要高举旗帜、围绕中心、服务大局，着力建设社会主义核心价值体系，着力巩固壮大主流思想舆论，着力推进改革创新，大力推进文化大发展大繁荣，提高国家文化软实力，为继续解放思想、坚持改革开放、推动科学发展、促进社会和谐，夺取全面建设小康社会新胜利、开创中国特色社会主义事业新局面提供强大的思想文化保证。④

---

① 《党的宣传工作文件汇编③》北京：中共中央党校出版社，1994年，第1103页。

② 邓小平：《邓小平文选》（第2卷），北京：人民出版社，1994年，第208~209页。

③ 邓小平：中共中央文献研究室：《十三大以来重要文献选编（中）》，北京：人民出版社，1991年，第547页、第769页。

④ 中共中央文献研究室：《十七大以来重要文献选编（上）》，北京：人民出版社，2011年，第177页。

再次,宣传机构建设理论的时代性还体现在几代领导人以与时俱进的理论品质做出的思想理论创新上。思想理论创新与时代的关系是密不可分的,没有时代的需求,真正的理论创新是不可能的;关键性的重大理论创新不是经常有的,但经常性的理论创新清晰地反映着时代的变迁。90 余年来,党的领导人从各自所处时代条件出发,创造性地将马克思主义宣传学理论与中国发展实际相结合,在宣传机构建设工作上提出了丰富的思想理论观点,体现了党一贯坚持的解放思想、实事求是、与时俱进的思想路线,又深刻回应了历史需求,解答了时代课题。

三、富有辩证性

唯物辩证法是马克思主义的世界观、认识论和方法论,其核心是矛盾的观点(对立统一规律),坚持"两点论",反对"一点论"的形而上学。唯物辩证法是我们认识世界、改造世界的基本方法,也是宣传机构建设工作的基本方法。在党的宣传机构建设发展中有许多复杂的关系需要很好地进行处理[1],党的几代领导人以唯物辩证法为指导,坚持两点论,防止片面性、绝对化,在许多对重要关系的处理上善于掌握"度",避免宣传机构产生或"左"或"右"的思想路线错误,保证了宣传工作正确有效地开展。具体来说,宣传机构建设要在以下四对重要关系中坚持"两点论",把握好"度"。

1. 民主与集中的关系

民主集中制是我党的根本组织原则,对正确处理党的上级组织和下级组织、中央组织和地方组织的关系具有特别重要的意义。"民主"

---

[1] 1995 年 1 月 21 日,丁关根在全国宣传部长会议上发表讲话,指出宣传工作中有许多需要很好处理的关系,主要有:(1)对党负责和对人民负责;(2)全局和局部;(3)主旋律和多样化;(4)社会效益和经济效益;(5)正面宣传和舆论监督;(6)务虚和务实;(7)继承和创新;(8)战略和技术;(9)原则性和灵活性;(10)市场机制和加强管理;(11)对外交流和防止渗透;(12)形成合力和发挥特色等。见中共中央宣传部政策法规研究室:《十四大以来宣传思想工作的理论与实践》,北京:学习出版社,1997 年,第 129 ~ 130 页。

指的是在党的生活中坚持群众路线，广泛收集基层组织和人民群众的意见和经验。"集中"强调的是集权统一，党组织统一全党意志形成共同的方针政策。民主与集中是一对辩证的矛盾关系，既彼此补充，又相互制约。毛泽东深刻阐释了民主集中制的辩证内涵：民主集中制是民主的，又是集中的，是民主基础上的集中，又是集中指导下的民主，实行了民主集中制的组织才最有力量。在民主集中制的组织原则上坚持唯物辩证法，就要坚持"两点论"，反对"一点论"、绝对化。没有民主就没有正确的集中，没有广泛的民主作为基础，集中就会走向官僚主义和集权独裁；同样，没有集中的指导，一味追求绝对的民主和自由，则会导致分散主义和无政府状态。

宣传机构是党组织系统的重要部分，在建设发展过程中一定要贯彻民主集中制的根本组织原则。当然民主与集中也并非绝对均衡，而是随着时代形势的变化而保持着矛盾的辩证运动。在新民主主义革命的战时宣传时期，党要实现中央最高权力的集中，建立起一元化领导体制，因此宣传机构建设更为强调"集中"，严格执行中央关于建立请示报告制度、加强组织性和纪律性的指示。建国后，在"宣传网"建设的过程中，宣传机构出现了自成系统、自成局面、自由行动的分散主义倾向，尤其是"文革"时期，宣传部门更是被林彪、"四人帮"集团控制，成为其鼓惑欺骗人民、实现不可告人政治目的的工具，因此十一届三中全会后，邓小平强调宣传战线要祛除"精神污染"，旗帜鲜明地坚持四项基本原则，反对资产阶级自由化。他讲到："中国人民今天所需要的民主，只能是社会主义民主或称人民民主，而不是资产阶级的个人主义的民主。人民的民主同对敌人的专政分不开，同民主基础上的集中也分不开。我们实行的是民主集中制，这就是民主基础上的集中和集中指导下的民主相结合。民主集中制是社会主义制度的一个不可分的组成部分。在社会主义制度之下，个人利益要服从集体利益，局部利益要服从整体利益，暂时利益要服从长远利益，或者叫小局服从大局，小道理服从大道理。"① 因此宣传机构建设坚持民主集中制是与现实政治生活所要面对和解决的实际问题紧密结合在一起的，是一个在不断总结经验教训的基础上逐步深化和完善的过程。当前党的宣传机构组织系统完善稳定，在处理民主与集中的辩证关系问题上能做到同时兼顾。中央宣传部在处理全国性的重要问题的时候，总是尽可能地征询和听取各地方党委宣传部门的意见，有许多重要的指示，都先用草案的形式下发给地方进行反复、充分的讨论，并在试行中针对不同意见进行修改完善。对于中央宣传部已发出的指示，各地宣传部门也可根据中央的精神，结合本地区、本部门的实际情况创造性地开展特色工作，这样就调动和发挥了中央和地方的积极性，也体现了宣传机构系统在坚持民主集中制组织原则上的成熟。

2. 党性与人民性的关系

正确处理党性与人民性的关系，首先要明确两个概念的内涵。如前所述，"党性"是社会主义宣传机构具有的本质属性，是无产阶级的阶级性和马克思主义革命性、科学性的集中表现，是区别于资产阶级宣传机构最显著的标志。宣传机构建设坚持党性主要体现为鲜明的思想性、坚定的政治性和严肃的组织性。"人民性"也是无产阶级政党宣传机构建设一贯坚持的重要原则。马克思首次论述了无产阶级宣传工作的人民性，他在1842年4月的《关于出版自由和公布等级会议记录的辩论》一文中，指出自由出版物是人民性的体现，是人民精神慧眼，是人民自我信任的体现，是把个人同国家和整个世界联系起来的有声的纽带。1849年，马克思在《"新莱茵报"审判案》中写下了一段不朽名言："报刊按其使命来说，是社会的捍卫者，是针对当权者的孜孜不倦的揭露者，是无处不在的耳目，是热情拥护自己自由的人民精神的千呼万唤的喉舌。"② 关于人民性的主要内容，学术界众说纷纭。概括起

---

① 邓小平：《邓小平文选》（第2卷），北京：人民出版社，1994年，第175页。
② 陈力丹：《马克思、恩格斯、列宁论新闻》，北京：新华出版社，1998年，第47页、第63页。

来包括四个方面：第一，在归属上，社会主义国家的政权是无产阶级专政，我们的报纸、刊物、通讯社、电台、电视台等宣传机构都属于人民所有。第二，在内容上，人民是社会主义宣传的主体，宣传机构要全面宣传人民群众创造历史、改造社会、建设社会主义的英雄业绩，反映人民的思想、感情、要求、建议，多方面满足人民的需求。第三，在功能上，宣传机构要忠实充当人民群众的耳目喉舌，理所当然地代表并维护人民的根本利益。第四，在工作方式上，要从人民的实际情况出发，用人民熟悉的语言、喜闻乐见的形式开展工作，增强宣传的针对性、实效性和吸引力、感染力。

党性和人民性是宣传学领域两个相对独立的概念，两者既有联系，又有区别，彼此内涵不同，外延也不相重合，是两个有差异而又相互依存的概念。坚持唯物辩证，用"两点论"指导宣传机构建设，先要肯定"党性"和"人民性"互为依存的统一关系，我们党也一贯重视和强调这种统一。1942年4月1日，延安《解放日报》在改版社论《致读者》中明确表示，要"使解放日报成为真正战斗的党的机关报，同时也就是要使它成为天下人的报，成为一切愿意消灭民族敌人建立民族国家的人的共同喉舌"。1947年1月11日，《新华日报》在编辑部文章《检讨与勉励》中说得更明确："新华日报是一张党报，也就是一张人民的报。新华日报的最高度的党性，也就是它应该最大限度地反映人民的生活和斗争，最大限度地反映人民的呼唤和感情、思想和行为。"1956年7月1日，《人民日报》在社论《致读者》中说："人民日报是党的报纸，也是人民的报纸……我们的报纸名字叫做《人民日报》，意思就是说它是人民的公共武器、公共的财产。人民群众是它的主人。"① 1989年11月28日，江泽民在新闻工作研讨班上的讲话就党性与人民性的统一做出了十分精确的阐述："我们党是工人阶级的先锋队，代表工人阶级和最广大人民群众的根本利益，除了工人阶级和人民群

---

① 陆维中，邹本德，蔡国栋：《新闻宣传的党性和人民性》，载《浙江社会科学》，1991年第2期。

众的根本利益以外，没有自己的任何私利。坚持党性原则，也就是坚持工人阶级和人民群众的根本利益的原则，两者是完全一致的。"①胡锦涛也多次强调，我们的新闻媒体是党和人民的喉舌，"我们要坚持把体现党的意志同反映人民心声结合起来，加强和改进宣传思想工作，更好地体现时代性、把握规律性、富于创造性，不断增强社会影响力"②。

在肯定党性与人民性的统一关系的同时，还要旗帜鲜明地坚持党性高于人民性的原则。新闻界、学术界关于党性与人民性关系长期存在争议的焦点，就在于两者谁为第一性的问题。20世纪80年代，有人主张人民性高于党性，认为报纸、电台、电视台应当跟着人民走，而不应当跟党走。甚至极少数顽固坚持资产阶级自由化立场的人打着"人民性"的旗号，以人民的代表自居把持新闻单位，以"人民性"为幌子，与党分庭抗礼、兴风作浪，严重危害了党的利益，也损害了人民的根本利益。主张人民性高于党性的实质是取消党性，反对党的领导。宣传机构建设要旗帜鲜明地坚持党性高于人民性。"人民"是一个群体概念，内部包括不同的阶级阶层、党派社团，尽管人民有共同的利益和愿望，但其觉悟总有先进落后之分，政治倾向存在"左""右"之别，信仰追求更是形形色色。而共产党既是无产阶级的先锋队，又是整个中华民族的先锋队，代表着先进生产力的发展需求，代表先进文化的前进方向，代表着中国最广大人民群众的根本利益，因此党性代表了当代社会最高、最先进的觉悟和要求。"同党性相比，人民性的要求就属于比较基本的要求，处在相对较低的层次。它没有像党性那样的世界观、方法论和政治、组织、纪律方面的严格要求。不过它也因此比党性具有更大的广泛性，容易为极大多数人所接受。正是在这个意义上，

---

① 中共中央文献研究室：《十三大以来重要文献选编（中）》，北京：人民出版社，第770~771页。

② 中共中央文献研究室：《十六大以来重要文献选编（中）》，北京：中央文献出版社，2005年，第244页。

我们说，社会主义新闻宣传的党性高于人民性。"①

3. 经济效益与社会效益的关系

党的十一届三中全会之后，我国的文化艺术事业迎来发展繁荣的春天。从 1983 年开始，我国以文化部门的艺术表演团体的改革为突破口，有计划、有步骤地探索、部署文化体制改革。正是在这种情况下，邓小平在 1985 年 9 月 23 日的讲话中强调，思想文化教育卫生部门都要以社会效益为一切活动的唯一准则，它们所属的企业也要以社会效益为最高准则。这就为我们辩证处理社会效益与经济效益的关系明确了原则、指明了方向：始终将社会效益放在首位，实现社会效益与经济效益二者的有机统一。2002 年 10 月召开的党的十六大，对推进文化体制改革作出新部署，支持经营性文化事业转企改制，建立现代企业制度，培育合格的文化市场主体成为文化体制改革的中心环节。② 2007 年 10 月，党的十七大报告提出了推动社会主义文化大发展大繁荣的目标，要求完善扶持公益性文化事业，发展经营性文化产业，始终把社会效益放在首位，做到经济效益与社会效益相统一，为人民创作更多的优秀精神文化产品。③

随着社会主义市场经济的发展和人们物质文化生活水平的提高，大众对文化产品的需求更趋丰富多样。文化产品既有教育人民、引导社会的意识形态属性，也有通过市场交换获取经济利益、实现再生产的商品属性、产业属性、经济属性。在两种属性中，意识形态属性是文

---

① 陆维中，邹本德，蔡国栋：《新闻宣传的党性和人民性》，载《浙江社会科学》，1991 年第 2 期。

② 自 2003 年以来，我国已有 570 家出版社、3000 多家新华书店、2100 多家文艺院团、1600 多家非时政类报刊、35 家电影制片厂、70 家电视剧制作机构、204 家省市电影公司、293 家电影院等经营性文化单位陆续完成转企改制任务。参见《"十六字诀"引领文化体制改革》，载《人民日报》，2013 年 3 月 1 日第 6 版。

③ 中共中央文献研究室：《十七大以来重要文献选编（上）》，北京：中央文献出版社，2011 年，第 28 页。

化产品的特殊性,商品、产业、经济属性是文化产品的普遍性。不能因为文化产品具有商品的一般属性,就忽视其意识形态属性;也不能因为文化产品具有意识形态特殊属性,就排斥其商品的一般性,而是要把两者统一起来。正确把握"两种属性"的关系,要求宣传思想文化部门必须正确认识和处理"两个效益"即经济效益与社会效益的关系。

不论是公益性文化事业,还是经营性文化产业,都要突出以文化人的功能。每个国家、每个民族、每个人都要有精神支撑,因此要充分发挥文化陶冶情操、凝聚力量、提振信心、鼓舞士气的重要功能。公益性文化事业、经营性文化产业,只是文化传播形式的差别、传播载体的不同,而承载的精神即文化的灵魂应是一致的,那就是必须以弘扬社会主义先进文化为己任。因此,文化建设必须坚持社会主义先进文化前进方向,把社会效益摆在首位,切实加强对文化产品创作生产的引导,把数量不断增长和质量显著提高密切结合起来,创作生产更多思想性、艺术性、观赏性相统一,深受人民群众喜爱的精品力作,旗帜鲜明地反对低俗、媚俗、庸俗,最大限度地发挥文化引导社会、教育人民、推动发展的功能。发展公益性文化事业,就是要追求社会效益的最大化,不搞产业化,但也要在内部引入激励机制,改善服务。

发展经营性文化产业,就是要在把社会效益放在首位的前提下,努力实现社会效益与经济效益的有机统一,当经济效益同社会效益发生冲突时,经济效益要服从社会效益。在社会主义市场经济条件下,检验经营性文化产业产品和服务"两个效益"相统一的一个重要标准,就是人民群众喜欢不喜欢、是否愿意花钱购买和消费。购买优秀文化产业产品的人越多,受教育的面就越大,经济效益就越好,社会效益也就越广泛。从这个意义上说,没有经济效益,社会效益也是空的。但如果文化产品不讲社会效益,不符合人民群众健康有益的文化需求,在某些方面管理疏漏的情况下,即使暂时会谋些蝇头小利,但终会被边缘化直至被逐出市场,经济效益也无从谈起。因此,实现社会效益与经济效益相辅相成、相互促进、有机统一,是经营性文化产业可持续发展的重要条件。①

4."二为"与"双百"

"二为"（为人民服务、为社会主义服务）、"双百"（百花齐放、百家争鸣）是毛泽东时期提出的宣传思想文化战线的指导方针，在我国宣传文化发展史上得到了很好地贯彻。邓小平时期强调在实现新闻、出版、言论自由的同时，坚持四项基本原则，反对资产阶级自由化；江泽民时期指出了"一手抓繁荣，一手抓管理"的"两手抓"文化建设思路；胡锦涛时期主张弘扬主旋律，提倡多样化，推动社会主义文化大发展大繁荣。这些带有"两点论"色彩的辩证思想都是"二为""双百"方针的应用与发展，是社会主义先进文化建设规律的客观反映和深刻总结。

"二为"与"双百"从根本上讲是一致的。坚持为人民服务、为社会主义服务的方向是社会主义制度对文化建设提出的本质要求，是社会主义精神文明的具体表现，是社会主义文化必须承担的社会责任；坚持百花齐放、百家争鸣的方针，是社会主义初级阶段的基本国情对文化建设提出的客观要求，是由人民群众日益增长的多层次、多样化、多方面的精神文化需求决定的，是社会主义文化繁荣发展的活力所在。可见，"二为""双百"两个方面相辅相成，不可或缺，都统一于丰富生动的社会主义文化建设具体实践之中，都是社会主义先进文化前进方向的内在要求。

在当代中国，坚持"二为""双百"的辩证统一，要正确认识弘扬主旋律与提倡多样化的关系。主旋律从精神层面上来讲，最根本的就是社会主义核心价值体系；从实践层面上来讲，最根本的就是全国各族人民在中国共产党领导下走中国特色社会主义道路、全面建设小康社会、实现中华民族伟大复兴的宏伟事业。在文化建设中，要全面贯穿这一鲜明的时代主旋律，热情歌颂改革开放和社会主义现代化建设

---

① 中共中央文献研究室：《十七大以来重要文献选编（中）》，北京：中央文献出版社，2011年，第767～768页。

取得的伟大成就，大力唱响共产党好、社会主义好、改革开放好、伟大祖国好、各族人民好的时代最强音，鼓舞和激励全党全国各族人民为夺取全面建设小康社会新胜利、开创中国特色社会主义事业新局面而不懈奋斗。同时，也要适应社会生活日趋丰富多彩、人民群众精神文化需求日趋多样多变的客观现实，在坚持"二为"方向、弘扬主旋律的前提下，认真贯彻"双百"方针，尊重差异、包容多样，充分发扬艺术民主和学术民主，在艺术创作上提倡不同观点和学派的充分讨论，在艺术发展上提倡不同品种和业态的积极创新，使社会主义文化百花园更加绚丽多彩。①

四、彰显民族性

宣传机构建设理论的民族性集中体现为马克思主义宣传理论的中国化。自1921年中国共产党诞生起，"马克思成为了先进的中国人最感兴趣的外国人。他的理论成为了中国人民追求民族独立和人民解放，追求国家繁荣富强和人民富裕幸福的旗帜。在中国道路的每一段历程上，人们都可以看到这面飘扬的旗帜"②。在民主革命时期，党的领导人毛泽东、刘少奇、陈云等反复强调马克思列宁主义的学习，毛泽东号召拿出"挤"和"钻"的精神，陈云强调党内干部每天要保证有两个小时的马克思主义理论学习时间。因此马克思等经典作家的宣传理论直接成为早期共产党人进行宣传机构建设的理论指导，中共早期宣传机构的许多思想是直接来自马克思和列宁的。关于宣传机构的两大职能"宣传"与"鼓动"的关系论述可让我们窥得一斑。1902年列宁在《怎么办》中谈到了"宣传员"和"鼓动员"的区别："宣传员给一个人或几个人提供许多观念，而鼓动员却只提供一种或几种观念；但是他把

---

① 中共中央文献研究室:《十七大以来重要文献选编（中）》，北京：中央文献出版社，2011年，第769～770页。

② 中共中央文献研究室:《中国道路——中国共产党的思想历程》，载《党的文献》，2012年第4期。

这些观念提供给一大群人。"①

宣传员……应当提供"许多观念",多到只有少数人(相对地讲)才能一下子全部领会,完全领会。而鼓动员……却总要举出全体听众最熟悉的最显著的例子……并竭力利用大家都知道的这种事实来向"群众"提供一个观念……而把全面地说明这种矛盾的工作留给宣传员去做。因此,宣传员的活动主要是文字的,鼓动员的活动则主要是口头的。宣传员应当具备的修养是和鼓动员不同的。②

1941年6月20日,中共中央宣传部关于党的宣传鼓动工作提纲中,关于"宣传与鼓动的相互关系"的论述内容与列宁的主张如出一辙:

宣传与鼓动是组成我党整个宣传鼓动工作的两个部分,这两个部分是统一的,同时又是有区别的。宣传工作是在于把一个问题从理论上解说得明白,使比较少数的人了解这个问题的原因、结果、前途和发展规律,给比较少数的人以许多观念。鼓动工作在于从一个问题中抓住人人都知道的事实,给广大群众以一个观念,极力激起群众的感情。所以从任务上、内容上、对象上、方式上来说,宣传与鼓动都是有区别的。宣传工作主要是文字上的,并带更多的经常性,而鼓动工作则主要是口头上的,并多带临时性。③

此外,在宣传机构建设的具体做法上,由于我党缺乏历史经验,也有过借鉴甚至照搬苏联模式的经历。如建国之初为建立起经常性的群众宣传工作,参照苏联在群众中设立宣传员、报告员的做法,建立起全国范围的"宣传网"。

毛泽东等中央领导同志在继承马克思列宁主义宣传理论、实行"拿来主义"的同时,还非常注重与中国民族民主革命实际的结合,在宣

---

① 刘平斋,陈德言:《马克思恩格斯列宁斯大林毛泽东论宣传》,成都:四川省社会科学院出版社,1988年,第115~116页。

② 刘平斋,陈德言:《马克思恩格斯列宁斯大林毛泽东论宣传》,成都:四川省社会科学院出版社,1988年,第116页。

③ 中共中央宣传部办公厅,中央档案馆编研部:《中国共产党宣传工作文献选编(1937—1949)》,北京:学习出版社,1996年,第251页。

传机构建设方面提出了丰富的具有中国特色的思想理论。例如,1929年毛泽东在红军第四军第九次党的代表大会上提出的红军宣传队的建设思想,建国后确定宣传文化战线"二为""双百"方针等。邓小平时期之后,中国共产党的领导人更加自觉地推动马克思主义宣传理论中国化的历史进程,始终高举中国特色社会主义伟大旗帜,在宣传机构建设上提出了更多的新观点、新思想、新理论。

宣传机构建设理论的民族性突出体现在我国独特的宣传机构构架模式上。国外政党执政也都注重设置宣传机构,如美国1953年艾森豪威尔时期设立了美国新闻署,1969年尼克松总统成立了传播办公室,2002年7月白宫设立"全球信息办公室,2003年2月布什总统正式成立全球宣传办公室等。这些宣传机构主要职能是向全世界所有人宣传美国的政策;对国内,则主要通过控制垄断资本财团来操纵传媒机构,影响民众,维护资产阶级政党和政府的利益。相比较来看,中国共产党建设的宣传机构的构架更加全面系统化。在纵向上,从中央宣传部,到地方各级党委宣传部,再到基层宣传组织机构,自上而下,垂直领导,上下贯通;在横向上,各有分工的宣传职能部门彼此协调,相互配合,这样就形成了我国特有的纵横交错、全面系统的宣传机构网络构架。与此同时,一个由各级党委统一领导,党政各部门和社会各方面齐抓共管、各负其责的"大宣传"格局得以建立。

"中共中央的工作机关,是受苏共建党模式和国共合作时期国民党机构设置影响,在秘密斗争中逐步建立,在革命斗争中发展壮大的。因此,中央工作机关是在党的一元化领导需要下,形成了突出等级与秩序、强调统一与纪律的金字塔式的垂直结构。"[①] 但是曾铁元撰文指出,我国宣传系统的框架模式并非"金字塔式的垂直结构",而是呈"倒三角形"的结构特点:"我发现,我国宣传系统和结构特点像一个倒三角形。越往上层,其职责权限越大,无论是机构设置、人员配备、经费、设

---

① 杨光:《改革开放以来中共中央组织机构是怎样调整的》,载《北京日报》,2010年8月23日。

备等都越庞大。如从事宣传工作的机构、事业单位人员，在中央一级是上万人，到了乡镇只剩下一个人，还是兼职的。结构决定功能。中央一级掌握的宣传工具如电台、电视台、报刊、出版物等都是覆盖全国的，作为市县而言，省是第二轮的覆盖。这种功能的特点是其它系统没有的。"①

宣传机构建设理论的民族性还表现在一些特殊性宣传机构的设置上。根据历史形势的发展和党的建设的特殊需求，中共的宣传机构系统会对机构设置做出调整，或临时增设机构，以实现统一领导、集中力量解决最迫切、最优先的意识形态宣传任务。例如在革命战争时期，党的宣传部门承担着教育民众的重任。1923年在宣传机构初设时，党中央即决定成立"教育宣传委员会"。到抗日战争时期，一方面为针对国民党"一个党一个主义"的教育政策进行批评，另一方面为重点对抗日民主地区的国民进行新民主主义教育，1939年8月同意领导学校教育的干部教育部与宣传部合并为"宣传教育部"；1940年3月18日中央下达指示，各地党的宣传教育部内应设有"国民教育科"，通过学校教育和社会教育广泛开展国民教育，并指出这是"当前深入动员群众参加与坚持抗战，培养革命知识分子与干部的重要环节"②。当然，最能体现中共宣传机构框架民族性的是中央宣传思想工作领导小组的成立。改革开放后，鉴于宣传舆论部门在实现党的路线，推动社会主义现代化建设中担负的重要责任，根据党的十三大关于改进党的宣传工作和加强宣传理论工作的要求，1988年1月10日中央决定成立"中央宣传、思想工作领导小组"，其工作任务主要是经常分析意识形态领域的动态，研究和掌握宣传工作的方针、政策和其他带有全局性的问题；协调宣传、理论、文化、新闻、出版等部门有关意识形态方面的工作；

---

① 曾铁元：《浅谈宣传工作的科学化》，载《广东社会科学》，1997年第6期。
② 中共中央宣传部办公厅，中央档案馆编研部：《中国共产党宣传工作文献选编（1937—1949）》，北京：学习出版社，1996年，第138—141页。

对宣传、理论队伍的建设提出意见和建议。[①] 中央宣传思想工作领导小组对宣传、思想、文化等领域实行跨系统领导，虽无需日常办公，但在应对和决策重大问题时，以组长牵头组织联席会议、多部门联动的方式完成决策，该机构是控制和管理我国意识形态领域的核心组织。[②]

第二节　宣传机构建设的基本规律

中国共产党的宣传机构建设呈现三大基本规律：第一，作为党的建设"伟大工程"的重要组成部分，宣传机构建设与党的建设历程休戚相关；第二，作为意识形态建设部门，宣传机构的建设与党的主流意识形态与时俱进；第三，追踪前沿信息传播技术，与世界科技浪潮同频共振。

一、伟大工程：与党的建设历程休戚相关

中国共产党历来重视自身的建设，并把它看作领导中国革命和建设的一大法宝。组织建设是党的建设的重要内容之一，与思想建设、作风建设等内容是相辅相成的，从组织上巩固党，能为实现党的政治路线提供强有力的组织保证。宣传机构是党组织系统的重要组成部分，自党诞生之日起，宣传工作就是中共最核心的工作重点，宣传部门始终是党常设的关键机构，因此宣传机构建设历来与党的建设事业紧密联系在一起，命运相通，休戚与共。

1939年10月4日，毛泽东在《〈共产党人〉发刊词》中提出，把我们党建设好是一项伟大的工程。依据当时的形势任务和党的状况，他提出了党建的目标：建设一个全国范围的、广大群众性的、思想上政治上组织上完全巩固的布尔什维克的中国共产党。总结革命斗争经验，毛泽东指出党的建设是中国共产党在中国革命中战胜敌人的一大

---

① 《党的宣传工作文件选编④》，北京：中共中央党校出版社，1994年，第1703页。

② 中共第十七届中央宣传思想工作领导小组人员组组长：李长春；副组长：刘云山、刘延东、陈奎文；成员：雒名刚、王晨、蔡武、冷溶、欧阳淞、张研农、项兆伦、王伟光、白克明、徐冠华。

法宝。以毛泽东为核心的第一代领导集体,以马克思列宁主义为指导,联系党的政治路线,成功地实施党的建设的伟大工程,建设了一支领导人民夺取新民主主义革命胜利、建立社会主义制度的工人阶级先锋队。伴随着党的建设伟大工程的不断推进,党组织系统的发展壮大,党的宣传机构也从无到有,逐步完善系统化。从建党时只有一人的中央局宣传部,到1924年党根据在"数量上与质量上"发展组织的要求,正式分设宣传部,再到抗日战争时期从中央到地县各级宣传部门的充实与健全,党的宣传机构建设是与党的组织建设发展完全同步的。

"文革"结束后,面对长时期的极"左"错误,以邓小平为核心的第二代领导集体围绕"坚持党的领导、改善党的领导"这一时代课题,重点进行党的整顿。宣传机构整顿是党组织整顿的重要方面,首先在工作目标上进行根本调整,由以前服务政治斗争转为服务于四个现代化建设;其次在工作方式上,取消"四大"(大鸣、大放、大字报、大辩论),实行"三不主义"(不抓辫子、不扣帽子、不打棍子),用讨论、批评、说理的方法对待争论和问题;再次在工作作风上实现根本转变,树立真实性第一、政治性第二的宣传观,克服了报喜不报忧的片面性,转宣传报道的"长、空、少、慢"为"短、新、多、广",为推进改革开放这场新的革命做出了贡献。

1994年9月28日,江泽民在党的十四届四中全会上的讲话中,把党的建设提到"新的伟大工程"的高度,并明确了目标和任务:要把我们党建设成为用建设有中国特色社会主义理论武装起来、全心全意为人民服务、思想上政治上组织上完全巩固、能够经受住各种风险、始终走在时代前列的马克思主义政党。[①] 在党的全局事业中,以江泽民为核心的第三代领导集体高度重视宣传战线,江泽民同志十余次比较集中地就新闻宣传工作发表重要谈话,先后多次亲临新闻单位视察,

---

① 中共中央文献研究室:《毛泽东、邓小平、江泽民论党的建设》,北京:中央文献出版社、中共中央党校出版社,1998年,第631页。

被称为"新时期最重视新闻传播事业的领导人"①。他在1994年全国宣传思想工作会议上的讲话指出,"在我们党领导的各条战线中,宣传思想战线是一条十分重要的战线。在我们党的各级领导机关中,宣传思想工作部门是一个十分重要的部门,在我们党的干部队伍中,宣传思想工作队伍是一支十分重要的力量",准确地描述了宣传机构与党的组织、宣传机构建设与党的建设的密切联系。

宣传机构建设与党的建设历程休戚与共,一方面表现在两者良性发展的一致性上,另一方面,当党的建设经历曲折灾难时,宣传机构也必然会遭遇挫折,出现严重病变,这种一致性在"文革"时期得到了生动体现。"文革"时期,中央错误地提出和坚持"以阶级斗争为纲",政治斗争统领一切,中央多数工作机构遭到冲击,出现了不正常的改组和变动;全国掀起"踢开党委闹革命"的浪潮,使各级党委陷于瘫痪,基层党组织停止活动,党的建设遭受重大损失。在此过程中,中宣部首当其冲,被诬为"阎王殿",1968年7月被"中央文化革命小组"宣布撤销,地方各级宣传部门命运相同,被打成大大小小的"阎王殿"或"分殿""代销店"而被"砸烂""军管"乃至撤销。1970年底,中央又决定成立"中央组织宣传组",但此时期的宣传机构内部设置简陋随意,没有健全正常的工作制度和程序,已处于名存实亡的状态。

二、中国道路:同主流意识形态与时俱进

宣传机构是意识形态建设部门,具有建构、坚持、宣传、贯彻主流意识形态的核心职能。马克思、恩格斯曾论述过,党刊的任务首先是组织讨论、论证、阐发和捍卫党的要求,驳斥和推翻敌人对党的妄想和论断。毛泽东也曾指出,资产阶级报纸只登对他们有利的东西,无产阶级报纸也不登对自己有害的东西,而是积极宣传自己的政策和策略,这是基本规律。在现代政治生活中,建设正当性、自觉性、社会

---

① 王传寿,徐厚今:《江泽民新闻宣传思想研究》,合肥:安徽人民出版社,2002年,第2页。

性的意识形态已成国家治理模式的理性选择。①中国共产党90余年的发展历程孕育了马克思主义中国化的思想道路，从毛泽东思想到邓小平理论，再到"三个代表"重要思想，再到科学发展观，考察马克思主义中国化形成的这条指导思想上的"中国道路"，正是有了党的宣传机构的坚定执行和宣传灌输，才树立起这些科学理论和战略思想的绝对权威，保证了党在指导思想上实现了一次又一次的理论飞跃，彰显了突出的与时俱进的理论品质。

1945年中国共产党第七次全国代表大会通过的《中国共产党党章》坚定地举起了毛泽东思想的旗帜："中国共产党，以马克思列宁主义的理论与中国革命的实践之统一的思想——毛泽东思想，作为自己一切工作的指针。"刘少奇在会上所作关于修改党章的报告中指出：毛泽东思想"完全是马克思主义的，又完全是中国的""就是中国的共产主义，中国的马克思主义"②。为积极宣传贯彻毛泽东思想，党的宣传机构在各解放区先后编印过几种不同版本的《毛泽东选集》，但这些版本都没有经过毛泽东本人审查，篇目有所遗漏，体例不统一，文字也有错讹，所以自解放战争后期，中央开始编辑由毛泽东亲自审阅过的《毛泽东选集》。中央高度重视《毛泽东选集》的编辑工作，1950年成立了"中共中央毛泽东选集出版委员会"，由刘少奇任主任，主要成员有陈伯达、田家英、胡乔木以及斯大林派来的顾问尤金、苏联驻华大使馆翻译费德林等，拟将毛泽东在新民主主义时期的主要著作编为四卷，经毛泽东本人审定后，陆续出版。③此外，中央还集中组织对毛泽东重点著作篇目的学习，如1956年6月17日，中央下发通知，要求在全党相当于县委书记一级以上干部中，在高、中级党校学员中，在哲学、社会科学和自然科学研究机关的研究人员中，在高等学校毕业班学生中，

---

① 王玉荣：《论意识形态对治理模式的建构功能》，载《燕山大学学报》（哲学社会科学版），2012年第2期。.
② 《刘少奇选集（上卷）》，北京：人民出版社，1981年，第332~335页。
③ 叶蓬：《党和国家知名文献出台记》，北京：中国书籍出版社，2011年，第76页。

学习《改造我们的学习》《整顿党的作风》《反对党八股》《关于若干历史问题的决议》《关于无产阶级专政的历史经验》等五篇主要文献。[1]1957年10月21日,中央宣传部在向中央的报告中提出设立社会主义教育课程:"这个课程应该以毛泽东同志的《关于正确处理人民内部矛盾的问题》为中心教材,同时阅读一些必要的马克思列宁主义经典著作、党的文件和其他文件。"[2]1964年8月18日,"中央决定,从中央一级起到县(团)委一级,一切干部,特别是重要的负责干部,都应该精读毛主席的《实践论》《矛盾论》《关于正确处理人民内部矛盾的问题》《人的正确思想是从哪里来的?》这些哲学论文"[3]。《毛泽东选集》的陆续出版、各类学习活动的开展,在广大干部、知识分子、青年学生和人民群众中很快掀起了学习毛泽东思想的热潮。但在此过程中,邓小平1960年3月25日清醒地指出了毛泽东思想宣传存在的问题:第一,主要问题是把毛泽东思想庸俗化了;第二,把毛泽东思想同马克思列宁主义割裂开来。[4]遗憾的是,这些问题的苗头非但没有遏制,反而在"文革"时期畸形发展,毛泽东思想被"神化",走向了教条主义、唯心主义。"四人帮"被粉碎后,邓小平在1977年7月21日中共十届三中全会的讲话中明确指出:"毛泽东思想是个体系,是发展了的马克思主义。""要用准确的完整的毛泽东思想来指导我们全党、全军和全国人民。[5]"在邓小平的主持领导下,1982年中共十一届六中全会通过了《关于建国

---

[1] 中共中央宣传部办公厅,中央档案馆编研部:《中国共产党宣传工作文献选编(1949—1956)》,北京:学习出版社,1993年,第1153~1154页。

[2] 中共中央宣传部办公厅,中央档案馆编研部:《中国共产党宣传工作文献选编(1957—1992)》,北京:学习出版社,1993年,第62~63页。

[3] 中共中央宣传部办公厅,中央档案馆编研部:《中国共产党宣传工作文献选编(1949—1956)》,北京:学习出版社,1993年,第367页。

[4] 邓小平:《邓小平文选》(第1卷),北京:人民出版社,1994年,第283~284页。

[5] 邓小平:《邓小平文选》(第2卷),北京:人民出版社,1994年,第42~43页。

以来党的若干历史问题的决议》,标志着我党对毛泽东思想的坚持、宣传、贯彻再次回到了正确的轨道上来。

1992年党的十四大将邓小平建设有中国特色社会主义理论上升为全党的指导思想。1993年1月召开的全国宣传部长座谈会将邓小平建设有中国特色社会主义的理论确立为宣传战线的根本指针。"宣传思想战线以建设有中国特色社会主义的理论为根本指针,就是要坚持以这一理论来指导宣传思想战线的全部工作,坚持把用这一理论武装全党作为宣传思想战线最重要的任务。"①1993年11月2日,《邓小平文选》第三卷出版发行;同日,中共中央做出《关于学习<邓小平文选>第三卷的决定》。1994年1月24日,江泽民在全国宣传思想工作会议上提出要求:"在继续办好省部级主要领导干部研讨班的同时,用两年至三年的时间,分期分批地轮训县、团级以上党员干部。学习中,要认真研读小平同志的原著,全面系统准确地领会精神实质,掌握基本观点。"①他强调,用邓小平建设有中国特色社会主义理论武装全党是"一项根本任务""一件大事",在深化学习的同时,还要深化宣传和研究工作,因此决定在中央党校、国家教委、中国社会科学院、解放军国防大学和上海社会科学院组建五个研究建设有中国特色社会主义理论的基地。①这样,党校、社会科学院、高校、党政军机关理论政策研究部门及宣传部门,五大系统"五指合拢,形成拳头,就有力量"。党的十五大之后,中共中央又下达了《关于在全党深入学习邓小平理论的通知》,推动全党深入学习邓小平理论,再次掀起了学习、宣传、研究的新高潮。

2002年党的十六大把"三个代表"重要思想同马克思列宁主义、毛泽东思想、邓小平理论一道,确立为我们党必须长期坚持的指导思想和行动指南。2003年1月在全国宣传部长会议上,刘云山提出了宣传思想工作总的要求,强调宣传战线要自觉坚持"一个统领":"就是

---

① 中共中央宣传部政策规划研究室:《十四大以来宣传思想工作的理论与实践》,北京:学习出版社,1997年,第51页、第16页。

坚定自觉地同党中央保持高度一致,坚持用'三个代表'重要思想统领宣传思想工作,把'三个代表'重要思想贯穿到宣传思想工作的全过程,体现在宣传思想工作的各个方面。"①李长春在讲话中号召全党要兴起学习"三个代表"重要思想的新高潮:"要抓紧组织编写《'三个代表'重要思想学习纲要》。要充分发挥邓小平理论研究基地的作用,组织专家学者推出一批研究'三个代表'重要思想的有深度、有价值的理论成果。要发挥党报、党刊、出版社和广播电台的作用,推出一批说服力强、影响力大的文章、图书和电视理论文献片,充分宣传'三个代表'重要思想。"②2003年,《"三个代表"重要思想学习纲要》出版,中央又下发了《关于在全党兴起学习贯彻"三个代表"重要思想新高潮的通知》,对组织中央宣讲团赴各地宣讲、举办省部级领导干部研讨班等作出了统一部署和要求。2006年8月,《江泽民文选》正式出版发行,党中央专门作出《关于学习〈江泽民文选〉的决定》。8月15日,胡锦涛在学习《江泽民文选》报告会上的讲话强调:"学习《江泽民文选》是当前和今后一个时期党的思想政治建设和党员干部理论学习培训的重要任务。各级党委要切实加强对学习的领导,做出周密部署,强化落实措施,坚持学习、宣传、研究相结合,确保学习活动深入扎实开展起来,确保学习活动收到实实在在的成效。"③

三、世界视野:和世界科技浪潮同频共振

"同频共振"是一个物理学的概念,指的是同样频率的两个事物往往会产生共振和共鸣,在这里是用这个概念说明无论马克思主义经典作家还是中国共产党几代领导人,都非常注重追踪世界科技发展浪潮,尤其是信息传播技术前沿,在宣传机构建设过程中,要求宣传工作者

---

① 中共河北省委宣传部:《十五大以来宣传思想工作重要文件选编》,石家庄:新科技印刷厂,2003年,第189页。

② 中共河北省委宣传部:《十五大以来宣传思想工作重要文件选编》,石家庄:新科技印刷厂,2003年,第125页。

③ 中共中央文献研究室:《十六大以来重要文献选编(下)》,北京:中央文献出版社,2005年,第598页。

学习掌握先进信息传播技术，及时更新宣传手段，更有效地开展宣传工作。近代以来，信息传播技术的发展大致经历了近代印刷术的发明、无线电的发明、互联网的发明等革命性的飞跃，在信息传播上经历了报刊、广播、电视、因特网、新媒体等各种形态，信息传播技术领域的每一次飞跃都使人类的新闻、信息传播在数量、质量以及距离、时效上取得突破性的进展。

"批判的武器当然不能代替武器的批判，物质力量只能用物质力量来摧毁；但是理论一经掌握群众，也会造成物质力量。"马克思、恩格斯在致力于用彻底的革命理论说服、掌握群众时，将通信技术称为"科学复兴的手段"。恩格斯曾写诗赞美近代印刷术的巨大作用："如果没有你啊，时间也会吞噬自身，永远葬身于忘却之坟。但是你终于降临，思想冲破了藩篱，在襁褓时代就长久地限制着它的藩篱，终于展翅飞向遥远的世界，在那里，正进行着郑重的对话，这就是过去和未来。"① 他们主编代表和维护无产阶级利益的政治报刊，并积极撰稿，指出报纸的最大好处是"每日都能干预运动，能够成为运动的喉舌"，因此，"在每个党，特别是工人党的生活中，第一张日报的出版意味着大大地向前迈进了一步！"② 杂志也有杂志的优点，它能够广泛深入地研究各种事情，只谈最主要的问题。"党刊的任务是什么呢？首先是组织讨论、论证、阐发和捍卫党的要求，驳斥和推翻敌对党的妄想和论断。"② 他们能亲眼看到每一个字的作用，为文章真正像榴弹一样打击敌人而感到振奋。写作《共产党宣言》的时候，电报尚处于试验阶段，马克思和恩格斯就将电报的使用与轮船的行驶、铁路的通行并列为资产阶级创造的巨大生产力的标志。1855年电报刚刚在英国应用，马克思就评论说"电报已经把整个欧洲变成了一个证券交易所"①。

---

① 朱国圣，林枫：《马克思主义新闻观研究》，北京：新华出版社，2010年，第301～302页。

② 刘平斋，陈德言：《马克思恩格斯列宁斯大林毛泽东论宣传》，成都：四川省社会科学院出版社，1988年，第74页、第49页。

列宁与马克思、恩格斯一样，高度重视党报的创办，他将创办俄国社会民主党机关报看作无产阶级革命学习、宣传、组织的中心，他说："报纸不仅是集体的宣传员和集体的鼓动员，而且是集体的组织者。"①革命取得胜利后，在由资本主义向社会主义过渡时期，列宁又强调"我们的报纸"要"少谈些政治""多谈些经济"，为国家的经济建设服务。除此之外，列宁还密切关注世界无线电技术的发展，开启了俄国的广播时代。19世纪末意大利科学家G.马可尼和俄国科学家A.G.波波夫，在前人研究基础上发明了无线电通信技术，为广播的发明铺平了道路。20世纪初，无线电通信技术被用于航海通信以及广播市场行情、气象和音乐等。列宁于1920、1921年相继指出，广播是"没有距离的报纸，将是一件大事"，广播将使整个俄罗斯都可以听到莫斯科当天读的报纸，这件事十分重要。1922年5月，莫斯科广播电台开始广播。②

毛泽东在我国民主革命时期也高度重视报刊的宣传作用。他在建党前即主编《湘江评论》寻求救国之道；在第一次国共合作期间，任国民党中央宣传部代理部长，主编机关刊物《政治周报》，出版目的是："为了使中华民族得到解放，为了实现人民的统治，为了使人民得到经济的幸福。"③1931年号召苏维埃红色区域普遍举办《时事简报》，提高群众的斗争情绪，打破群众的保守观念；1939年10月4日《共产党人》创刊，毛泽东指出，帮助进行党的建设"这件伟大工程"，不是一般党报所能胜任的，必须有专门的党报，这就是《共产党人》出版的原因。③1942年毛泽东指出，通讯社及报纸具有"革命政策与革命工作的宣传者组织者这种伟大的作用"③。中国共产党也高度重视利用先进的新闻传播技术建设广播电台。1940年3月，中共中央决定成立由周恩来任主任

---

① 刘平斋，陈德言：《马克思恩格斯列宁斯大林毛泽东论宣传》，成都：四川省社会科学院出版社，1988年，第605页。

② 朱国圣，林枫：《马克思主义新闻观研究》，北京：新华出版社，2010年，第302页。

③ 刘平斋，陈德言：《马克思恩格斯列宁斯大林毛泽东论宣传》，成都：四川省社会科学院出版社，1988年，第215页、第247页、第276页。

的广播委员会，领导筹建广播电台。同年12月30日，延安新华广播电台开始在延安播音，这是我党创办的第一座广播电台，也是中国人民广播事业的开端。1941年5月25日，毛泽东在《中央关于统一各根据地内对外宣传的指示》中要求："各地应经常接收延安新华社的广播，没有收音机的应不惜代价设立之。"[①] 鉴于广播电台的重要地位和作用，在全国解放前夜，中央先后发布《中央宣传部关于加强广播电台工作的通知》（1947年6月28日）、《中央对新解放城市的原广播电台及其人员政策的决定》（1948年11月20日），对建设广播电台和接收广播电台做出了具体规定。全国解放后，新华社改为国家通讯社，广播事业管理处改为广播事业局，均隶属于新闻总署。1965年9月15日，毛泽东为中央广播事业局题词："努力办好广播，为全中国和全世界人民服务。"

我国的电视事业，在第一代领导人的关怀重视下，开创于20世纪50年代末，但其规模飞速壮大[②]，质量不断改革提高走向现代化，得益于邓小平同志的高瞻远瞩。邓小平提出"科技是第一生产力"，在改革开放头几年，电视事业正处于拨乱反正之后刚刚起步阶段，社会影响力远远不及报刊和广播，但他以马克思主义的发展观来看待年轻的电视事业，将其与报刊、广播同等重视，同样要求电视要负起历史责任来，真正成为"安定团结的思想上的中心"。到80年代中期，电视成为人们获取信息的主渠道，90年代已发展为社会舆论的中心。有论者指出，中国电视事业快速发展的根本原因，是得益于两个"宣言书"：第一个宣言书是1978年邓小平《解放思想，实事求是，团结一致向前看》，它

---

① 中共中央宣传部办公厅，中央档案馆编研部：《中国共产党宣传工作文献选编（1937—1949）》，北京：学习出版社，1993年，第237页。

② 1978年，全国电视机社会拥有量仅为300万台，而到1988年，全国电视机社会拥有量已达到1.43亿台。进入90年代以后，中国电视事业又登上了新台阶。到1997年，全国已有电视接收机3.17亿台，经过正式批准的各级电视台3000多座。参见雷跃捷、哈艳秋：《邓小平新闻宣传理论研究》，北京：北京广播学院出版社，2002年，第190页。

是中国电视在80年代拨乱反正、飞速发展成为重要传媒的政治保证；第二个宣言书是1992年邓小平的南方谈话，为中国电视在90年代由数量规模型向质量效益型转变，进而走向世界扫清了思想障碍。①

互联网、移动互联网技术的发明和应用，又给信息传播领域带来了一场广泛而深刻的革命。中国共产党领导集体高度重视现代通讯技术，积极运用新媒体，创新舆论引导方法，不断提高执政能力。身为工程师，又曾任我国电子工业部部长的江泽民同志早在1989年即发表了论文《论世界电子信息产业发展的特点和我国电子信息产业的发展战略问题》（载《上海交通大学学报》，1989年第6期），对世界电子信息产业的最新发展形势与趋势做出了准确的判断。在江泽民的领导下，90年代中后期经过对新加坡、英国、法国等国互联网发展情况及媒体管理的全方位调研考察后，中国的互联网时代正式进入发展快车道。2001年江泽民明确指出："要努力掌握和发展各种现代传播手段，积极推进先进文化的传播。"同时强调："对信息网络化问题，我们的基本方针是积极发展，加强管理，趋利避害，为我所用。"从此以新华网、人民网为主的一大批中央重点新闻网站和新浪、搜狐等为首的商业门户网站，得以做大并引领着各自传播业的权威话语权。进入新世纪新阶段，胡锦涛同志指出，互联网已成为思想文化信息的集散地和社会舆论的放大器，我们要充分认识以互联网为代表的新兴媒体的社会影响力，高度重视互联网的建设、运用、管理，努力使互联网成为传播社会主义先进文化的前沿阵地、提供公共文化服务的有效平台、促进人们精神生活健康发展的广阔空间。他强调，必须加强主流媒体建设和新兴媒体建设，形成舆论引导新格局。②十八大以来，习近平明确指出，互联

---

① 时统宇：《邓小平理论对中国电视发展的深远影响》，参见雷跃捷、哈艳秋：《邓小平新闻宣传理论研究》，北京：北京广播学院出版社，2002年，第199~200页。

② 胡锦涛：《在人民日报社考察工作时的讲话》，载《人民日报》，2008年6月21日。

网已经成为当前宣传思想工作的主阵地[①]，及时做出战略决策，推动我国由网络大国向网络强国迈进[②]，党的宣传机构建设进入新时代。

第三节 宣传机构建设的发展趋势

一、民主化

首先，宣传机构民主化建设必须坚持"民本"原则，最大限度地为人民服务。"民主化"的词源来自民主，民主的本质涵义是人民当家作主，人民群众是真正历史的创造者和主人。从马克思的"全面发展"到毛泽东的"二为双百"，从江泽民提出的"三个代表"到胡锦涛提出的"科学发展观"，民本原则一直是无产阶级政党建设的宝贵经验，也是今天和未来党的宣传机构建设必须坚持的重要原则。科学发展观的核心是以人为本，以科学发展观引领宣传机构建设，必须坚持以人为本，最大限度地满足人民群众的精神文化需求，促进人的全面发展。宣传机构建设坚持民本原则，为人民服务，就是把保障人民的基本的精神文化权益摆在首要位置，加大对公共文化服务的投入，建立实用、便捷、高效的公共文化服务网络，不断繁荣精神文化产品市场，满足人民群众多层次、多方面、多样化的精神文化需求；宣传机构建设坚持民本原则，为人民服务，就是切实尊重人民群众的主体地位，激发人民群众参与宣传教育、参与文化建设的积极性、主动性、创造性。宣传机构建设要坚定地走群众路线，紧紧依靠群众的智慧和力量，做到谋划发展思路向人民群众问计，查找发展中的问题听人民群众的意见，改进发展措施向人民群众请教，衡量发展成效由人民群众评判。要尊重群众的首创精神，及时总结群众创造的新鲜经验并加以推广，引导群众在精神文化建设中自我创造、自我服务、自我发展；宣传机构建设

[①] 习近平：《习近平谈治国理政（第二卷）》，北京：外文出版社，2017年，第325页。

[②] 习近平：《习近平谈治国理政》，北京：外文出版社，2014年，第197页。

坚持民本原则，为人民服务，就要充分反映人民群众的利益诉求，推动解决人民群众最关心、最直接、最现实的利益问题。要积极适应社会主义民主政治建设的要求，坚持把体现党的主张与反映人民心声统一起来，把坚持正确导向与通达社情民意统一起来，把正面宣传为主与加强和改进舆论监督统一起来。

其次，宣传机构的民主化，要重点建设宣传系统内部民主合作的机构间关系。"民主化"是指威权体制向民主体制转变的过程。我国的宣传机构系统形成于战争年代，强调高度集中统一，从中央到地方再到基层，宣传机构部门"条""块"清晰，"纵""横"交错。宣传工作机制是自上而下的，中央宣传部规划、部署全局性的宣传教育工作任务，地方和基层宣传部门积极贯彻实施，保证了我国意识形态工作的集中统一和高效率。随着我国经济体制由计划经济体制转变为市场经济体制，尤其是社会主义民主政治建设的不断推进，宣传机构建设在维护中央权威的同时，还要注重发挥地方和基层宣传机构的积极性、能动性和创造性，中央、地方和基层各负其责，实现多个积极性的有效合作。地方和基层的宣传机构在部门设置、人员配备、工作任务内容等方面与中央宣传部有很大的不同，且每地都有自身的地域特点和特殊性，调动好地方、基层宣传机构的积极性，从各地实际出发，结合自身特殊性更能突出宣传工作的创新性，形成特色。另外，随着信息传播技术的飞速发展，在新媒体时代的今天，媒体宣传在议程设置方面主要呈现出主体多元、渠道广泛、信息爆炸、传播迅速等特点，这为意识形态的宣传灌输提出了新挑战，也给我们提出要求，去逐渐探索一种超越"条""块"格局的各类宣传机构部门合作联动的工作机制。

再次，宣传机构建设的民主化体现在工作方式的民主化。宣传工作是做人的思想工作的，因此只能靠说服而不能靠压服。宣传机构与政法机构一个重要的区别即在于"讲道理"，即通过民主的手段，而非强制的手段去解决思想文化领域中的矛盾和论争。毛泽东在《关于正确处理人民内部矛盾的问题》中强调，凡属思想性质的问题，只能用"讨论的方法、批评的方法、说服教育的方法"去解决,"企图用行政命令和方法,用强制的方法解决思想问题、是非问题,不但没有效力,而且是有害的①"。十一届三中全会后,针对"文革"期间"四大"(大鸣、大放、大字报、大辩论)引起的严重的思想混乱和社会动荡,邓小平主持全面修宪,取消了"四大",提倡在党内和人民内部的"三不主义",即不抓辫子、不扣帽子、不打棍子。在当前,我国社会思想文化多元多变,人们思想活动的独立性、创造性、多变性、差异性不断增强。我们绝不可以走"以阶级斗争为纲",靠大嗡大哄的运动斗争方式解决思想问题的老路,而应在尊重差异、包容多样的同时,积极探索用社会主义核心价值体系引领社会思潮的有效途径,最大限度地凝聚力量、形成共识,"形成既有国家统一意志又有个人心情舒畅、既包容多样又有力抵制各种错误和腐朽思想、既坚持基本社会思想道德又向着更高理想目标前进的生动局面"②。

二、制度化

制度建设能够规范机构管理,有效提升工作效率。在中国共产党宣传机构建设的各个不同历史时期,针对不同的政治目标和任务,曾制定出了一系列具有中国特色的宣传制度。1948年中央要求宣传工作中确立"请示与报告制度",这是为进一步维护中央权威、加强党对新闻宣传的管理所建立的日常工作制度。新中国成立后,党在全国建立了"宣传网制度",这是在全国范围内对人民群众进行政治思想宣传工作而建立起来的组织制度。改革开放后,邓小平强调制度是决定因素,使宣传干部的教育和培训逐步走向经常化、正规化、制度化的道路。十一届三中全会以来,干部培训出现了三个变化:培训内容综合化、培训对象整体化、培训方式多样化。从1983年中央宣传部批准实施"新闻

---

① 中共中央宣传部:《毛泽东周恩来刘少奇朱德论党的宣传工作》,北京:中共中央党校出版社,1989年,第126页。

② 中共中央文献研究室:《十七大以来重要文献选编(上)》,北京:中央文献出版社,2011年,第744~745页。

发言人制度",打开对外宣传工作新局面,到2009年中共十七届四中全会明确提出"建立党委发言人制度",提出党的建设的重要新举措,党的"新闻发言人制度"逐步完善成熟,在扩大我国对外影响、推进自身民主建设等方面起到了重要作用。历史上的这些宣传制度建设为今后的宣传机构制度化建设提供了宝贵的经验和教训。在制度化的方向指导下,党的宣传机构要着重做好四个方面:一是要科学定位宣传系统内机构间的组织关系,明确各级、各部门工作职责,保证系统高效运转,克服机构重叠、职责不清、效率低下的现象;二是针对常规宣传工作的开展制定出一套科学合理、符合实际的规章制度,强化宣传工作人员的规则意识、遵守工作章程,保证宣传工作的能动性、规范性和有效性。三是建立和完善相应的考核机制,对宣传机构及工作人员的宣传内容、宣传方式、宣传效果等方面进行全面、公正的考评,加强评价指标体系的研究和构建,保证考核机制的科学性与可行性。四是要具有世界眼光,针对国外尤其是西方发达国家一些先进的机构管理制度方法、理念模式,我们可以批判地吸收,为我所用,尤其在全球经济一体化的今天,我们还要加强对一些国际通行制度规则的学习和应用,保证中外文化交流的顺畅,推进我国文化事业、文化产业的国际化发展。

  法制化是制度化的重要内容和集中体现,它可以将我们党在各领域的路线、方针、政策上升为国家意志,成为人们普遍遵守的行为准则。宣传机构的法制化建设目标是:"构建以宪法为根本,法律、法规、规章相互配合、协调统一的中国特色社会主义宣传文化的法律框架,推动宣传文化事业的管理走向制度化、规范化、法制化轨道。"[①] 改革开放以来,特别是党的十五大提出的依法治国方略深入贯彻以来,我国的法制建设成就显著,立法的数量和质量都有了明显的提高。到2003年第十届全国人民代表大会召开时,李鹏在工作报告中指出:"经过不懈

---

① 中共中央宣传部政策法规研究室:《十六大以来宣传思想工作实践新探索》,北京:学习出版社,2001年,第9页。

努力,中国特色社会主义法律体系已经初步形成。"在此期间,我国宣传文化领域的法制建设工作也取得了较大进展。1998年丁关根在全国宣传部长会议上的讲话中,针对法规制度建设提出要着重抓好三件事:"一是把已有的法规制度学习宣传好,贯彻落实好。加大执法力度,做到有法必依,执法必严,违法必究。二是要抓紧制定工作中急需的法规,加快立法步伐,做到有法可依,有章可循,逐步健全宣传文化法规体系。三是健全执法队伍,加强文化市场日常管理,坚持不懈地开展扫黄打非。"[①]近年来,我国宣传文化领域立法步伐大大加快,相继颁布了一批法规和规章,比较有影响的如2010年第二次修正《中华人民共和国著作权法》、2006年颁布《信息网络化传播权保护条例》、国务院制定《音像制品管理条例》《互联网上网服务营业场所管理条例》《公共文化体育设施条例》等行政法规。此外,全国31个省、自治区、直辖市还制定了一批地方性法规。2004年中宣部印发了《关于制定我国文化立法十年规划(2004—2013)的建议》,成为当前和今后一个时期我国文化立法的纲领性文件。依法治国的根本要求是切实做到有法可依、有法必依、执法必严、违法必究,在社会主义市场经济条件下,宣传文化行政管理主要通过法律、法规的手段来实现。尽管到目前为止,宣传文化领域基本建立起以行政法规为骨干,以行政规章和地方性法规为补充的法规体系,在管理方式上,基本实现了主要依靠政策向政策和法规并重的转变,但总体而言,宣传文化立法相对于国家的整体法制建设来说仍步伐缓慢,且面临一系列亟待解决的问题,主要是立法数量明显不足,尚未形成较完备的宣传文化法律法规体系;缺乏科学统一的立法指导,立法工作存在一定的盲目性和被动性,部门立法、经验立法现象较为严重;立法效力层次较低,大部分是行政规章、地方性法规和其他规范性文件,法律、行政法规过少。因此从当前我国宣传文化深化改革、繁荣发展的现实出发,牢牢把握中国特色社会

[①] 中共河北省委宣传部:《十五大以来宣传思想工作重要文件选编》,石家庄:新科技印刷厂,2003年,第146~147页。

主义法律体系建设的良好机遇,宣传机构建设要进一步加快立法步伐,统一规划、统筹安排,尽快建立起宪法—基础性法律—专门法三层次有机统一的法律体系,推动宣传文化事业的管理走上制度化、规范化、法制化轨道。

三、现代化

现代社会需要有现代化的组织机构,这是常理。关于"机构的现代化",有专家强调机构的职能转变,有的认为是指机构的规范和精干。寇成茂撰文指出:"机构的现代化,除了职能的规定性,应该主要指机构办事的准确、快捷、规范、完满等。"① 复旦大学刘建军博士深刻指出,当今时代的组织机构,已不像古典政治学那样依据伦理价值的偏好去选择实现至善的目标,也不像近代法权政治学那样从理性主义的角度论证机构的起源及合法性基础,当前所面临的问题是如何通过权力的有效组织来实现现代社会所赋予的责任与职能,机构的发展已经"从价值理念转向工具理念"②。

从机构现代化的规定看宣传机构的现代化,在新的时代形势下,党的宣传机构要完满地实现其"责任与职能",首先要注重传播媒介的现代化。宣传机构是通过媒介传播信息符号实现其职能的,媒介是信息符号的物质载体。随着信息和多媒体时代的脚步越来越快,世界各国都在努力抢占现代传播技术的制高点,在媒介形式上加速转型实现现代化。2009年3月,《西雅图邮报》成为美国首家只有网络版的大报,之后《塔克森市民报》《安阿博新闻报》等美国老报相继结束印刷版历史,从纸媒转向网络出版。2012年年底,与《时代》《美国新闻和世界报道》并称美国三大周刊的已有80年历史的老牌杂志《新闻周刊》(Newsweek)宣布将停止纸质出版,2013年起全面转向网络数字出版发行。可喜的是,我党的宣传机构敏锐地把握世界最新传播技术的发展潮流,积极应对

---

① 寇成茂:《机构也要现代化》,载《经济月刊》,1999年第11期,第50页。
② 刘建军:《当代政府发展已从价值理念转向工具理念》,载《探索与争鸣》,1998年第7期,第29页。

主动出击，自20世纪90年代始即重点做大新华网、人民网等一批中央新闻网站，将《人民日报》《光明日报》等大报"搬"上网络，发布数字版，引领着各类传播业态的权威话语权。此外，我党也非常注重运用一些新媒体手段，如主动开微博发布信息、引导舆论宣传。截至2011年11月初，仅通过新浪微博认证的政府机构微博就有9960个。中国社会科学院刘瑞生副研究员指出，在世界传播旧秩序中，西方媒体占据着绝对话语权，在微博等新媒体环境中，西方媒体虽然具有一定优势，但我们完全可以充分利用新媒体开放、低成本传播的平台传播自己的声音。①

宣传机构的现代化还要实现管理现代化，在机构管理中注入现代管理的理念，使其适应现代行政管理的要求。管理现代化首先包括机构设置的科学性。我国在行政管理体制和机构改革中提出的"三定"（定职能、定机构、定编制）同样是党的宣传机构改革实施的中心环节。宣传机构的多与寡、大与小、新与旧应从客观实际和工作需要出发，避免出现机构设置的盲目性、随意性。否则很容易导致机构臃肿、职能重叠、人浮于事、作风拖拉的现象，这一方面严重削弱和浪费着机构的资源和职能，另一方面又会使机构与机构之间相互扯皮、摩擦较劲，使机构不能发挥应有作用。其次，要继续转变机构职能，实行党政分开。邓小平同志曾明确指出，党政分开是解决"党如何领导、如何善于领导"这一问题的关键。"党委如何领导？应该只管大事，不能管小事。"② 宣传机构是党主管意识形态方面工作的综合职能部门，是党实现政治和思想领导的部门系统，中央和地方的思想政治教育工作是宣传机构的工作重心，因此党的宣传机构不是行政组织更不是生产组织，不应过多干预甚至代替政府和企业的行政业务和生产指挥。再次是实现工作规范化。规范，是指人们制定的原则和标准，机构工作的规范化要求

---

① 《我国应高度重视新媒体时代的意识形态安全》，载《中国青年报》，2011年12月15日第7版。
② 邓小平：《邓小平文选》（第3卷），北京：人民出版社，1994年，第177页。

工作人员按制定的原则、标准去做,各司其职,提高工作的效率和质量。

宣传机构现代化最重要的是宣传工作人员素质的现代化。宣传机构是由宣传工作人员组成的,宣传机构的现代化首先要求宣传工作人员要具有极强的党性。因为宣传工作人员担负着主流意识形态宣传教育的艰巨使命和重大责任,因此必须坚定不移地走中国特色社会主义道路(一条道路)、坚持与发展中国特色社会主义理论体系(一个体系)、旗帜鲜明地高举中国特色社会主义伟大旗帜(一面旗帜),顾全大局、团结协作,对党负责、对人民负责。在此前提下,宣传工作人员素质的现代化集中体现在其观念意识和行为方式的现代化,这主要源于其创新意识和学习精神。宣传工作人员要主动追踪和学习最新的传播技术手段和前沿理论知识,不断丰富和更新自身的知识储备,在具备扎实的理论根底的同时,还要掌握先进的技术手段、具有国际化的宽广视野,始终与世界发展潮流同步。

宣传机构的"现代化"不等于"西方化"。"有一种理论,认为现代化过程本身对于西方国家和非西方国家是有着不同意义的。对于西方社会来说,现代化是一种主动的自我扩张和发展的过程;而对于非西方社会而言,现代化则是一个被动的外来冲击而他化的过程,是引进和接受西方价值观念、文化形态与制度规范的西方化过程。"[①] 这段话中对西方国家宣传机构的判断是深刻的。西方国家凭借其先进的经济实力、传播技术、传播学理论,利用其传播现代化的优势,在严重不平衡的国际宣传格局[②]中对非西方国家,尤其是发展中国家发起意识形态和价值观念的宣传战,竭力使非西方国家在社会制度、政治体制、经济、意识形态、心理状态和文化方面成为像自己一样的国家,把其他

---

① 倪志华:《传播的现代化不等于西方化》,载《宁波大学学报》(人文科学版),2005年第2期,第139页。

② 在美国与拉丁美洲的国际电视节目双向传动中,每1000分钟的节目量,美国就占了999分钟,这种双向传送实际上是单向的传送。见倪志华:《传播的现代化不等于西方化》,载《宁波大学学报》(人文科学版),2005年第2期,第140～141页。

国家置于西方的影响、控制和剥削的范围之内。但该书认为非西方国家的现代化即是西方化的过程这一逻辑则是不成立的。在严重不平衡的国际传播格局下，非西方国家在现代化过程中必须要学习西方国家先进的传播技术手段，甚至借鉴其宣传机构的管理模式和理念，但这绝不意味着放弃自身的独立地位及文化传统甘当附庸，相反，"其目的乃是维持本身政治及文化体系及个性的继续存在，甚至进一步发扬光大。""西方国家力图通过西方传播文化的渲染，逐渐地让非西方国家和地区的传播文化处于依附于西方传播文化的过程。但是，非西方国家的传播现代化是不可能在一个封闭式的独立轨道上展开的，而应从本国的国情、传统、需要和条件出发，在国域外传播文化的交流过程中，逐渐摆脱依附于西方传播文化的发展格局，从依附发展走向自主发展，使之成为传播发展国际化进程中的时代强音。"[1]

当前，以美国为首的西方国家针对中国的意识形态宣传战略作出了调整，在"美国之音"公布的2012年至2016年的规划中，明确要进一步从传统媒体转向互联网系媒体，在美国金融危机还未见底、政府赤字情况严重的情况下，"美国之音"年度预算资金不降反升，说明美国等西方国家对华的意识形态攻势不但没放弃、没减弱，反而进一步加强了。在此情况下，我国宣传机构部门在与西方国家合作的同时，也要保持高度警惕，提高竞争意识，不断努力实现中华民族文化的伟大复兴，让世界听到更多地属于我们自己的声音，逐渐改变自己在现代传播格局中的不利处境。

---

[1] 倪志华：《传播的现代化不等于西方化》，载《宁波大学学报》（人文科学版），2005年第2期，第140页。

文献索引

文献类

[1] 中共中央组织部.中国共产党组织工作辞典[M].北京：党建读物出版社，2009.

[2] 中共中央马克思恩格斯列宁斯大林著作编译局.列宁选集（第1卷）[M].北京：人民出版社，1995.

[3] 毛泽东.毛泽东选集（第2卷）[M].北京：人民出版社，1991.

[4] 中共中央宣传部办公厅，中央档案馆编研部.中国共产党宣传工作文献选编（1937—1949）[M].北京：学习出版社，1996.

[5] 马克思，恩格斯.马克思恩格斯选集（第4卷）[M].北京：人民出版社，1995.

[6] 中共中央宣传部办公厅，中央档案馆编研部.中国共产党宣传工作文献（1915—1937）[M].北京：学习出版社，1996.

[7] 中央宣传部.毛泽东邓小平江泽民论思想政治工作[M].北京：学习出版社，2000：58，84-87.

[8] 中共中央文献研究室.建国以来重要文献选编（第2册）[M].北京：中央文献出版社，1992.

[9] 中共秦皇岛市委组织部.中国共产党河北省秦皇岛市组织史资料（第四卷）（2001.7—2006.7）秦皇岛：中国标准出版社秦皇岛印刷厂，2008.

[10] 马克思恩格斯全集（第18卷）[M]. 北京：人民出版社，1985.

[11] 列宁全集（第41卷）[M]. 北京：人民出版社，1986.

[12] 列宁全集（第6卷）[M]. 北京：人民出版社，1986.

[13] 列宁全集（第44卷）[M]. 北京：人民出版社，1990.

[14] 李季泽. 马克思恩格斯通信集（第4卷）(1986—1883）[M]. 北京：人民出版社，1958.

[15] 马克思恩格斯全集（第38卷）[M]. 北京：人民出版社，1922.

[16] 刘平斋，陈德言. 马克思恩格斯列宁斯大林毛泽东论宣传[M]. 成都：四川省社会科学院出版社，1988.

[17] 毛泽东选集（一卷本）[M]. 北京：人民出版社，1970.

[18] 中共中央党史研究室. 中国共产党历史·第一卷(上下册)[M]. 北京：中共党史出版社，2011.

[19] 中共中央党史研究室. 中国共产党历史·第二卷(上下册)[M]. 北京：中共党史出版社，2011.

[20] 中共中央宣传部办公厅，中央档案馆编辑部. 中国共产党宣传工作文献选编（1949—1956）[M]. 北京：学习出版社，1996.

[21] 马克思恩格斯全集（第19卷）[M]. 北京：人民出版社，1985.

[22] 马克思恩格斯全集（第22卷）[M]. 北京：人民出版社，1985.

[23] 中共中央宣传部. 毛泽东周恩来刘少奇朱德论党的宣传工作[M]. 北京：中共中央党校出版社，1989.

[24] 中共中央文献研究室，新华通讯社. 毛泽东新闻工作文选[M]. 北京：新华出版社，1983.

[25] 中央档案馆. 中共中央文件选集（第1册）[M]. 北京：中共中央党校出版社，1990.

[26] 党的宣传工作文件选编④（1988—1992）[M]. 北京：中共中央党校出版社，1994.

[27] 中共中央党史研究室. 中国共产党历史·第二卷（1949—1978）（下）

[M]. 北京：中共党史出版社，2011.

[28] 邓小平文选（第二卷）[M]. 北京：人民出版社，1994.

[29] 马克思恩格斯全集（第39卷）[M]. 北京：人民出版社，1974.

[30] 邓小平文选（第三卷）[M]. 北京：人民出版社，1993.

[31] 党的宣传工作文件选编②（1976—1982）[M]. 北京：中共中央党校出版社，1994.

[32] 中央宣传部办公厅. 党的宣传工作会议概况和文献（1951—1992）[M]. 北京：中共中央党校出版社，1994.

[33] 邓小平文选（第一卷）[M]. 北京：人民出版社，1994.

[34] 中共中央宣传部政策规划研究室. 十四大以来宣传思想工作的理论与实践 [M]. 北京：学习出版社，1997.

[35] 江泽民文选（第三卷）[M]. 北京：人民出版社，2006.

[36] 江泽民文选（第一卷）[M]. 北京：人民出版社，2006.

[37] 中共中央文献研究室. 十三大以来重要文献选编（中）[M]. 北京：人民出版社，1991.

[38] 江泽民文选（第二卷）[M]. 北京：人民出版社，2006.

[39] 中共河北省委宣传部. 十五大以来宣传思想工作重要文件选编 [M]. 石家庄：新科技印刷厂，2003.

[40] 马克思恩格斯文集（第1卷）[M]. 北京：人民出版社，2009.

[41] 中共中央文献研究室. 十五大以来重要文献选编（下）[M]. 北京：中央文献出版社，2001.

[42] 中共中央文献研究室. 十六大以来重要文献选编（上）[M]. 北京：中央文献出版社，2005.

[43] 中共中央宣传部政策法规研究室；《十六大以来宣传思想工作实践新探索》【M】. 北京；学习出版社，2001.

[44] 中共中央文献研究室. 十七大以来重要文献选编（中）[M]. 北京：中央文献出版社，2011.

[45] 中国共产党第十六次全国代表大会文件汇编 [M]. 北京：人民出版社，2002.

[46] 中共中央文献研究室. 十六大以来重要文献选编（中）[M]. 北京：中央文献出版社，2005.

[47] 中共中央文献研究室. 十六大以来重要文献选编（下）[M]. 北京：中央文献出版社，2005.

[48] 中共中央文献研究室. 十七大以来重要文献选编（上）[M]. 北京：中央文献出版社，2011.

[49] 列宁全集（第32卷）[M]. 北京：人民出版社，1958.

[50] 刘少奇. 人的阶级性 [M]. 兰州：甘肃人民出版社，1951.

[51] 中国共产党新闻工作文献选编 [M]. 人民出版社，1990.

[52] 党的宣传工作文件汇编③ [M]. 北京：中共中央党校出版社，1994.

[53] 中共中央文献研究室. 毛泽东、邓小平、江泽民论党的建设 [M]. 北京：中央文献出版社，中共中央党校出版社，1998.

[54] 中共中央文献编辑委员会. 刘少奇选集（上卷）[M]. 北京：人民出版社，1981.

[55] 中共中央宣传部办公厅，中央档案馆编研部. 中国共产党宣传工作文献选编（1957—1992）[M]. 北京：学习出版社，1996.

[56] 宣传文化政策法规选编 [M]. 北京：学习出版社，1996.

[57] 中国共产党新闻工作文件汇编 [M]. 北京：新华出版社，1980.

[58] 习近平. 习近平谈治国理政 [M]. 北京：外文出版社，2014.

[59] 习近平. 习近平谈治国理政（第二卷）[M]. 北京：外文出版社，2017.

[60] 习近平. 习近平谈治国理政（第三卷）[M]. 北京：外文出版社，2020

著作类

[1] 刘李胜,时永松.政治宣传学[M].武汉:湖北人民出版社,1993.

[2] 沈之一.中国共产党宣传学概论(下册)[M].石家庄:河北人民出版社,1989.

[3] 周振林,等.领导与宣传:架起领导意图与下属实践的桥梁[M].北京:中国经济出版社,2000.

[4] 路易·阿尔都塞.意识形态和意识形态国家机器(研究笔记)[C]//陈越.哲学与政治:阿尔都塞读本.长春:吉林人民出版社,2003.

[5] 白文刚.应变与困境——清末新政时期的意识形态控制[M].北京:中国传媒大学出版社,2008.

[6] 彭继红.中国共产党意识形态工作研究(1949—2009)[M].长沙:湖南大学出版社,2011.

[7] 莱曼 W 波特,格雷戈里 A 比格利,理查德 M 斯蒂尔斯.激励与工作行为[M].陈学军,谢小云,顾志祥,等译.北京:机械工业出版社,2006.

[8] 林之达.中国共产党宣传史[M].成都:四川人民出版社,1990.

[9] 陈丽凤.中国共产党领导体制的历史考察[M].上海:上海人民出版社,2007.

[10] 朱国圣,林枫.马克思主义新闻观研究[M].北京:新华出版社,2010.

[11] 严帆.万里播火者——红军长征岁月的新闻宣传[M].南昌:江西高校出版社,2005.

[12] 邵培仁.20世纪中国新闻学与传播学[M].上海:复旦大学出版社,2002.

[13] 雷跃捷,哈艳秋.邓小平新闻宣传理论研究[M].北京:北京广播学院出版社,2002.

[14] 光辉的成就(下册)[M].北京:人民出版社,1984.

[15] 新华社新闻研究所. 邓小平论新闻宣传 [M]. 北京：新华出版社，1998.

[16] 陈力丹. 马克思、恩格斯、列宁论新闻 [M]. 北京：人民日报出版社，2009.

[17] 反和平演变教育十讲 [M]. 北京：中国政法大学出版社，1992.

[18] 曾庆红. 关于党的建设工作 [M]. 北京：中央文献出版社，党建读物出版社，2010.

[19] 习少颖. 中国对外宣传史研究（1949—1966）[M]. 武汉：华中科技大学出版社，2010.

[20] 王传寿，许厚今. 江泽民新闻宣传思想研究 [M]. 合肥：安徽人民出版社，2002

[21] 王来华. 舆情研究概论 [M]. 天津：天津社会科学院出版社，2003.

[22] 张兆辉，郭子建. 舆论信息工作理论与实务 [M]. 沈阳：辽宁大学出版社，2006.

[23] 吴冷西. 忆毛主席 [M]. 北京：新华出版社，1995.

[24] 李长春. 用"三个代表"重要思想统领新闻宣传工作 [C]// "三项学习教育"活动新闻媒体负责人培训班材料汇编. 北京：学习出版社，2004.

[25] 叶蓬. 党和国家知名文献出台记 [M]. 北京：中国书籍出版社，2011.

[26] 加强意识形态工作大参考编写组. 加强意识形态工作大参考 [M]. 北京：红旗出版社，2005.

[27] 陈志强. 宣传思想工作宏观管理导论 [M]. 北京：光明日报出版社，1995.

[28] 孔玉芳. 宣传思想工作概论 [M]. 郑州：河南人民出版社，2005.

[29] 丁柏铨. 中国新闻理论体系研究 [M]. 北京：新华出版社，2002.

[30] 刘建明. 邓小平宣传思想研究 [M]. 沈阳：辽宁人民出版社，1990.

[31] 刘学义.话语权转移——转型时期媒体言论话语权实践的社会路径分析[M].北京：中国传媒大学出版社，2008.

[32] 傅学敏.1937—1945国家意识形态与国统区戏剧运动[M].北京：中国社会科学出版社，2010.

[33] 中共中卫县委宣传部.中卫宣传志[M].银川：宁夏人民出版社，1996.

[34] 俞吾金.意识形态论[M].上海：上海人民出版社，1993.

[35] 胡隆辉.当代中国意识形态论[M].郑州：河南人民出版社，1996.

[36] 阎志民.毛泽东的意识形态学说[M].西安：陕西人民出版社，1993.

[37] 史华慈，陈玮.中国的共产主义与毛泽东的崛起[M].北京：中国人民大学出版社，2006.

[38] 江沛,纪亚光.毁灭的种子——国民政府时期意识形态管理研究[M].西安：陕西人民教育出版社，2000.

[39] 朱光磊.当代中国政府过程[M].天津：天津人民出版社，2006.

[40] [英]丹尼斯·姆贝.组织中的传播和权力：话语、意识形态和统治[M].陈德民，等译.北京：中国社会科学出版社，2000.

[41] 利萨·泰勒,安德鲁·威利斯.媒介研究：文本、机构与受众[M].吴靖，黄佩，译.北京：北京大学出版社，2005.

[42] 大卫·麦克里兰.意识形态[M].2版.孔兆政，蒋龙翔，译.长春：吉林人民出版社，2005.

[43] 谢·卡拉-穆尔扎.论意识操纵（上、下）[M].徐昌翰，等译.北京：社会科学文献出版社，2004.

[44] 罗斯.社会控制[M].秦志勇，毛永政，译.北京：华夏出版社，1989.

[45] 马克斯韦尔·麦库姆斯.议程设置：大众媒介与舆论[M].郭镇之，徐培喜，译.北京：北京大学出版社，2008.

[46] Loah A Lievrouw, Sonia Livingstone.The Handbook of New Media[M].London：Sage，2004：1-16.

[47] T Wright.Accepting Authoritarianism：State-Society Relation in China's Reform Era[M]. Palo Alto：Stanford University Press，2010：6-7.

[48] L Althusser.Essays on ideology[M]. London：Verso，1976.

[49] Franz Schurmann.Ideology and Organization in Communist China[M]. Davis：University of California Press，1969.

论文类

[1] 周宇.永远不放松的工作：组织和宣传——中共的独特法宝[J].凤凰周刊，2011（18）.

[2] 李全.勃列日涅夫时期苏联的意识形态机构及管理模式[J].当代世界与社会主义，2008（1）.

[3] 才华，董兴杰.我国意识形态机构建设研究的回顾与反思[J].河北大学学报：哲学社会科学版，2013（1）.

[4] 才华.论社会主义核心价值体系对社会思潮的整合——以构建文化生态系统为视角[J].燕山大学学报：哲学社会科学版，2011（3）.

[5] 陈有和.与党同行的人民出版社[J].北京党史，2011（3）.

[6] 江春泽.在耿飚领导的中央宣传口的日子[J].炎黄春秋，2010（4）.

[7] 周宇.六十年来党与国——从中共办事机构的兴替看执政理念变迁[J].凤凰周刊，2011（18）.

[8] 李爱华.马克思恩格斯关于保持无产阶级政党先进性的组织建设经验[J].政法论丛，2005（2）.

[9] 刘彦昌.试论马克思、恩格斯同列宁在组织制度理论上的差异[J].河南社会科学，1992（2）.

[10] 张万杰，王向华.列宁关于党的组织原则的五个提法论析[J].聊城

大学学报：社会科学版，2007（2）.

[11] 蒯正鹏. 马克思恩格斯关于政党组织资源建设的思想[J]. 广州社会主义学院报，2010（1）.

[12] 赵树海. 试论列宁"遗嘱"中关于无产阶级执政党组织建设的思想[J]. 青海社会科学，1985（3）.

[13] 朱庆跃. 马克思、恩格斯与列宁的宣传思想比较[J]. 理论探索，2010（3）.

[14] 才华. 中国共产党幼年时期的宣传工作及其特点[J]. 河北学刊，2011（4）.

[15] 王炎. 新中国历史上的宣传网制度[J]. 中共党史资料，2007（3）.

[16] 王炎. 新中国宣传网制度的建立及其历史经验[J]. 北京党史，2004（2）.

[17] 李良荣. 十五年来新闻改革的回顾与展望[J]. 新闻大学，1995年春.

[18] 董兴杰，才华. 中共宣传思想工作机构建设的历史考察[J]. 河北师范大学学报：哲学社会科学版，2012（1）.

[19] 涂昌波. 新中国60年来广播电视发展政策演进初探[J]. 现代电视技术，2009（10）.

[20] 丛英民. 反和平演变中的对外宣传工作[J]. 科学社会主义，1991（2）.

[21] 朱步楼. 社会主义市场经济与新闻宣传[J]. 群众，1995（3）.

[22] 江泽民. 论世界电子信息产业发展的新特点与我国电子信息产业的发展战略问题[J]. 上海交通大学学报，1989（6）.

[23] 江泽民. 必须大力促进我国哲学社会科学事业的发展繁荣——江泽民同志在中国人民大学考察时的重要讲话[J]. 学术研究，2002.6.

[24] 才华. 节庆日、纪念日：中国共产党的重要宣传资源——以新民主主义革命时期为研究中心[J]. 河北大学学报：哲学社会科学版，2013（3）.

[25] 汪志强，王梅枝. 新媒体对中国共产党执政的挑战与对策[J]. 湖北

行政学院学报，2009（6）.

[26] 龙新民. 我国文化体制改革的发展历程和启示 [J]. 百年潮，2012（8）.

[27] 刘云山. 深化"走基层、转作风、改文风"活动 推动宣传思想文化工作更好地服务人民群众 [J]. 思想政治工作研究，2012（2）.

[28] 陆维中，邹本德，蔡国栋. 新闻宣传的党性和人民性 [J]. 浙江社会科学，1991（2）.

[29] 龙秀雄. 中国共产党干部思想政治教育时代性研究 [D]. 西安：陕西师范大学，2010.

[30] 赵凯荣. 时代性与历史性的辩证统一 [J]. 人民论坛，2011（5）.

[31] 中共中央文献研究室. 中国道路——中国共产党的思想历程 [J]. 党的文献，2012（4）.

[32] 曾铁元. 浅谈宣传工作的科学化 [J]. 广东社会科学，1997（6）.

[33] 寇成茂. 机构也要现代化 [J]. 经济月刊，1999（11）.

[34] 刘建军. 当代政府发展已从价值理念转向工具理念 [J]. 探索与争鸣，1998（7）.

[35] 钟德涛. 中国政党制度的产生与演变——20世纪初以来中国政党制度发展史论 [D]. 上海：华东师范大学，2007.

[36] 刘江船. 新民主主义革命时期中国共产党新闻管理思想研究 [D]. 苏州：苏州大学，2006.

[37] 郭云峰. 共和国初期中共宣传机制研究（1949—1956年）——以北京市为例 [D]. 北京：首都师范大学，2009.

[38] 梁伟峰. 中国共产党的意识形态建设研究——执政能力建设的另一个视角 [D]. 长春：吉林大学，2008.

[39] 马龙闪. 苏联的书报检查制度及其对党和国家发展的影响 [J]. 俄罗斯研究，2004（2）.

[40] 王树萌. 中国共产党民主革命时期的宣传工作思想述论 [J]. 马克思主义研究，2005（5）.

[41] 李宗建."宣传的时代":国际视野与中国内涵[J]. 社会主义研究,2013(1).

[42] 倪志华. 传播的现代化不等于西方化[J]. 宁波大学学报:人文科学版,2005(2)

[43] 邓的荣. 新传播时代受众新闻期待的转向[J]. 新闻实践,2010(8).

[44] 朱兆中. 意识形态的传播与接受问题研究[J]. 上海行政学院学报,2007(4).

[45] Locke,E A.Toward a theory of task motivation and incentives[J]. Organizational Behavior and Human Performance,1968(3):157-189.

◇文献索引◇

后　记

　　呈现在大家面前的这本书，是在我的博士论文基础上修改完善而成的。它的出版带给我欢喜，也引发了诸多回忆与感慨。

　　2009年10月11日，我正式进入南开大学攻读博士学位，师从思想政治教育研究专家武东生教授。关于论文选题，老师一贯的要求是让学生有重点地读书，自己发现和选择有价值的问题，再与老师一起反复推敲确定。这是一种无形的压力与督促，之后才明白，老师是通过这种方式让我们去除"懒惰病"，打好专业基础。2011年10月30日，我顺利开题后，便是艰苦漫长的论文写作过程。"宣传机构建设理论研究"是宣传学和意识形态研究的重要内容，也的确是一个具有挑战性的题目，我如饥似渴地去搜集阅读一手文献资料，去相关学校、企业、地方政府的宣传部门实地调研访谈，一次又一次地找老师谈想法、汇报进度。四年的时间，用老师的话说："我们要做的事情，无非就是描述这个过程，发现其中规律性的东西，从而能够用正确的理论指导实践，对今天怎么做好事情达到一种自觉。"2013年5月，当我把反复修改的论文发给老师后，老师的回信让我心里有了底："总的感觉，较之前几稿有了大的'改观'，像模像样了。"5月24日，我顺利通过了博士论文答辩。

　　现在我的博士论文要成书了，我又找到老师，请老师为书作序，老师当即答应，并洋洋洒洒写下那么多，有肯定也有期许，老师的殷殷情谊令学生感动不已！学生能做的只能是加倍努力，以报师恩！

　　这本书的写作，让我体验到了读书的沉静、写作的快意、思想的魅力和人生的点滴，对我的学习、研究、工作、生活产生了非常大的影响。

南开大学一段岁月将是我永远珍视的记忆,也是一笔人生财富。

最后感谢所有关心过、帮助过我的家人、朋友,愿快乐、幸福永远与你们同在!

才 华

2020 年 10 月 1 日